LOUIS XII

GEORGES BORDONOVE

LOUIS XII

ÉDITIONS FRANCE LOISIRS

Les textes cités ont été, autant que possible, rapprochés du français moderne, pour en faciliter la lecture.

Édition du Club France Loisirs,
avec l'autorisation des Éditions Pygmalion/Gérard Watelet.

Éditions France Loisirs,
123, boulevard de Grenelle, Paris
www.franceloisirs.com

ISBN : 2-7441-4763-X

« Ce fut en son vivant un bon prince, sage et vertueux, qui maintint son peuple en paix sans le fouler aucunement fors par contrainte. Il eut en son temps du bien et du mal beaucoup, pourquoi il avait ample connaissance du monde ; plusieurs victoires obtint sur ses ennemis, mais sur la fin de ses jours fortune lui tourna un peu son effrayé visage. Le bon prince fut plaint et pleuré de tous ses sujets, et non sans cause, car il les avait tenus en paix et en grande justice de façon qu'après sa mort et toutes louanges dites de lui, fut appelé Père du peuple : ce titre lui fut donné à bonne raison. »

Le Loyal Serviteur
(probablement Jean de Mailles), 1527.

Le dernier souverain gothique

J'avais naguère renoncé, pour des raisons d'opportunité, à inclure la biographie de Louis XII dans la collection des Rois qui ont fait la France *et je m'étais borné à évoquer très superficiellement et brièvement son règne. Or, ayant rouvert mes dossiers, il m'est apparu que sa personnalité était assez singulière et son règne assez riche d'événements exceptionnels pour que cette lacune soit comblée.*

Le contraste est si net entre sa politique intérieure et sa politique extérieure, entre son pragmatisme et son esprit d'aventure, qu'il donne l'impression d'un double règne et d'un personnage souvent en contradiction avec lui-même. Cependant le «Père du peuple», révéré pour sa bonté et ses réformes pertinentes, et le conquérant aux allures de Cæsar Imperator, *impétueux, parfois cruel, sont bien le même homme. Cet antagonisme n'a rien de mystérieux. Louis XII incarne à la perfection la difficile transition entre le Moyen Âge et la Renaissance : un crépuscule où les dernières enluminures jettent l'éclat de leurs ors et le chatoiement de leurs couleurs, mais que viennent caresser les premiers rayons d'une aurore.*

Louis XII est à la fois le dernier roi gothique et le premier souverain moderne. Notre époque est à même de comprendre ses ambiguïtés ; elle connaît aussi l'obscurcissement d'un monde qui lui était cher et les premières lueurs d'un avenir incertain.

PREMIÈRE PARTIE

PRINCE DES LYS

1462-1483

I

La boucle du destin

Le destin d'un homme est, presque toujours, le fruit des heurts et des malheurs de ses parents. Louis XII — que rien n'appelait initialement au trône — hérita de la haine des ducs de Bourgogne et de la défiance des rois à l'égard des Orléans, princes de leur sang, mais trop brillants et trop ambitieux pour ne pas les inquiéter. L'arrière-grand-père de Louis XII était Charles V, son grand-père, Louis Ier d'Orléans, frère de Charles VI le roi fou ; et son père, Charles d'Orléans, prince-poète, dont les vers chantent encore dans la mémoire de quelques-uns.

Louis Ier d'Orléans était né en 1372. Il fût apanagé des comtés de Beaumont et de Valois, puis du duché de Touraine. On le connût d'abord sous le nom de Louis de Touraine. La mort prématurée de Charles V fût une catastrophe pour ses fils, et pour le royaume. Charles VI avait douze ans et son frère cadet, huit ans. Ils tombèrent sous la tutelle de leurs oncles qui se partagèrent le pouvoir et mirent le trésor royal au pillage tout en pressurant le peuple. Par la suite, ils les marièrent, moins dans le souci de préparer leur avenir que de servir leur propre politique. Philippe le Hardi, duc de Bourgogne, donna pour épouse au jeune roi Elisabeth de Wittelsbach (Isabeau de Bavière), ce qui était une sorte de mésalliance, sans perspectives utiles et sans profits immédiats.

Pour soutenir les visées du duc d'Anjou en Italie, Louis de

Touraine fût fiancé à Valentine Visconti, fille de Jean-Galéas, duc de Milan. Ce richissime personnage avait « acheté » naguère six cent mille écus d'or la princesse Isabelle de France, fille de Jean le Bon : elle se sacrifia pour payer la rançon de son père. Isabelle mit au monde une fille qui reçut le prénom de Valentine. Celle-ci était donc cousine germaine de son fiancé. Le contrat de mariage fût signé en 1385. Jean-Galéas s'était montré très généreux. Valentine apportait en dot le comté d'Asti représentant un revenu annuel de trente mille ducats, plus une somme de quatre cent cinquante mille ducats. En outre, ses droits à la succession au duché de Milan, faute d'héritiers mâles, étaient formellement reconnus. Il va sans dire que Jean-Galéas faisait fond sur l'aide de la France pour arriver à ses fins : il rêvait de coiffer la couronne de Lombardie et les adversaires ne lui manquaient pas. Le mariage fut célébré à Melun : Louis de Touraine avait lieu de se montrer satisfait. L'élégance, la grâce, la douceur de Valentine étaient parfaites ! Isabeau de Bavière prit ombrage de sa beauté mais le roi et son frère étaient inséparables.

Louis de Touraine était un charmeur. Il lui fût aisé d'échanger son duché contre celui d'Orléans qui lui procurait un revenu plus confortable. L'influence du nouveau duc d'Orléans dans le Conseil royal grandissait. Elle n'était pas tout à fait désintéressée car, en moins de deux ans, il agrandit ses domaines des comtés de Blois, de Dunois et de Longueville. Les oncles, évincés du pouvoir à son instigation, rongeaient leur frein : le gâteau leur échappait ! Le retour aux affaires des conseillers de Charles V (les « marmousets ») les empêchait de nuire. Par malheur Charles VI, précocement usé par les excès, subissait les premières atteintes de son mal : il perdait fréquemment le contrôle de ses nerfs et parfois sa raison vacillait. En 1392, Pierre de Craon tenta d'assassiner le connétable Olivier de Clisson et s'enfuit chez le duc de Bretagne, son commanditaire. Ce dernier refusa de l'extrader et Charles VI, furieux, décida de châtier le duc rebelle. Il se mit en route avec son armée, malgré les conseils de son entourage et de ses médecins. Et ce fût l'étrange rencontre d'un prétendu ermite dans la forêt du Mans, la démence subite du roi, son retour sur une civière aussitôt mis à profit par ses oncles pour reprendre le pouvoir.

La tragique soirée du 28 janvier 1393 (« le bal des Ardents ») aggrava le cas de Louis d'Orléans. Cinq ou six danseurs, dont le roi, s'étaient déguisés en « sauvages ». On les avait cousus dans une toile enduite de poix, à laquelle adhéraient des touffes de poils. Louis d'Orléans eut la maladresse d'approcher une torche. Les danseurs s'enflammèrent et brûlèrent vifs : sauf le roi que la duchesse de Berry retenait à l'écart. Louis d'Orléans fût soupçonné d'attentat contre la personne du roi. Sa prodigalité, son enrichissement, ses aventures galantes le déconsidéraient dans l'opinion. Le « bal des Ardents » le rendit encore plus impopulaire. Philippe le Hardi exploita de son mieux la suspicion qui pesait sur son neveu. Dès lors, et pendant des années, les deux ducs allaient se livrer une guerre feutrée. Profitant des accès de démence de Charles VI, l'un et l'autre arrondissaient sans vergogne leurs possessions. Louis d'Orléans acquit les comtés d'Angoulême, de Dreux, de Périgord, de Porcien et de Soissons, les seigneuries de Château-Thierry, de Coucy, de Montargis, de Provins, etc. Son appétit de terres était insatiable ! Philippe le Hardi n'était pas en reste. Outre le duché de Bourgogne et la Franche-Comté, il possédait les comtés de Flandre, de Charolais, de Nevers, de Rethel, la seigneurie de Malines, de nombreux fiefs en Artois et en Champagne. Il travaillait méthodiquement à reconstituer l'ancienne Lotharingie, dont il projetait de faire un Etat indépendant. Que l'un des rivaux s'absentât, l'autre s'empressait de prendre des mesures à son avantage, se nommait par exemple gouverneur des aides. Dans ses rares moments de lucidité, Charles VI s'efforçait de réparer les dégâts, puis sombrait à nouveau dans la démence, lapant sa nourriture a la façon d'un chien, poussant des hurlements, brisant les objets et les meubles.

Louis d'Orléans acheta le duché de Luxembourg, contracta

des alliances avec des princes allemands : c'était une provocation à l'égard du duc de Bourgogne. Ce dernier accusa Valentine Visconti d'ensorceler le roi, sous prétexte qu'elle était la seule à pouvoir le calmer. Elle dut quitter la cour, se réfugier au château d'Asnières avec ses enfants. On était au bord de la rupture. La pauvre marionnette couronnée était bien incapable d'apaiser le conflit. Quant à la reine Isabeau, elle avait pris parti pour son beau-frère : on insinuait, à tort ou à raison, qu'ils étaient amants.

Ces événements n'avaient pas empêché la progéniture de Louis d'Orléans de s'accroître. Valentine n'ignorait rien de ses liaisons. Elle en souffrait mais pardonnait et elle accueillait son volage mari toujours avec la même ferveur amoureuse. La présence de Louis illuminait la maison. A vrai dire, Valentine ne savait qu'aimer ! Elle avait perdu ses trois premiers fils en bas âge. Puis elle avait eu Charles (né en 1394, futur duc d'Orléans), ensuite Philippe (futur comte de Vertus), Jean (futur comte d'Angoulême), Marie, morte à la naissance, et Marguerite (future duchesse de Bretagne). Par ailleurs, en 1402, Louis d'Orléans avait eu de Mariette d'Enghien, sa maîtresse, un fils prénommé Jean : le bâtard d'Orléans, futur comte de Dunois. Valentine l'éleva avec ses propres enfants, lui dispensa la même tendresse et la même éducation.

Le beau duc d'Orléans, tout à ses affaires et à ses amours, consacrait peu de temps à sa famille, d'autant moins que la mort quasi subite de Philippe le Hardi (1404) lui laissait enfin le champ libre. Jean sans Peur, le nouveau duc de Bourgogne, s'abstint pendant un an de se manifester. Louis d'Orléans se crut le maître du royaume , il se nomma lieutenant général en Normandie et en Picardie, s'empara surtout des finances qu'il géra à son gré. Le roi fou signait tout ce qu'on voulait. Soudain, Jean sans Peur reparut et réclama au Conseil une place qu'on ne pouvait lui refuser. L'affrontement entre les deux princes était inévitable. Bientôt, les Parisiens tremblèrent en voyant sous leurs murs deux troupes rivales, impatientes d'en découdre. Or, dans le même temps, commençait une guerre larvée avec l'Angleterre. Louis d'Orléans se fit fort de reprendre la Guyenne aux Anglais. Jean sans Peur prétendit leur reprendre Calais. Ils échouèrent l'un et l'autre, comme il était prévisible. Allaient-ils s'entre-battre ? Louis d'Orléans avait adopté pour emblème un bâton noueux, avec cette devise : « Je l'ennuie. » Jean sans Peur, un rabot, avec pour devise : « Je le tiens. »

En 1406, Louis d'Orléans réussit à marier son fils Charles avec la jeune reine Isabelle de France, veuve de Richard II d'Angleterre, détrôné et probablement assassiné par son successeur. Jean sans Peur rengaina sa colère et assista au mariage. Charles VI, ayant recouvré provisoirement sa lucidité, tenta de réconcilier les princes ennemis, il leur fit promettre de vivre désormais en bonne intelligence. Le 20 novembre, ils renouvelèrent leur serment, communièrent et déjeunèrent ensemble. Trois jours après, Louis d'Orléans était assassiné, ou plutôt massacré, rue Vieille-du-Temple, par les hommes de main de Jean sans Peur.

Surmontant sa douleur, la duchesse d'Orléans mit ses enfants à l'abri — car elle redoutait un enlèvement — et vint demander justice au roi. Charles VI était à demi conscient. Il mêla ses larmes à celles de Valentine et promit de châtier le coupable. Tout ce qu'elle put obtenir fût l'éviction de Jean sans Peur du Conseil royal. Les autres princes des lys gémissaient sur son malheur, mais n'osaient défier le meurtrier. Ce dernier n'avait rien à redouter du petit duc Charles, ni de sa mère, ni du roi fou, ni même de la reine Isabeau privée de son complice.

Il revint à Paris afin de faire présenter, non pas sa défense, mais son apologie par Jean Petit, éminent docteur de l'Université. Il osait accuser sa victime d'avoir envoûté le roi pour s'emparer du trône, entre autres forfaits ! Ayant obtenu du Conseil la condamnation posthume de Louis d'Orléans, il supprima les pensions qui lui avaient été accordées et confisqua le comté de Dreux, les seigneuries de Château-Thierry et de Montargis. Valentine vivait dans les larmes. Elle trouva pourtant la force de revenir à Paris et, à genoux, d'implorer à nouveau la justice du roi. Louis d'Orléans fût innocenté des crimes dont on l'avait chargé et Jean sans Peur cité à comparaître. Mais Charles VI replongea dans la folie. Jean sans Peur reprit cyniquement sa place au Conseil. Ce qu'apprenant, Valentine mourut de chagrin (1407). Rien ne s'opposait plus à la « réconciliation » des deux familles. Elle eut lieu le 9 mars 1409. Jean sans Peur fit semblant de s'humilier et Charles d'Orléans de pardonner. Le baiser qu'ils échangèrent manquait de chaleur ! En infligeant cette humiliation au petit duc, Jean sans Peur avait fait un mauvais calcul.

Charles d'Orléans regagna Blois, plus résolu que jamais à venger son père. Mais que pouvait-il, sinon se garder lui-même et veiller sur ses frères ? Pourtant, un parti se dessinait en sa faveur. Comme il était déjà veuf, il se fiança avec Bonne d'Armagnac, fille du comte Bernard d'Armagnac, rude soldat, qui prit en main les intérêts de son gendre. S'ensuivit l'affreuse guerre civile entre les Armagnacs et les Bourguignons, sanglante, dévastatrice, dont les péripéties n'ont pas leur place dans le présent ouvrage. Or le danger était aux portes. L'Angleterre retrouvait soudain sa pugnacité. Henry V inaugurait son règne en sommant Charles VI de lui rendre le royaume de France.

Il débarqua en Normandie et s'empara d'Harfleur (11 avril 1415). Son armée étant trop faible pour assiéger Paris, il décida de marcher sur Calais. C'était une faute stratégique, car il eût été facile de le surprendre et de le détruire. Mais l'incompétence du connétable d'Albret et la désunion des Français portèrent leurs fruits. Jean sans Peur avait interdit à ses chevaliers de répondre à la convocation royale. Le connétable méprisait la piétaille ; il ne connaissait que les charges de cavalerie dégénérant en combats singuliers. Il disposait de cinquante mille hommes, alors que les Anglais étaient quinze mille. La rencontre eut lieu à Azincourt, le vendredi 25 octobre 1415. D'Albret prit si mal ses dispositions que sa superbe cavalerie s'embourba dans les terres détrempées et, stoppée dans sa charge, fut une cible facile pour les archers d'Henry V. Blessé, le jeune duc d'Orléans tomba de cheval et perdit connaissance. Quand vint le soir, des archers anglais le retrouvèrent encore vivant sous un monceau de cadavres. On soigna sa blessure, qui était peu grave. Le recevant à sa table quelques jours après, Henry V lui dit :

— « Beau cousin, faites bonne chère. Je reconnais que Dieu m'a donné la grâce d'avoir vaincu les Français, non parce que je le mérite, mais parce que je suis certain qu'il les a voulu punir, et si ce que j'ai entendu dire est vrai, ceci n'est pas merveille, car on dit que jamais plus grand désordre, ni trouble de volupté, de péchés et de mauvais vices ne furent vus, qui règnent en France aujourd'hui. »

Etrange trait de courtoisie envers un ennemi vaincu, qui plus est âgé de vingt et un ans ! Si Charles d'Orléans crut à une libération rapide, il se trompait ! Henry détenait le chef (nominal) du parti Armagnac, il n'était pas près de lui rendre sa liberté. Charles d'Orléans fut embarqué sur une nef anglaise qui le conduisit à Douvres. Puis on l'emmena à la Tour de Londres.

Sa captivité ne prit fin qu'en 1440. Elle dura donc vingt-cinq interminables années. De surcroît, le prisonnier devait payer sa nourriture et ses geôliers. Il manquait d'expérience et les Anglais rivalisaient de cupidité. D'ailleurs, les négociations ne pouvaient aboutir : il était un otage trop précieux ! On lui donnait de faux espoirs. On occultait les nouvelles qui venaient de France, où la guerre civile sévissait, où les défaites succédaient aux défaites. Sa seule consolation fut la poésie. C'était sa tendre mère qui lui avait légué ce don ; il lui en rendait grâces. La poésie berçait son âme endolorie, dissipait son angoisse. Les ballades et rondeaux qu'il écrivit répètent inlassablement le mot Mélancolie.

L'exécution de Jean sans Peur sur le pont de Montereau (1419) lui procura un faible réconfort : ce n'était à ses yeux qu'un acte de justice. Cependant, le royaume semblait perdu pour jamais. Etait-il possible que la France devînt anglaise ?

Que deviendraient les princes des lys et le malheureux peuple qu'ils n'avaient pas su défendre ? Quel serait l'avenir des Orléans ? Philippe de Vertus[1] fut tué en combattant. Dunois[2] était au service du dauphin ; il essayait de sauver le patrimoine familial. Jean d'Angoulême[3] était prisonnier des Anglais, comme son frère aîné. Bonne d'Armagnac mourut, laissant une fille : Jeanne. Le comte d'Armagnac avait été massacré par les Bourguignons. Charles VI et Henry V moururent la même année (1422). Henry VI, le nouveau roi d'Angleterre, n'était qu'un enfant. Les régents avaient ordre de ne pas renvoyer Charles d'Orléans en France. Les années passaient emportant sa jeunesse...

Que sut-il de l'épopée de Jeanne d'Arc ? Pour les Anglais, ce n'était qu'une fille de cabaret et une sorcière ! Pourtant, ils ne purent cacher à leur prisonnier qu'elle avait délivré Orléans et conduit Charles VII à Reims. Comprit-il qu'en brûlant la bergère de Lorraine, ils dressaient contre eux la France entière ? Il sut que Dunois se couvrait de gloire et sauvait l'honneur des Orléans, lui qui n'était que bâtard. Cependant, bien que les Anglais subissent de graves revers et que le titre de roi de France et d'Angleterre porté par Henry VI ne fût désormais qu'une fiction, Charles d'Orléans resta dans « la prison de déplaisance. » Il était une monnaie d'échange ; les Anglais comptaient bien l'utiliser de façon ou d'autre. Cette attente se prolongea encore onze ans, chose presque incroyable ! Il faut dire que Charles VII n'était pas pressé de revoir son cousin. Philippe le Bon, fils de Jean sans Peur, ne pouvait oublier l'assassinat de son père mais, sentant le vent tourner, il se souvint tout à coup qu'il était prince des lys et se rapprocha laborieusement de Charles VII. Dès lors, la libération totale du royaume était proche. Charles d'Orléans devrait-il attendre que la Normandie et la Guyenne redevinssent françaises ? « Le

1. Frère puîné de Charles d'Orléans.
2. *Id.*
3. *Id.*

temps passe comme le vent », avait-il écrit naguère pour se donner courage. Désormais, les jours lui semblaient être des mois, et ce n'étaient pas quelques amourettes qui pouvaient le distraire.

Finalement, il dut sa délivrance à l'intervention de Philippe le Bon. Le riche duc de Bourgogne paya même une partie de sa rançon. Charles d'Orléans débarqua à Calais, d'où une escorte anglaise le conduisit à Gravelines. Philippe le Bon l'attendait dans cette ville, en compagnie de Dunois et d'une délégation envoyée par Charles VII. Le fringant chevalier d'Azincourt avait les tempes grises ; c'était un homme de quarante-cinq ans, presque un barbon. La sollicitude du duc de Bourgogne à son endroit cachait un but secret : s'en faire un allié. Charles dut épouser sur-le-champ la femme que son hôte lui destinait. Il s'agissait de Marie de Clèves, fille d'Adolphe Ier, duc de Clèves, et de Marie de Bourgogne. Cette fillette de quatorze ans était une Allemande au teint de lait, aux cheveux blonds. Elle avait pour frère le sire de Ravenstein qui s'intitulait « chevalier au cygne » et prétendait descendre de Lohengrin. Par sa mère, elle était la petite-fille de Jean sans Peur, meurtrier de Louis Ier d'Orléans. Charles l'épousa le 26 novembre 1441 et reçut en récompense le collier de la Toison d'or. Désormais, il faisait partie de la famille de Philippe le Bon. Ce mariage fermait la boucle du destin en réconciliant symboliquement les victimes et les meurtriers, les Armagnacs et les Bourguignons.

II

Le temps a laissé son manteau...

Charles d'Orléans regagna Paris à petites étapes, bien que Dunois le pressât de se hâter. Mais il savourait sa liberté retrouvée. Partout il était accueilli chaleureusement. Cette popularité le grisait un peu ; elle lui donnait l'illusion d'être encore un grand personnage. Il déchanta dès sa première entrevue avec Charles VII. Le roi n'appréciait guère son escorte de chevaliers bourguignons ni ce collier de la Toison d'or qu'il arborait si fièrement, mais qui attestait sa collusion avec Philippe le Bon. Il ne manifesta pas une joie excessive en le revoyant après une si longue séparation. Ce fut une douche froide pour le duc d'Orléans, qui comprit soudain que les temps avaient changé. Dépité, il se retira à Blois, avec sa jeune femme, pour y mener, faute d'argent, une petite vie. N'ayant point la tête politique, les manigances de Philippe de Bourgogne lui avaient échappé. Ce dernier s'efforçait de saper l'autorité de Charles VII en dressant les grands contre lui. Il n'avait point renoncé au rêve d'indépendance de Philippe le Hardi et de Jean sans Peur. Tous les moyens lui étaient bons pour atteindre ce but, y compris la libération et le mariage du prince-poète ! Mais Charles VII n'était plus le petit roi de Bourges. Son autorité grandissait à la mesure de ses victoires. Il s'apprêtait à chasser les Anglais des dernières provinces qu'ils occupaient dans son royaume. Charles d'Orléans avait cru naïvement qu'il servirait d'arbitre entre les deux parties, mais Charles VII ne souhaitait pas la paix; il voulait dicter ses conditions, non pas négocier. Les trêves qu'il consentait n'avaient d'autre but que de lui permettre de refaire de l'argent et d'accroître ses forces. Tel n'était évidemment pas l'intérêt du duc de Bourgogne.

Charles d'Orléans renonça aux intrigues et se rangea sous la bannière du roi qui lui accorda une pension de dix-huit mille livres tournois. Il en avait bien besoin pour tenir un rang honorable, car l'Orléanais et le Blésois avaient été dévastés par les Anglais et offraient peu de ressources. Charles, malgré sa prodigalité native et ses goûts dispendieux, s'employa à relever les ruines, à rendre un peu de prospérité à ses laboureurs et à ses marchands. Il mena dès lors une vie simple et paisible, qui ne répondait peut-être pas aux aspirations de sa jeune femme. Elle aimait les fêtes et la chasse, ce qui était de son âge. Ayant épousé un prince du sang, elle vivait presque dans la gêne. Cette impécuniosité relative aggravait le désaccord du couple. Charles portait de vieux habits, sans se soucier des modes nouvelles. Il devenait frileux, pareil aux vieux chats, et n'aimait rien tant que lire devant un bon feu de cheminée, ou converser avec des amis en dégustant un gobelet de vin de ses domaines, frais et gouleyant. Les bijoux, les orfèvreries d'antan avaient été pillés ou vendus, mais il avait retrouvé sa bibliothèque intacte : une centaine de manuscrits enluminés, somptueusement reliés, des ouvrages religieux, mais aussi les œuvres des poètes, historiens et philosophes grecs et surtout latins, mais encore les romans de chevalerie et l'inévitable *Roman de la Rosé.* Ces livres, il les aimait non seulement en collectionneur, mais parce qu'il était avide d'élargir sa culture. Il avait aussi repris la plume et tournait quelque ballade pour célébrer la venue du printemps, les neiges de l'hiver ou les amours envolées. La duchesse goûtait peu la poésie. Elle préférait les chiens, les chevaux, le pourchas des cerfs ou des sangliers, en compagnie de robustes compagnons. On citait parmi ceux-ci un palefrenier nommé Bayonne, qui la suivait comme son ombre. On jasait un peu, mais du bout des lèvres, car on avait pour Charles plus que du respect : il était aimé. Il écrivait alors, non sans humour :

> *« Laissez Baude buissonner,*
> *Le vieil Briquet se repose,*
> *Désormais travailler n'ose,*
> *Aboyer, ni mot sonner.*
> *On lui doit bien pardonner;*
> *Un vieillard peut peu de chose!*
> *Laissez Baude buissonner,*
> *Le vieil Briquet se repose.*
> *Et Vieillesse emprisonner*
> *L'a voulu, en chambre close;*
> *Par quoi j'entends que propose*
> *Plus peine ne lui donner;*
> *Laissez Baude buissonner. »*

Pendant que la chienne Baude apaisait ses ardeurs en buissonnant, le vieux chien Briquet se reposait : on ne saurait être plus clair ! Mais la politique gardait ses droits et tira « le chien Briquet » de son sommeil. Il lui fallut brusquement rouvrir le contrat de mariage de Valentine Visconti.

On se souvient que Jean-Galéas Visconti, duc de Milan, avait réservé les droits de sa fille, quand elle avait épousé Louis Ier d'Orléans. Il avait eu par la suite deux fils qui lui succédèrent. L'aîné, Jean-Marie Visconti, régna sur le Milanais de 1402 à 1412 : ses cruautés provoquèrent un soulèvement au cours duquel il fut tué par un membre de sa famille. Son frère cadet, Philippe-Marie, lui succéda; il épousa sa veuve (qu'il fit décapiter ensuite pour crime supposé d'adultère) et prit à son service le *condottiere* François Sforza. Il n'avait qu'une fille naturelle, Bianca-Maria. Il la donna en mariage à celui-ci, bien qu'il le méprisât en raison de ses origines paysannes, mais c'était le plus sûr moyen de s'assurer de sa fidélité. Pendant la longue captivité de Charles d'Orléans, il avait fait occuper le comté d'Asti. A son retour en France, Charles lui avait demandé la restitution de son bien. Philippe-Marie était trop habile pour opposer un refus; il craignait une intervention du roi de France et répondit par des promesses qu'il ne tint pas. Charles d'Orléans envoya en Italie Regnault de Dresnay, avec cinq cents lances, soit environ trois mille hommes. Ce dernier s'empara aisément d'Asti, dont les habitants étaient francophiles. Après la mort de Philippe-Marie — le 13 août 1447 —, Dresnay tenta de faire prévaloir les droits successoraux de Charles d'Orléans, qui étaient incontestables.

Cependant les Milanais, profitant de la confusion générale, se constituèrent en République et, pour faire bonne mesure, abolirent les impôts. Ils embauchèrent le célèbre *condottiere* Colleone qui vida leur trésor mais battit Regnault de Dresnay. Charles d'Orléans se décida à intervenir en personne. Il reprit possession d'Asti, dont les habitants lui firent fête. Mais sa troupe était trop peu nombreuse pour reconquérir le Milanais. L'année suivante, il se résigna, faute d'argent, à rentrer en France. En 1450, les Milanais en proie à l'anarchie et à la misère rappelèrent François Sforza. Il prit le titre de protecteur et rétablit l'ordre promptement, puis, s'appropriant l'héritage de son beau-père, se proclama duc de Milan. Avec un tel homme, Charles d'Orléans avait peu de chances de recouvrer son héritage. Son cousin René d'Anjou n'avait pas mieux réussi lors de son expédition à Naples. Il persistait pourtant à s'intituler roi de Naples et de Sicile. Les Italiens acceptaient volontiers l'aide et l'argent des Français, puis retournaient leurs vestes et se liguaient pour les chasser. Ils n'avaient pas attendu Machiavel pour pratiquer l'imposture et la duperie !

Charles d'Orléans, vieilli, désenchanté et las, se réinstalla à Blois, plus pauvre que devant. Pourtant, s'il paraissait résigné, il ne renonçait pas à retourner en Italie avec l'aide de Charles VII : en droit féodal, le seigneur n'était-il pas tenu de porter aide à son vassal ? Mais ce temps était dépassé. D'ailleurs, Charles VII avait d'autres chats à fouetter. La trêve avec l'Angleterre expirait en juin 1449. Or, une centaine d'Anglais s'emparèrent de Fougères. *Casus belli* ! Sous les ordres de

Dunois nommé « lieutenant général du roi en ses guerres », les Français se ruèrent sur la Normandie, délivrèrent Rouen, écrasèrent les Anglais à Formigny et reprirent Cherbourg le 22 août 1450. L'année suivante, Dunois libérait la Guyenne et reprenait Bordeaux. Charles d'Orléans ne participa pas à ces glorieuses campagnes : il souffrait d'accès de goutte et se sentait inapte à endosser l'armure.

Faut-il ajouter qu'il n'avait jamais eu le goût des armes, ayant une sensibilité de poète, d'artiste ! Dunois avait amassé des lauriers pour toute la famille et Jean d'Angoulême était l'un de ses lieutenants. La famille n'avait pas démérité. Lui, Charles, avait pour vocation de célébrer les victoires des autres, étrange fortune pour un chevalier !

« *Comment vois-je ces Anglais ébahis !*
Réjouis-toi, franc royaume de France.
On aperçoit que de Dieu sont haïs,
Puisqu'ils n'ont plus courage ni puissance.
Bien pensaient, par leur outrecuidance,
Te surmonter et tenir en servage,
Et ont tenu à tout ton héritage.
Mais à présent Dieu pour toi se combat
Et se montre du tout de ta partie ;
Leur grand orgueil entièrement abat,
Et t'a rendu Guyenne et Normandie... »

Il correspondait en vers avec le roi René, poète lui aussi et même enlumineur à ses heures perdues. L'un et l'autre caressaient leurs chimères italiennes et leurs illusions perdues. Les poètes fréquentaient la petite cour de Blois. Un jour, Charles d'Orléans leur fit composer des poèmes sur le thème : « Je meurs de soif auprès de la fontaine. » François Villon était l'un d'eux ; mais il se sentait mal à l'aise dans ce milieu aristocratique. Ses vers étaient des cris qui jaillissaient des entrailles, non des fleurs de rhétorique. Cependant, après lui, c'était bien Charles d'Orléans qui avait le plus de talent. Il écrivait :

« Le monde est ennuyé de moi,
Et moi pareillement de lui.
Je ne connais rien aujourd'hui
Dont il me chaille[1] *que bien poy*[2]. »

Un événement inattendu redonna un sens à sa vie. Pour le vieil homme, soudain, le temps « laissa son manteau de vent, de froidure et de pluie ». La duchesse d'Orléans était enceinte ! Le 19 décembre 1457, elle mit au monde une fille à laquelle on donna le prénom de sa mère. Charles d'Orléans aurait voulu un fils pour continuer sa lignée, mais il fit contre mauvaise fortune bon cœur ; la naissance fût annoncée et fêtée dans tout le duché. Marie était encore au berceau quand ses parents la destinèrent à Pierre de Beaujeu, dernier fils du duc de Bourbon et de Marie de Bourgogne (sœur de Philippe le Bon). Pierre de Beaujeu avait alors neuf ans. Charles d'Orléans l'élevait comme il eût fait de son propre fils. Sa bonté de cœur était sans limites.

Il en fournit une preuve, l'année suivante (1458), quand il sortit de sa retraite pour prendre la défense du duc d'Alençon, coupable de haute trahison. Alençon avait épousé sa fille Jeanne, morte en 1432 ; il le considérait toujours comme son fils. Ancien compagnon de Jeanne d'Arc (« mon gentil duc »), il avait pris part à toutes les campagnes et nul ne contestait sa bravoure. Mais, s'estimant mal récompensé par Charles VII, il avait ourdi un complot tendant à livrer la Guyenne et la Normandie aux Anglais. Il fut condamné à mort. Charles d'Orléans plaida éloquemment sa cause, fit valoir les services rendus et obtint la commutation de la peine en emprisonnement à vie.

Puis, si l'on peut dire, il rentra dans l'anonymat, mais pour retrouver sa femme, la petite Marie, Pierre de Beaujeu, ses

1. Me soucie.
2. Peu.

vieux amis et ses livres précieux. Ce qu'il vivait ressemblait fort au bonheur qu'il imaginait dans sa prison de Londres. Mais il lui fallut quitter à nouveau sa retraite. Charles VII mourut le 12 juillet 1461 à Mehun-sur-Yèvre, dans une solitude tragique. Le dauphin Louis s'était réfugié chez le duc de Bourgogne. Devenu Louis XI, il n'assista pas aux obsèques d'un père qu'il haïssait, il chargea le duc d'Orléans d'organiser et de conduire le deuil. La route était longue entre Mehun-sur-Yèvre et la basilique de Saint-Denis. Le vieux duc s'acquitta dignement de sa tâche. Il eut droit aux compliments de Louis XI qui venait de faire son entrée à Paris, en compagnie de Philippe le Bon et du comte de Charolais (futur Charles le Téméraire). Le nouveau roi s'invita même à Orléans, où Charles d'Orléans le reçut en grande pompe. Le prince-poète pouvait se croire en haute faveur. Il demanda au roi de contresigner le contrat de fiançailles entre Pierre de Beaujeu et la petite Marie. Louis XI dissimula son déplaisir. Ce mariage contrariait ses plans. Considérant l'âge du vieux duc, il avait espéré que, faute d'héritier, l'apanage d'Orléans retournerait à la couronne. L'année suivante, Charles aggrava son cas. Il demanda à Louis XI d'être le parrain de l'enfant qu'attendait à nouveau la duchesse. Le roi voulut croire que ce serait une seconde fille et accepta. Le 27 juin 1462, Marie d'Orléans mit au monde un fils qui fût prénommé Louis : le futur roi Louis XII ! Cette brusque fécondité de Marie de Clèves après tant d'années de mariage fit jaser. Le roi ne fut pas le dernier à ironiser sur le « dévergondage » de la duchesse.

Cependant il tint parole et assista au baptême, mais brusqua la cérémonie et partit sans prendre part au repas. Il avait peine à cacher son irritation et son inquiétude. La reine Charlotte de Savoie, épousée à l'insu de Charles VII, lui avait donné trois enfants tous morts en bas âge : Louis en 1458, Joachim en 1459, Louise en 1460. En 1461, elle accoucha d'une fille : la future Anne de Beaujeu. Ainsi, le petit Louis d'Orléans hériterait non seulement du beau duché d'Orléans, mais encore de la couronne de France ! Cette idée était intolérable pour

Louis XI. On peut être sûr que, s'il avait détenu la moindre preuve tangible, indiscutable, contre Marie de Clèves, il n'eût pas manqué de contester la légitimité de son filleul.

Il ne put se retenir de gâter la joie du vieux duc tout fier d'avoir un fils. Connaissant ses prétentions sur le Milanais, il signa en 1463 un traité d'alliance avec François Sforza. C'était une étrange façon de préserver les droits d'un vassal ! Le coup fut si rude pour Charles d'Orléans qu'il en tomba malade. Mais Louis XI était un maître dans l'art d'alterner la carotte et le bâton. Le 23 avril 1464, la reine Charlotte mit au monde une fille si contrefaite qu'elle faisait peine à voir ; on la prénomma Jeanne. Louis XI attendait évidemment un fils ; sa déception fut d'autant plus cruelle. Il eut soudain l'idée, monstrueuse, d'unir cet avorton au jeune Louis d'Orléans. Tablant sur la naïveté du vieux duc, il lui fit soudain des avances et, en signe d'amitié, lui proposa de marier les deux enfants. Charles d'Orléans n'avait pas vu la petite Jeanne ; il accepta spontanément cette offre qui flattait sa vanité. Le contrat de fiançailles fut signé à Blois le 19 mai, pour le malheur du futur Louis XII.

Cependant, la tyrannie du roi commençait à produire ses effets. Rompant avec la coutume, il se dispensait de consulter les grands. Bien plus, il les traitait parfois avec mépris, leur faisant un peu trop sentir qu'il entendait gouverner seul. Il avait congédié sans ménagements le duc de Bourgogne qui l'avait cependant aidé et protégé. Il tenait en suspicion le duc de Bretagne. Philippe le Bon, déçu dans ses espérances, attisait les mécontentements, et nouait patiemment les fils d'un redoutable complot.

Louis XI flaira le danger et, pour le prévenir, convoqua les princes du sang et grands du royaume à Tours, en décembre 1464. Le duc de Bretagne ne répondit pas à cette convocation. Charles d'Orléans n'osa pas l'imiter. Il était pourtant en mauvaise santé ; de plus, Marie de Clèves venait de lui donner un troisième enfant : Anne, future abbesse de Fontevrault. Malgré l'avis de ses médecins et de son entourage, il se mit en route au cœur de l'hiver. Il voulait prêcher la bonne parole, apaiser les grands, faire quelques prudentes remontrances à Louis XI, bref arbitrer un conflit qui paraissait inévitable. N'était-il pas le doyen des princes du sang ?

Nous ne savons pas exactement ce qui se passa à l'assemblée de Tours. Les témoignages sont divergents, imprécis, finalement peu fiables. Il est à peu près certain que Louis XI coupa court à l'homélie de Charles d'Orléans et, sans égards pour son grand âge, lui tint des propos fort durs, voire menaçants. Le vieux duc rentra précipitamment chez lui, mais il ne put atteindre Blois. Le 31 décembre, il fut obligé de s'arrêter à Amboise et de s'aliter. Il s'éteignit paisiblement dans la nuit du 4 au 5 janvier 1465, après s'être confessé et avoir communié. La duchesse était à son chevet.

Pierre de Beaujeu conduisit le deuil, d'Amboise au château de Blois. Le corps fut enseveli dans la chapelle Saint-Sauveur. Le petit Louis avait assisté aux obsèques avec sa sœur Marie. Il portait une longue tunique de drap fin avec un manteau fourré d'agneau noir. L'assistance nota la gravité de l'enfant « fort peu commune à ceux de son âge ». Il était désormais Louis II, troisième duc d'Orléans. Un duc de deux ans et demi !

III

Le mariage forcé

Louis XI manifesta d'abord une grande bienveillance à l'égard de la duchesse d'Orléans. Il pouvait assumer directement la tutelle de Louis jusqu'à sa majorité, ou confier cette responsabilité à l'un de ses affidés. Or, il laissa à Marie de Clèves le soin d'éduquer son fils et de gérer le duché. Cette mansuétude n'était pas gratuite. Dans le même temps, la Ligue du bien public menaçait le trône. Il n'avait donc pas intérêt à dresser contre lui les Orléans et leurs vassaux, quand bien même ils s'avéraient peu redoutables. Il misait aussi sur l'inexpérience de Marie de Clèves. Ce fut donc sans réticences apparentes qu'il lui abandonna la garde de Louis et le gouvernement du duché d'Orléans. Il lui fit même cadeau de plusieurs seigneuries. Mais, après sa demi-victoire de Montlhéry (juin 1465) et la dislocation de la Ligue du bien public, il changea d'attitude. Marie de Clèves avait un appui sérieux dans la personne de Pierre de Beaujeu, son futur gendre. Louis XI avait approuvé le contrat de fiançailles de celui-ci avec Marie d'Orléans. Il passa outre et offrit à Pierre la main d'Anne de France, sa fille aînée. Le jeune homme choisit d'être gendre du roi. Il avait oublié les bienfaits de Charles d'Orléans à son endroit. L'ambition l'emportait en lui sur la reconnaissance.

Il est vrai que la situation financière des Orléans était peu enviable. Anne de France ayant alors quatre ans, Pierre de Beaujeu devrait attendre quelques années pour l'épouser.

Cependant, il entra au service de son futur beau-père et s'éloigna sans vergogne des Orléans : on verra plus tard avec quelle dureté il traitera Louis. Pour l'avantager, Louis XI suggéra benoîtement à Marie de Clèves de lui vendre le comté d'Asti, toujours plus ou moins menacé par les Sforza. En somme, le bon roi voulait alléger ses soucis et apaiser ses craintes ! Marie de Clèves apprit qu'il avait l'intention de donner Asti à Pierre de Beaujeu. Elle se souvint que le comté était fief d'Empire et demanda à son frère, le duc de Clèves, d'intervenir auprès de l'empereur. Ce dernier s'empressa d'accorder l'investiture au jeune Louis d'Orléans. Louis XI n'apprécia pas la riposte, mais remit sa vengeance à plus tard.

Dans l'immédiat, il se contenta de tracasser la duchesse douairière sur des points de détail, de l'inquiéter par sa présence insistante dans l'Orléanais, d'accroître ses difficultés pécuniaires par des retards volontaires dans le paiement de sa pension. Encore ignorait-elle la surveillance étroite dont elle était l'objet. Louis XI fit un pas de plus en 1468. Il la convoqua brusquement avec son fils au Plessis-les-Tours. Fort rudement, il lui annonça sa décision de conclure le mariage entre leurs enfants. Il exigeait qu'elle confirmât l'accord consenti naguère par son défunt mari et s'abstînt en conséquence de toute démarche contraire à ce projet. Marie de Clèves était atterrée. Elle n'avait jamais vu la petite Jeanne de France, et pour cause ! Mais nul n'ignorait la difformité et la laideur de celle-ci. Elle comprit que le roi préparait ainsi l'extinction des Orléans. Elle plaida ardemment la cause de son fils, opposa un refus si déterminé que Louis XI menaça d'enfermer Louis dans un couvent pour en faire un moine et de la renvoyer dans le duché de Clèves. Elle maintint cependant son refus et le roi, surpris de cette résistance, la laissa repartir pour Blois avec son fils.

Il avait d'autres armes que les menaces pour briser cette volonté. Il savait que Marie de Clèves maîtrisait mal ses nerfs et était influençable. Or, sous prétexte de l'aider, le bon apôtre avait placé près d'elle des agents à sa dévotion. Il avait pris cette sage précaution dès le début de l'année 1465. Il s'agissait de Guyot Pot, Michel Gaillard et Pierre du Refuge. Le premier et le principal était chargé de l'éducation du jeune duc ; le second s'occupait des finances de Marie de Clèves et le troisième des questions judiciaires. Ces trois personnages espionnaient la petite cour de Blois et les agissements de la duchesse douairière ; toutefois, ils avaient assez d'habileté pour n'indisposer ni la mère ni le fils. Ils avaient aussi gagné à leur cause le beau chevalier de Mornac qui remplissait les fonctions de maître d'hôtel. Louis XI était donc parfaitement renseigné et pouvait agir en conséquence. S'il aimait les informations précises et rapides, il n'était pas moins friand de ragots qu'il se plaisait, par méchanceté pure, à colporter. C'était un grand roi, mais il n'avait pas l'âme très haute et n'estimait en réalité personne.

Louis d'Orléans avait été un bel enfant robuste, remuant et rieur. Il fut un adolescent indiscipliné et peu studieux, préférant les jeux de grand air avec ses pages aux exercices scolaires. L'un de ses maîtres prétend qu'il apprit facilement le latin, ce qui paraît un peu exagéré. Guyot Pot laissait faire. En sorte que Claude de Seyssel [1] n'hésite pas à affirmer que Louis d'Orléans fut « plutôt nourri en lubricité et lascivité qu'en vertus et choses requises pour régner ». Seyssel oublie simplement que Louis n'était nullement appelé à régner. Il suffisait qu'il devînt un bon chevalier. On le mit à cheval très tôt. On lui fit cadeau d'une armure à sa taille. On l'exerça au maniement de la lance et de l'épée, au tir à l'arbalète. Il montrait de solides aptitudes à l'état militaire et n'avait pas moins de goût pour la chasse. C'étaient là les qualités ordinaires des gens de sa caste. On vantait ses prouesses. Je les passerai sous silence ; elles prouvent seulement que Louis était inconscient du danger. Guyot Pot se souciait assez peu de sa santé : il le laissait jouer à la paume pendant des heures, galoper sous un soleil brûlant, affronter les sangliers à l'épieu. Louis avait le rire facile. Son visage

1. Biographe de Louis XII.

ouvert appelait la sympathie. Il n'avait aucune morgue. Sa simplicité de bon aloi n'enlevait rien à son autorité naturelle. Il s'exprimait aisément, comme son père, et savait écouter les petites gens. Très tôt, il porta intérêt aux femmes. Guyot Pot n'entrava pas davantage ce penchant. Louis lui savait gré de sa complaisance.

S'il révérait la mémoire de Charles d'Orléans, il se détachait peu à peu de sa mère. Il lui en voulait d'avoir accepté ses fiançailles avec Jeanne de France et il s'en voulait d'avoir pareillement plié devant les injonctions de Louis XI. A la fin de l'été 1473, le roi, qui poursuivait son idée) écrivait au grand maître de France, Antoine de Chabannes, comte de Dammartin :

« ... Monsieur le Grand Maître, je me suis délibéré de faire le mariage de ma petite fille Jeanne et du petit Duc d'Orléans, parce qu'il me semble que les enfants qu'ils auront ensemble ne leur coûteront guère à nourrir, vous avertissant que j'espère faire ledit mariage, ou autrement ceux qui iraient au contraire ne seraient jamais assurés de leur vie en mon Royaume... »

A la suite de quoi, il eut une nouvelle rencontre avec Marie de Clèves, laquelle ne pouvait revenir sur l'accord qu'elle avait donné, mais chercha à gagner du temps. Louis XI se retira, en laissant à Antoine de Chabannes et au chancelier Doriole le soin de convaincre la malheureuse. Elle lutta plusieurs jours, opposant ses larmes à leurs arguments. Guyot Pot, dans lequel elle avait placé sa confiance, et le chevalier de Mornac lui conseillaient discrètement de céder. Le 20 octobre, elle capitula. Il lui fallut, le cœur lourd, apposer sa signature au bas de ce document qui scellait l'infortune de son fils :

« Madame la duchesse d'Orléans, tant pour elle que pour et au nom de Monseigneur le duc d'Orléans, son fils, et ce faisant pour lui, a conclu, juré, promis et accordé le mariage de Madame Jeanne de France, seconde fille du Roi Notre Sire, avec Mondit Seigneur le duc d'Orléans et a promis, audit nom, de faire solenniser et accomplir ledit mariage en face de la Sainte Eglise, toutefois quand il plaira au Roi... »

Huit jours après, les notaires royaux dressaient le contrat, après avoir recueilli l'acquiescement du petit duc, lequel était censé agir de son plein gré. Le roi dotait sa fille décent mille écus d'or, dont un tiers resterait la propriété personnelle de l'époux. Le sacrifice qu'il infligeait à Louis d'Orléans valait plus que cela ! Mais le sombre roi était décidément en veine de mariage ! Le 13 novembre, Anne de France épousa Pierre de Beaujeu. Louis XI eut le mauvais goût de faire célébrer cette union dans l'église de Jargeau, à faible distance du château de Blois. Il se pencha ensuite sur le sort de l'ex-fiancée de son gendre, Marie d'Orléans, et décida de la marier à Jean, vicomte de Narbonne, fils cadet du comte de Foix. La maison de Foix était ancienne et illustre, mais d'un rang inférieur à celui d'une princesse du sang. Le roi ne manquait pas une occasion d'humilier et de rabaisser ses cousins d'Orléans, à croire qu'il assouvissait sur eux quelque obscure vindicte. Il n'avait pourtant plus à redouter que Louis d'Orléans accédât au trône. Un fils lui était né en 1470 : le futur Charles VIII.

Jeanne lui faisait horreur. Elle vivait cachée au château de Linières, dans le comté de Berry, sous la garde de François de Beaujeu et d'Anne de Culan, son épouse. Elle avait une petite cour. On lui donna l'éducation convenant à son état de princesse. Etait-elle réellement un monstre ? Il faut se défier de témoignages des chroniqueurs qui lui sont tous, plus ou moins, défavorables. Elle ressemblait à son père : elle avait le même visage au traits durs et disgracieux, mais, semble-t-il, un lumineux regard bleu-vert en lequel affleurait une âme exceptionnelle. Malheureusement, elle était bossue et une gibbosité déformait sa poitrine. Ses membres étaient grêles et déformés. De plus, elle était affligée d'un pied bot. Les médecins n'ont pas manqué de diagnostiquer (*a posteriori*) une scoliose aggravée de tuberculose. Quoi qu'il en soit, sans être aussi laide que prétendent certains, elle offrait un spectacle affligeant. Il tombait sous le sens qu'elle ne pourrait procréer. Tel était bien le but recherché par son père. Jeanne était très pieuse. On racontait qu'à six ans la Vierge lui était apparue, lui ordonnant de fonder un ordre monastique en son honneur. Ces considérations n'entraient pas en ligne de compte pour Louis XI malgré ses superstitions et ses pèlerinages. Il avait décidé que Jeanne épouserait Louis d'Orléans.

Marie de Clèves voulut la connaître. Quand elle l'aperçut, elle ne put s'empêcher de s'écrier :

— « Ah ! Notre-Dame, faut-il que mon fils ait cette femme ainsi difforme ! »

Ce qu'apprenant, Louis XI lui intima l'ordre de conduire son fils à Linières. Il jugeait indispensable que les futurs époux vécussent quelques jours ensemble. On se demande à la vérité quel motif le poussait à tourmenter de la sorte ses victimes, sinon peut-être de se donner bonne conscience. Il est vrai que, dans les maisons princières, on avait coutume de laisser ainsi les futurs époux s'apprivoiser l'un l'autre avant de célébrer leur mariage. Louis XI, par cette manœuvre, voulait probablement montrer que Jeanne n'était pas une inconnue pour Louis d'Orléans et que celui-ci n'était nullement contraint à l'épouser. Et sinon qu'espérait-il ? Que la nature suppléât à la beauté ? Marie de Clèves obtempéra mais, dès qu'elle eut quitté le château de Linières, Louis d'Orléans sauta à cheval et s'enfuit. Il ne pouvait supporter la vue de sa fiancée. De retour à Blois, il déclara à ses compagnons habituels que jamais il n'épouserait ce laideron. Les « conseils » de Guyot Pot ne servaient qu'à l'irriter. Il se disait prêt à défier le roi. Sa mère essaya la persuasion.

— « Qu'on ne m'en parle pas, je voudrais être mort ! »

Louis XI menaça de le faire « jeter en la rivière », comme s'il eût été « le moindre homme du royaume ». Malgré sa colère, il ne se serait certainement pas chargé d'un tel crime : le scandale de ce mariage était déjà assez répandu ! Toutefois, il s'en prit à deux ou trois écuyers du jeune duc qui furent prestement enlevés et emprisonnés. Les pauvrets se fussent moqués de Jeanne ! Louis d'Orléans fit donc quelques brefs séjours à Linières. Il jetait à peine les yeux sur sa fiancée, évitait de lui parler et ne lui adressait pas le moindre sourire. Or la pauvrette s'éprit de lui. C'étaient des regards amoureux qu'elle posait sur son futur époux, à la dérobée, et elle rendait grâces à son père de l'avoir choisi. Certes, elle se savait « moins belle que les autres femmes », mais elle espérait vaincre le dédain de Louis, gagner au moins son amitié. Elle avait si longtemps vécu en quasi-recluse et elle était si timide qu'elle n'osait pas lui parler. Pour s'étourdir et par défi, Louis d'Orléans dépensait sans compter, achetait des habits somptueux, régalait ses amis et commençait à fréquenter les filles folieuses, c'est-à-dire les filles de joie. Marie de Clèves l'avait cependant habitué à l'économie. Désormais, il n'acceptait aucun reproche de sa part. Elle avait beau répéter qu'elle eût préféré « souffrir mille morts et perdre tous ses biens jusqu'à sa chemise que de voir un tel mariage », il la savait incapable de résister au terrible roi et se mettait à la détester.

Louis XI se moquait bien des états d'âme de la duchesse et des ruades du jeune étalon. Il ne lui déplaisait pas d'avoir dressé le fils contre sa mère. Le temps approchait où le mariage pouvait être célébré légalement. Il demanda les dispenses nécessaires, puisque Jeanne et Louis étaient parents. Il fixa la date du mariage au 8 septembre 1476 et partit soi-disant en pèlerinage pour ne pas assister à la cérémonie qui devait avoir lieu au château de Montrichard, en présence de la reine Charlotte. François de Brilhac, évêque d'Orléans, devait officier : il n'osa pas désobéir au roi encore qu'il lui répugnât de remplir le rôle qu'on entendait lui faire jouer dans cette mascarade. Pour la circonstance, Jeanne avait endossé une robe de drap d'or, dont les plis dissimulaient à peine ses bosses et sa démarche claudicante. Le chancelier Doriole commença, avec sa rudesse habituelle, par signifier aux futurs époux la volonté de son maître. Puis, on isola Louis d'Orléans pour lui donner un temps de réflexion. On feignait ainsi de le laisser libre de son choix. Après quoi, l'évêque lui demanda, solennellement et devant témoins, s'il acceptait de prendre Jeanne pour épouse. Si l'on ajoute foi aux témoignages recueillis lors du procès en annulation, Louis eût répondu :

— « Hélas, mon ami, que ferais-je ? Je ne saurais résister, il me faudrait autant être mort que de faillir à le faire, car vous connaissez assez à qui j'ai affaire. »

Quelqu'un lui souffla :

— « Taisez-vous, Monseigneur, de par le diable ! Vous en pourriez trop parler. »

L'évêque, interloqué, insista :

— « Monseigneur, donc êtes-vous délibéré de passer outre ? »

Louis répondit :

— « Il m'est fait violence et n'y a remède. »

L'évêque se contenta de cette réponse, bénit les nouveaux époux, expédia la messe. Il avait honte de lui-même, mais le mal était fait. Pendant le repas qui suivit cette parodie, Louis ne put avaler une bouchée ; il ne regarda pas une seule fois sa femme ; il ne lui dit pas un mot. Jeanne versait des larmes silencieuses. L'assistance était consternée. Louis avait alors quatorze ans. Jeanne en avait douze ! Telles étaient les mœurs du temps, du moins dans les cours princières.

IV

Anne de Beaujeu

Nul ne sait si les nouveaux mariés furent mis au lit, selon l'étiquette en usage, et comment se déroula leur nuit de noces. Il est probable que Louis se déroba à son devoir conjugal. Il ne put toutefois se soustraire à la traditionnelle entrée dans sa bonne ville de Blois. Louis XI n'eût pas toléré que sa fille ne fût pas présentée à ses sujets. Le bon peuple plaignit son beau duc et gémit sur son infortune, en maudissant le tyran royal, mais du bout des lèvres... Jeanne était une créature innocente, d'une douceur extrême. Blessée dans son amour-propre, elle ne se rebella pas lorsque son époux la renvoya au château de Linières. Il ne pouvait même pas supporter sa présence. Elle reprit donc sa vie de recluse, près de François de Linières et d'Anne de Culan qui avaient fini par l'aimer et lui servaient de parents. Elle partageait son temps entre la prière et de menus travaux de tapisserie. Louis d'Orléans menait joyeuse vie. La dot de Jeanne avait renfloué les Orléans, permis d'éponger les dettes les plus criardes : il faut dire que la rançon de Charles d'Orléans les avait en partie ruinés et que Marie de Clèves, jusqu'au mariage de son fils, avait dû, à plusieurs reprises, engager ses bijoux, congédier des domestiques.

Louis XI eut vent des dissipations de son gendre. Il le contraignit, sous la menace, à aller de temps en temps cohabiter avec sa femme. Sans doute comprenait-il sa répugnance et l'excusait-il relativement (lui-même ne pouvait supporter la vue de sa fille !), mais il tenait par-dessus tout à ce que le mariage fût consommé. Non qu'il espérât une progéniture, mais parce que, seule, la consommation rendait le mariage indissoluble. Craignant pour sa vie, Louis d'Orléans fit donc de brefs séjours au château de Linières. Jeanne n'y gagna rien, sinon d'attiser la haine de son mari et de perdre ses dernières illusions. Il ne lui adressait pas la parole, lui tournait ostensiblement le dos quand ils étaient à table, même quand on disait le *Benedicite.* Feignant de l'ignorer, il poussait l'ignominie jusqu'à raconter ses aventures galantes devant cette malheureuse. Elle n'osait pas se plaindre. Elle n'élevait pas la moindre protestation. François de Linières s'émouvait de ses larmes, lui disait :

— « Madame, parlez à Monseigneur, montrez-lui un semblant d'amour. »

— « Je n'oserais parler à lui, répondait-elle, car vous et chacun voient bien qu'il ne fait compte de moi. »

Quand il résidait à Linières, Louis passait son temps à chasser et à courir le guilledou. Toutes les femmes lui convenaient, sauf la sienne. Le roi envoya à Linières un de ses affidés, le médecin Cochet. Ce dernier usa d'un stratagème de son invention. Quand, après une partie de jeu de paume âprement disputée, Louis entra dans sa chambre pour se changer, Cochet lui jeta Jeanne dans les bras. La manœuvre échoua. Louis, bien qu'il fût échauffé par le jeu, se ressaisit vite et repoussa la malheureuse. Et, comme le médecin le menaçait de faire son rapport au roi et l'incitait à coucher avec sa femme, Louis rétorqua :

— « Le diable m'emporte, j'aimerais mieux avoir la tête coupée que je le fisse ! »

Cependant, il finit par accepter de partager, de temps à autre, le lit de Jeanne. Il était, comme tous les siens, de complexion amoureuse et, dit-on, la nuit, tous les chats sont gris. Il semble néanmoins presque certain que, par suite d'une incapacité physiologique, il n'ait pu consommer le mariage. Le corps déformé de Jeanne réduisait le don juan précoce à l'impuissance. Il devait en être le premier surpris. En somme, tout ce que partageaient les époux, c'était le sommeil. Ce paillard de Brantôme, dont la grand-mère avait été la demoiselle d'honneur d'Anne de Bretagne, ne pouvait croire que Louis ait eu l'aiguillette nouée : « Je crois que son mari, comme j'ai ouï dire, l'avait fort bien connue et vivement touchée, encore qu'elle fût un peu gâtée du corps, car il n'était pas si chaste de s'en abstenir, l'ayant si près de soi, et autour de ses côtés, vu son naturel qui était un peu convoiteux, et beaucoup, du plaisir de Vénus, comme ses prédécesseurs. »

Quoi qu'il en soit, Louis XI renonça à ses pratiques, mais, comme il se défiait de tous, y compris de lui-même, il ne relâcha point sa vigilance. Son règne touchait d'ailleurs à sa fin. Si l'homme était détestable, tout au moins antipathique, le roi se classait parmi les plus grands. La France atteignait presque les limites de l'Hexagone. Cette réussite était le fruit, non de victoires militaires, mais d'intrigues habilement conduites, de combinaisons subtiles et d'un total manque de scrupules. Louis XI, fin psychologue, savait profiter de la faiblesse d'autrui, user les résistances, attendre le moment propice et fondre sur sa proie comme un prédateur. Il avait dépouillé le roi René de tous ses biens, hormis la Provence qu'il recueillit à sa mort ; dépouillé pareillement Charles du Maine ; réduit à l'impuissance les dernières grandes maisons féodales : Armagnac, Alençon, Saint-Pol et Nemours. Le mariage de Louis d'Orléans s'inscrivait dans cette politique corrosive. Après la mort de Charles le Téméraire (1477), sa précipitation jeta Marie de Bourgogne dans les bras de l'archiduc Maximilien. La Flandre lui échappa ; il dut se contenter de la Bourgogne, de la Somme et, à titre provisoire, de l'Artois et de la Franche-Comté représentant la dot de Marguerite d'Autriche promise au futur Charles VIII. Marguerite était la fille de Marie de Bourgogne et de Maximilien.

En octobre 1482, sentant ses forces décliner, Louis XI convoqua son gendre. Louis d'Orléans dut jurer sur les Evangiles qu'il renonçait à exercer la régence du royaume pendant la minorité du dauphin et à contracter alliance avec le duc de Bretagne et autres féodaux. Le moribond se souvenait des relations privilégiées, souvent imprudentes, parfois dangereuses, toujours suspectes, entre les ducs d'Orléans et de Bretagne. Il pressentait qu'une coalition de hauts seigneurs battrait en brèche l'autorité royale, dès qu'il serait mort, et qu'une main ferme serait alors nécessaire. Or, s'il avait empoisonné la jeunesse de Louis d'Orléans avec son mariage, il s'était bien gardé de l'associer, si peu que ce fût, au gouvernement. Il n'avait point chargé Guyot Pot d'en faire un prince impie, ignare et débauché, mais il avait fait en sorte qu'arrivé à l'âge d'homme, il n'ait aucune expérience des affaires. L'eût-il voulu, Louis d'Orléans était incapable d'assumer une régence aussi difficile : il eût été le jouet de conseillers déloyaux. Le voyant si bas, Louis d'Orléans dut tressaillir d'allégresse, mais il avait appris à masquer ses sentiments. Bien lui en prit, car Louis XI se rétablit au début de l'année suivante, quasi par miracle. Lui qui avait tant fait mourir, non toujours avec justice, avait une peur panique de la mort. Les reliques et amulettes diverses s'avérant inefficaces, il avait fait venir de Calabre un saint ermite nommé François de Paule. Il était persuadé que celui-ci avait reçu du ciel le pouvoir de prolonger la vie.

En avril, ce fut Louis d'Orléans qui tomba malade. Les médecins diagnostiquèrent la petite vérole. Ce pouvait être à l'époque une maladie mortelle. Elle était en outre très contagieuse. Cela n'empêcha pas Jeanne de France d'accourir au chevet de son époux et de le soigner avec un dévouement exemplaire. Il ne lui en sut aucun gré, n'eut envers elle aucun mouvement de gratitude. Il se remit difficilement et resta fragile. C'en était fini de sa robustesse légendaire, de ses exploits sportifs ! En sorte qu'on peut se demander quelle était exactement la maladie dont il souffrait, ou quels germes elle avait réveillés.

Il sortait à peine de convalescence, quand il apprit que le roi se mourait au Plessis-les-Tours. Deux attaques d'apoplexie successives menèrent celui-ci au trépas, le 30 août 1483. Il venait d'avoir soixante ans. Le dauphin, devenu Charles VIII, avait treize ans et deux mois. Il serait majeur à quatorze ans. Pour Louis d'Orléans, premier prince du sang, la mort de Louis XI était la bienvenue. Elle lui ouvrait de vastes perspectives, lui offrait l'occasion de jouer un rôle de premier plan, mais aussi la possibilité de se débarrasser au plus vite de « la boiteuse ». Il expédia un moine auprès du duc François II de Bretagne. Cet émissaire fit savoir au duc breton que Monseigneur d'Orléans s'apprêtait à faire annuler son mariage avec l'indésirable Jeanne de France et demandait la main de sa fille aînée, Anne. François de Bretagne accueillit cette demande avec faveur. Louis d'Orléans s'empressa de faire porter un anneau de fiançailles à la fillette. C'était aller un peu vite en besogne ! Le noble duc n'imaginait pas les difficultés qu'il rencontrerait pour épouser Anne de Bretagne. Il n'imaginait pas davantage que Louis XI avait pris les mesures nécessaires pour préserver son fils de l'ambition des féodaux et de leurs convoitises.

Quand le défunt roi avait senti venir la mort, il envoya à son fils les sceaux et une partie de sa garde. Puis, il fit appeler le sire de Beaujeu dans lequel il avait mis toute sa confiance et le chargea du gouvernement, en lui recommandant d'écarter les mauvais conseillers de la personne de Charles VIII, de tenir le royaume cinq ou six ans en paix et de ne pas inquiéter le duc de Bretagne, encore qu'il le tînt en suspicion. En réalité, c'était à sa fille, Anne de Beaujeu, qu'il confiait le gouvernement, sachant que son mari ne décidait rien sans son accord, pour ne pas dire qu'il lui était entièrement soumis. Louis XI la connaissait à fond, appréciait son intelligence et sa fermeté. Elle avait une grande autorité sur son frère, l'ayant élevé et éduqué. Il vivait près d'elle au château d'Amboise. Louis XI l'avait initiée aux affaires ; il la jugeait capable de sauver l'œuvre magistrale qu'il laissait inachevée. Il se reconnaissait en elle. Elle s'est décrite elle-même dans les *Enseignements* qu'elle laissa à sa fille unique Suzanne : « Soyez toujours en port honorable, en manière froide et assurée, humble regard, basse parole, constante et ferme, toujours en un propos sans fléchir. » C'était à cette maîtresse femme que Louis d'Orléans aurait affaire. Il ne la craignait point, car, selon Brantôme et quelques autres, elle aurait eu sentiment pour lui, ce qui paraît douteux. De toute manière, elle n'entendait point partager le pouvoir que son père lui confiait. On observera que Louis XI n'avait point institué de régence officielle, mais simplement chargé le sire de Beaujeu et sa femme du gouvernement. Cette ambiguïté était dangereuse. Mais, en envoyant les sceaux et une partie de sa garde au château d'Amboise, il leur avait donné les moyens d'imposer leur autorité. Pour le reste, il faisait fond sur l'habileté de sa fille.

De la sorte, lorsque le duc d'Orléans et ses pairs arrivèrent à Amboise, en septembre 1483, la place était prise. Ils ne comprirent pas tout de suite qu'ils avaient été joués. La dame de Beaujeu manœuvra en douceur, à l'imitation de son père. Elle fit fête à son cousin d'Orléans, à François de Dunois (fils de Jean de Dunois), au vieux duc de Bourbon. Le bon temps semblait revenu. Louis eut l'illusion de reprendre sa place dans la famille royale. Le duc de Bourbon, de prendre le pas sur le sire de Beaujeu qui n'était qu'un cadet. La reine Charlotte, que feu son mari avait tenue à l'écart des affaires, prétendait jouer quelque rôle. François de Dunois l'encouragea dans cette voie, mais elle eut la discrétion de mourir le 1er décembre laissant le champ libre à sa fille ! Anne de Beaujeu recourut ensuite à une méthode éprouvée. Elle éleva le duc de Bourbon au rang de connétable. C'était une promotion méritée, car ce vétéran s'était distingué au cours de la reconquête de la Normandie et de la Guyenne et de la bataille décisive de Formigny. Il ne pouvait dès lors contester la régence de Pierre de Beaujeu, sous prétexte qu'il était l'aîné des Bourbons. Dunois reçut le gouvernement du Dauphiné ; il était le plus habile et le plus remuant parmi les princes. Louis d'Orléans n'avait que trop tendance à suivre ses conseils. Quant à celui-ci, sa qualité de premier prince du sang lui valut le gouvernement de Paris, de l'Ile-de-France, de la Brie et de la Champagne.

Les autres princes — Charles d'Angoulême, François de Vendôme, le comte de Montpensier ou le comte de Nevers — étaient ou trop jeunes ou trop vieux pour inquiéter la régente. Ils demandèrent tous à faire partie du Conseil royal et obtinrent satisfaction. Leurs intérêts divergeaient. Il serait donc facile, en cas de besoin, de les opposer les uns aux autres. Anne laissa à maintes reprises Louis d'Orléans présider le Conseil. Il brilla par son incompétence et sa présomption. C'était un moyen de le discréditer. Néanmoins, il avait ses partisans et, de toute manière, sa qualité de premier prince du sang lui conférait une sorte de prééminence. Il se donnait le rôle de chef de la noblesse. La régente feignait de tenir le plus grand compte de ses avis. En réalité, elle dirigeait les débats et travaillait en secret avec son mari et les conseillers que son père lui avait recommandés. Elle avait à faire face simultanément à l'opposition larvée mais grandissante de Louis d'Orléans et de ses amis, mais aussi à de grosses difficultés intérieures et extérieures.

Dans les villes comme dans les villages, la mort de Louis XI avait été accueillie avec soulagement et l'agitation grandissait : on voulait moins d'impôts et plus de libertés ; on réclamait des réformes, une justice plus équitable. Anne supprima un quart de la taille, ce qui lui assura une popularité immédiate. Mais, pour compenser la perte de recettes, elle licencia une partie de l'armée (les Suisses). Afin de désarmer les prétentions de la noblesse, elle rendit leurs biens aux héritiers du comte de Nemours et du comte d'Alençon. Les La Trémouille obtinrent la restitution de la principauté de Talmont et autres seigneuries, dont Louis XI les avait spoliés au profit de Philippe de Commynes. De même, elle réhabilita et rétablit dans leurs fonctions plusieurs dignitaires révoqués ou condamnés arbitrairement. Elle sacrifia les anciens serviteurs du feu roi les plus compromis et les plus honnis, pour sauver les autres. Elle révoqua les legs consentis par le roi mourant à ses favoris et l'aliénation abusive des biens de la couronne en faveur des établissements religieux. Nos agents diplomatiques étaient restés en poste. Anne pouvait donc agir auprès des souverains étrangers. Elle avait pris un grand risque en licenciant les mercenaires. Richard III d'Angleterre était peu sûr et guettait un faux pas. Maximilien d'Autriche n'attendait qu'un prétexte pour se saisir de la Bourgogne. Heureusement, Anne de Beaujeu détenait un précieux otage : la petite Marguerite d'Autriche, « fiancée » de Charles VIII et qui était élevée avec lui à Amboise. Néanmoins, elle devait s'employer à éviter les incidents.

Le connétable de Bourbon avait prêté serment et s'était vu gratifier du fructueux gouvernement du Languedoc. Il n'était pas à craindre. En revanche, le duc d'Orléans continuait à s'agiter. Philippe de Commynes avait rallié son camp, dangereuse recrue ! Il n'était pas le seul. Tous les changements de régime suscitent des mécontents, déçoivent des espérances. On reprochait à Anne de n'avoir pas fait table rase et chassé la roture du gouvernement. Une partie de la noblesse se sentait frustrée et jetait les yeux sur le premier prince du sang. Depuis la mort de la reine Charlotte, il estimait que la régence lui revenait de droit. Dans cet objectif, il avait introduit trois de ses affidés au Conseil, dont Commynes. Pour lui, la régence informelle dont les Beaujeu avaient été chargés ne pouvait être que provisoire. Ce fut probablement Commynes qui proposa de soumettre cette grave question aux états généraux. Du même coup, les réformes réclamées par l'opinion seraient examinées. Anne de Beaujeu aperçut immédiatement le parti qu'elle pouvait tirer de cette assemblée. Pour sa part, Louis d'Orléans crut qu'il lui serait aisé de dominer ce ramas de petites gens et de se faire désigner comme régent. Il fixa lui-même la date de la réunion au 5 janvier 1484, et le lieu : Orléans, c'est-à-dire dans la capitale de son duché. La peste ayant éclaté dans cette ville, le siège de l'assemblée fût transféré à Tours. Quant à Anne de Beaujeu, elle obtint que les députés des trois ordres fussent élus, non pas séparément comme il était d'usage, mais en commun, c'est-à-dire par le même corps électoral. Elle empêchait ainsi que la noblesse entière se prononçât en faveur de son rival. Louis d'Orléans ne comprit point l'importance de cette élection commune. Il s'employa de son mieux à faire élire des candidats qui lui étaient favorables. La dame de Beaujeu fit de même, mais avec plus de moyens, donc plus d'efficacité. Elle préparait avec soin des projets de réformes, ne laissait rien au hasard. C'était un duel feutré, d'autant plus implacable; mais Louis d'Orléans n'était pas de taille. Il avait alors vingt et un ans. Anne en avait vingt-deux, mais elle avait l'étoffé d'un roi et Louis XI lui avait dispensé ses leçons. Louis n'avait eu pour maître à penser que le douteux Guyot Pot, un espion. Elle avait une exceptionnelle maturité. Lui, n'était qu'une tête frivole, superficielle, sans connaissances sérieuses. Il était épris de grandeur. Il en voyait les signes extérieurs et les avantages, non le fardeau.

A Amboise, certains s'étonnaient de la rivalité entre le duc d'Orléans et Anne de Beaujeu. Ils avaient presque le même âge. Ils affectaient la même élégance, le même comportement aristocratique. Elle était jolie femme. Il ne comptait plus ses succès féminins. Les Français sont toujours enquête d'histoires galantes et les langues allaient leur train. Brantôme conte cette historiette :

«... J'avais ouï dire pourtant que du commencement, elle lui portait de l'affection, voire de l'amour; de sorte que, si M. d'Orléans y eût voulu entendre, [il] y eût eu bonne part, comme je le tiens de bon lieu : mais il ne s'y put commander, d'autant qu'il la voyait trop ambitieuse et qu'il voulait qu'elle dépendît de lui, comme premier prince et le plus proche, et non lui d'elle; ce qu'elle désirait le contraire, car elle voulait tenir le haut lieu et tout gouverner. L'on dit que la source de leur plus grand différend, sans que je parle des petits provenant des jalousies d'amour et d'ambition qui arrivaient souvent entre eux deux, fut que le dit M. d'Orléans, jouant un jour à la paume à Paris, madite dame de Beaujeu, le voyant jouer avec ses dames de la Cour, selon la coutume d'alors, vint un coup de dispute (comme il arrive souvent), dont il s'en fallut rapporter aux gens. L'on en vint demander à madame de Beaujeu. Ladite dame jugea contre M. d'Orléans. Lui, qui était haut à la main, et se doutant d'où venait le jugement, commença à dire assez bas que quiconque l'avait condamné, si c'était un homme il avait menti, et si c'était une femme c'était une putain. Aucuns disent qu'il la démentit tout haut... Ce qu'étant rapporté à Madame, et l'ayant ouï à demi, la lui garda bonne sous beau semblant, et jamais depuis ne cessa de lui susciter tels mécontentements... »

Il est peu vraisemblable qu'il y eût ainsi « des jalousies d'amour » entre Louis et Anne. Brantôme ignorait en effet qu'elle avait fait venir la duchesse infirme à Amboise, pour la réconcilier avec son mari, ou mettre celui-ci dans l'embarras.

DEUXIÈME PARTIE

LE REBELLE

1484-1498

I

Les états généraux de 1484

La séance solennelle d'ouverture eut lieu le 14 janvier 1484, dans la grande salle de l'archevêché de Tours, en présence du roi, des princes du sang, des nobles et des prélats les plus considérables du royaume. Il y avait deux cent cinquante députés venus de toutes les provinces à l'exception de la Bretagne. Le discours d'usage fut prononcé par Guillaume de Rochefort, ex-chambellan de Philippe le Bon, passé au service de Louis XI qui le nomma chancelier en 1483. Il était tout acquis à la cause d'Anne de Beaujeu, laquelle avait probablement « relu » son discours. En énumérant les motifs qui avaient incité le roi à convoquer les états, il fixa en quelque sorte le programme des délibérations :

« Le Roi voulait connaître les abus; il avait résolu d'apprendre, de la bouche même des députés, les prévarications et les violences des délégués de l'autorité publique; il désirait entendre tous les griefs pour les redresser et réformer l'Etat. Dans cette œuvre, il comptait que les représentants du pays seraient ses plus actifs coopérateurs. Il fallait se garder de toute méfiance et ne point penser que les remontrances seraient inutiles et les avis de nulle considération. » Le chancelier affirmait que le roi était déterminé à suivre les propositions des députés, à les défendre et à les faire exécuter. C'était bien la première fois qu'un chancelier ouvrait les états généraux sans demander, d'entrée de jeu, des subsides et proposait aux députés de collaborer avec le roi.

Comme il avait en outre décerné des éloges appuyés aux princes, tout le monde était satisfait.

Nonobstant la coutume et selon la volonté d'Anne de Beaujeu, les trois ordres ne siégèrent pas séparément, mais formèrent une assemblée unique, confondant dans ses rangs les délégués du clergé, de la noblesse et du tiers état. C'était une innovation dont, plus tard, le malheureux Louis XVI aurait du se souvenir et qui lui eût probablement évité de perdre le trône. Le 17 janvier, l'assemblée nomma six sections dont chacune représentait une province ou un groupe de provinces : Paris et l'Ile-de-France, la Bourgogne, la Normandie, la Guyenne, le Languedoc, le Dauphiné et la Provence, la Saintonge, le Poitou, le Berry, l'Anjou, le Bourbonnais, l'Auvergne et le Lyonnais. On élut un président (l'abbé de Saint-Denis) et deux secrétaires. On convint que chaque section rédigerait un cahier et que les six cahiers seraient réunis en un seul pour être présentés au roi. Une commission de trente-six membres fut désignée pour établir le cahier général. Les députés se mirent aussitôt au travail, chaque bureau siégeant dans une salle particulière. Ils ignoraient évidemment le but principal de la réunion, qui concernait l'organisation du Conseil et la tutelle du jeune roi. Il va sans dire que ni les Beaujeu ni le duc d'Orléans n'assistaient aux séances, mais leurs partisans respectifs les tenaient informés. Louis se répandait en prodigalités et en promesses, régalait le premier venu, s'entourait de parasites, parlait inconsidérément et croyait ainsi gagner des adhésions. Anne agissait sans bruit, s'employait par des contacts discrets à convaincre les indécis. Elle disposait, au sein de l'assemblée, d'agents choisis avec discernement. Cependant, pour elle la partie n'était pas gagnée. Quand bien même elle faisait patte blanche, elle avait un handicap malaisé à surmonter : elle était la fille de Louis XI ! Les plus intelligents parmi les députés ne pouvaient s'empêcher de penser qu'elle continuerait en souplesse la politique centralisatrice de son père. Quant au duc d'Orléans, il était clair qu'il ne voulait autre chose que le retour à la féodalité, avec pour conséquence l'émiettement du pouvoir royal. Certains se souvenaient des malheurs du jeune Charles VI, de la tutelle insensée de ses oncles. Anne de Beaujeu voulait rompre avec le passé. Louis d'Orléans voulait y revenir. L'assemblée était divisée.

Lorsque la question vint à l'ordre du jour, le 4 février, en séance plénière, les députés de Paris et de l'Ile-de-France proposèrent de maintenir le Conseil en fonction. Ils estimaient que, dans le cas contraire, ce serait montrer de l'ingratitude envers les princes, d'autant qu'on leur devait la convocation. Ils demandaient toutefois l'adjonction de neuf conseillers choisis par les princes sur une liste de députés dressée par les états. Les élus de Normandie voulaient un Conseil de trente-six membres, dont huit seraient d'anciens conseillers du roi. Ceux de Bourgogne voulaient aussi trente-six membres, mais admettaient aussi le maintien de douze conseillers. De plus, ils prétendaient subordonner les décisions royales à la majorité de son Conseil. Ceux du Languedoc se rangèrent à cet avis. On évoluait vers une monarchie quasi constitutionnelle. Le président ne sut pas tirer les conclusions, ou plutôt manœuvra pour empêcher un accord. Il était au service des princes. Ceux-ci tentèrent de circonvenir les députés, en les incitant à épurer le Conseil du roi, en clair à évincer les Beaujeu et leur clique.

Le 9 février se tint à nouveau une assemblée plénière. Une partie des députés, influencée par le duc d'Orléans et par ses amis, soutenait qu'il n'appartenait pas aux états de désigner les conseillers du roi, mais aux princes qui étaient ses tuteurs légitimes. Philippe Pot, seigneur de La Roche et sénéchal de Bourgogne, prit la parole. Il prononça un discours d'une telle qualité que l'on regrette de ne pouvoir le citer *in extenso*. Il affirma d'abord qu'il s'exprimerait au nom de la majorité de l'assemblée y compris des hésitants. Puis, il entra dans le vif du sujet :

« ... Que veut-on dire quand on parle des lois du royaume ? Sur ce point, il n'y a aucun lien légal qui engage la question, aucune ordonnance fondamentale qui attribue aux princes du sang, ou à l'un d'entre eux, la direction des affaires. Tout est donc à régler; il faut le faire sans hésiter. Ne laissons rien flotter dans le vague, n'abandonnons pas le salut de l'Etat à l'arbitraire d'un petit nombre, car qui nous garantit que les princes seront toujours justes et bons? En cette circonstance, comme toujours, il faut fixer une règle et tracer une conduite.

Or, il est constant que la royauté est une dignité, et non la propriété du prince : l'Histoire raconte qu'à l'origine le peuple souverain créa les rois par son suffrage, et qu'il porta ses préférences sur les hommes qui surpassaient les autres en vertu et en habileté. En effet, c'est dans son propre intérêt que chaque nation s'est donné un maître. Les rois ne sont pas revêtus d'un immense pouvoir afin de s'enrichir aux dépens du peuple, mais pour enrichir l'Etat et le conduire à des destinées meilleures. S'ils font quelquefois le contraire, ce sont des tyrans... Qui ne sait et qui ne répète que l'Etat est la chose du peuple?... Dès lors, quelle est la puissance en France qui a le droit de régler la marche des affaires quand le roi est incapable de gouverner? Evidemment cette charge ne retourne ni à un prince ni au Conseil des princes, mais au peuple donateur de pouvoir. Le peuple a deux fois le droit de diriger ses affaires, parce qu'il en est le maître, et parce qu'il est toujours victime, en dernière analyse, d'un mauvais gouvernement... Il n'a pas le droit de régner, mais, entendez-le bien, il a le droit d'administrer le royaume par ceux qu'il a élus. J'appelle peuple, non seulement la plèbe et les vilains, mais encore tous les hommes de chaque ordre, à ce point que, sous le nom d'états généraux, je comprends même les princes...

... Les princes ont institué un Conseil à la mort de Louis XI : c'est vrai; il fallait pourvoir aux besoins urgents de l'Etat; vous n'étiez pas réunis. On a nommé un Conseil provisoire, on a bien fait. Grâces soient rendues à ceux qui ont pris cette mesure; mais aujourd'hui que les états sont réunis, toute autorité leur revient; le Conseil en réalité n'existe plus : rien n'a de force sans votre sanction; aucune institution ne subsiste légalement si elle n'est établie par vous ou conforme à votre volonté régulièrement exprimée... Ne vous montrez pas plus faibles que vos pères; craignez qu'un jour la postérité ne vous condamne pour avoir perdu l'Etat, et qu'au lieu de la gloire qui serait due à vos travaux, vous n'emportiez un opprobre éternel... »

Ce discours est resté célèbre. Il appelle cependant deux remarques. Il semble révolutionnaire, mais ne fait en réalité que reprendre un concept politique enseigné depuis longtemps dans les universités. S'il impressionna considérablement l'assistance, cela tenait au fait que nombre de députés n'avaient point suivi d'études supérieures. Le second point touchant à la notion de peuple et amalgamant les différents clivages sociaux visait simplement à réduire l'influence des princes. Anne de Beaujeu en était l'inspiratrice. Philippe Pot n'était évidemment que son porte-parole. Il avait reçu mission d'annihiler la propagande de Louis d'Orléans.

Précédemment, Anne de Beaujeu avait eu l'habileté de communiquer aux députés la liste des membres du Conseil provisoire. Elle estimait opportun d'étoffer le Conseil par l'adjonction de douze d'entre eux. L'effet produit par cette suggestion tout à fait insolite fut celui qu'elle attendait. Les états émirent un vœu comportant deux parties. Ils maintenaient le Conseil tel qu'il avait été prévu après la mort de Louis XI et complété par la suite. Ils souhaitaient que le jeune roi le présidât lui-même autant qu'il lui serait possible. En son absence, la présidence appartiendrait au duc d'Orléans, ou au connétable de Bourbon, à défaut au sire de Beaujeu. En outre, les états reconnaissaient à tous les princes du sang le droit de siéger au Conseil. Dans la seconde partie, ils s'en rapportaient « au bon plaisir du Roi et desdits seigneurs et princes du sang du Conseil pour en disposer en leurs consciences comme ils verront être à faire ». Et ils proposaient que les douze députés destinés à compléter le Conseil fussent choisis par le roi, à raison de deux par section, parmi les « gens vertueux, sages et de bonne conscience ». Ce qui signifiait quoi? Qu'Anne et Pierre de

Beaujeu choisiraient douze conseillers à leur dévotion et, par là, se doteraient d'une confortable majorité.

Restait la question la plus épineuse, sur laquelle tout allait se jouer. Qui aurait la garde du jeune roi? Anne de Beaujeu ou le premier prince du sang? Le 11 février, les états prirent nettement position :

« Attendu que le Roi a été jusqu'ici élevé et gouverné avec douceur et intelligence, et qu'il a encore besoin d'être gardé avec une grande sollicitude, nous opinons que le sire et la dame de Beaujeu, qui ont si bien commencé cette grande éducation, la continuent, et qu'ils aient le soin, la garde et le gouvernement de sa personne. »

Louis d'Orléans se rebiffa. Il fit savoir aux députés que, s'ils voulaient une régence, elle devait lui être attribuée. Toutefois, il tolérait l'insertion d'une clause selon laquelle le sieur et la dame de Beaujeu resteraient « auprès de la personne du Roi ». Anne de Beaujeu suggéra cette formule, par l'intermédiaire du bailli de Coutances : « Que le sire et la dame de Beaujeu soient auprès du Roi, comme ils y ont été jusqu'à présent. »

Le duc d'Orléans avait perdu la partie. Les états avaient refusé de le nommer régent. Ils avaient bel et bien maintenu Pierre et Anne de Beaujeu dans leurs attributions et, par l'adjonction de douze conseillers, ils leur assuraient une majorité solide. En spécifiant que la présidence du Conseil serait assurée par le duc d'Orléans, par le connétable de Bourbon ou par Pierre de Beaujeu, ils avaient fait, sciemment ou non, le jeu de ce dernier. Louis d'Orléans préférait ses plaisirs à l'examen des affaires et le connétable, souffrant de fréquents accès de goutte, était souvent obligé de garder le lit. Anne sortait de l'épreuve avec un pouvoir affermi, confirmé par les représentants de toute la nation. Lorsque Louis d'Orléans comprit son échec, il en tomba malade, assez gravement pour que l'on pût un moment craindre pour sa vie. Ce n'était que sa première rechute. Il s'était imparfaitement remis de la petite vérole, mais il gardait une forte constitution et se rétablit assez vite pour se lancer dans de nouvelles intrigues.

Pour en revenir aux états, je ne puis laisser le lecteur sous l'impression qu'ils bornèrent leurs travaux à maintenir le sire et la dame de Beaujeu en fonctions. Les cahiers témoignent de leur zèle, de leur célérité, de leur maturité et de l'ampleur de leurs préoccupations. Il m'est impossible ici d'en faire une analyse exhaustive. J'indiquerai donc brièvement quels étaient leurs vœux essentiels dans chaque partie de l'administration du royaume.

Ils réclamèrent une réorganisation du personnel et du fonctionnement de la justice, visant à la suppression des abus : « Semblablement adviennent plusieurs inconvénients et grandes oppressions au pauvre peuple, parce que plusieurs offices royaux de judicature sont baillés à ferme ; car souvent gens dissolus, trompeurs et affamés mettent lesdits offices à prix et pour recouvrer les deniers de leurs fermes et avoir gain, font plusieurs molestations au peuple. »

Ils demandaient en conséquence qu'il fût mis fin à la vénalité et à l'hérédité des charges, à la coutume des épices et que les magistrats jouissent de l'inamovibilité. En d'autres termes, ils souhaitaient une justice indépendante du pouvoir et le recrutement de juges probes et capables. Ils revendiquèrent également le droit d'appel, trop souvent violé par le refus de délivrance des lettres de justice et par le droit d'évocation du roi. Ils tentèrent de régulariser la tenue des « Grands Jours » : on appelait ainsi les assises présidées par des conseillers au Parlement dans des villes éloignées du siège de la juridiction, afin de mettre la justice à la disposition des plaideurs. Ils préconisèrent aussi le rétablissement de l'Echiquier de Rouen, juridiction propre aux Normands et d'une ancienneté immémoriale. Ces projets de textes furent repris plus tard par Charles VIII et surtout par Louis XII, parfois mot pour mot. C'est pourquoi l'on aurait le plus grand tort de traiter avec dédain les états de 1484. Quand bien même toutes les requêtes ne furent pas retenues ou ne reçurent pas immédiatement satisfaction, elles constituaient une avancée considérable en matière de justice et consacraient la diminution des privilèges seigneuriaux au profit du pouvoir royal.

Pour que les magistrats fussent à même de juger équitablement, il parut nécessaire de rédiger les coutumes du royaume, variant avec chaque province, autrement dit de substituer le droit écrit au droit coutumier. Charles VII avait ordonné ce travail en 1454. Louis XI avait négligé le projet. Les états insistèrent pour qu'il fût repris sans tarder. Ce qui fut amorcé pendant le règne de Charles VIII et réalisé sous l'impulsion de Louis XII. Il ne s'agissait pas de compiler, mais d'unifier, en sorte que chaque coutume suscitât une interprétation constante. A cette époque, assez peu de personnes savaient lire. Les états sollicitèrent une lecture publique des ordonnances, une fois l'an, dans chaque chef-lieu de juridiction.

Quand on aborda le chapitre des finances, la discussion fut moins aisée. Anne de Beaujeu avait remis le quart de la taille. Mais comme celle-ci avait atteint quatre millions cinq cent mille livres, les députés exigèrent une réduction supplémentaire substantielle et réclamèrent des économies, notamment la suppression des pensions : « Que Nos seigneurs se contentent du revenu de leurs seigneuries, sans prendre aucunes pensions ni deniers extraordinaires; car il n'y a si pauvre laboureur qui ne contribue à payer lesdites pensions, dont il est advenu souvent que le pauvre laboureur est mort de faim et ses enfants. » Sur leur lancée, les députés voulaient que le roi vécût des revenus du Domaine, vieille lune qui remontait au temps des premiers rois capétiens ! Finalement, on transigea sur la base d'un million cinq cent mille livres. Anne de Beaujeu se faisait fort d'obtenir le complément nécessaire par les états provinciaux.

Les députés s'élevèrent avec force contre les pilleries et violences des soldats : « ... les gens de guerre sont soldés pour défendre des oppressions, et ce sont eux qui oppriment le plus. Il faut que le pauvre laboureur paie et solde ceux qui le battent, qui le délogent de sa maison, qui le font coucher à terre, qui lui ôtent leur subsistance... » Les états réclamaient une réduction et une réorganisation de l'armée. Ils préconisaient une armée nationale et le renvoi massif des mercenaires étrangers. Ils ne furent pas suivis, non plus que les nobles rêvant d'un retour aux armées féodales, disparates et indisciplinées. Le pouvoir royal avait besoin d'une armée mixte, où l'élément étranger pouvait éventuellement compenser les initiatives des gens d'armes français. La noblesse cessait d'être féodale pour devenir militaire. Elle était, avec ses princes, la grande perdante de cette assemblée. Elle avait cependant recouvré son droit de chasse aboli par Louis XI et celui de racheter pendant deux ans les domaines sacrifiés pendant les campagnes de Charles VII.

Avant de se séparer, les députés obtinrent la promesse — bien entendu illusoire — d'une convocation bisannuelle des états.

II

Chassé-croisé

Louis d'Orléans n'admettait pas son échec. Il restait plus que jamais persuadé de son bon droit et ne se gênait pour déclamer à tout-venant qu'il était inacceptable, contraire à la tradition et nuisible que le royaume fût gouverné par une femme. Rencontrant peu d'échos, car chacun se méfiait d'Anne de Beaujeu et songeait à sa propre carrière, il se tourna alors vers François II, duc de Bretagne. Celui-ci se trouvait en mauvaise posture. Vieux avant l'âge (il avait alors quelque trente-six ans), maladroit et dénué d'autorité, il avait abandonné le gouvernement de son duché à Pierre Landais, malgré l'obstruction d'une partie de la noblesse bretonne. Il était parvenu, non sans prendre de gros risques, à se soustraire à la tyrannie de Louis XI et à sauvegarder l'indépendance de la Bretagne. Redoutant les entreprises d'Anne de Beaujeu, en laquelle il voyait lui aussi la digne fille de son père, il cherchait un allié. Landais, hostile à la France, ayant poussé son maître à ne pas envoyer de députés aux états généraux, n'était pas non plus sans inquiétude pour son avenir. Ses tractations secrètes avec le duc d'Orléans, du moins pendant cette période, sont mal connues. Elles étaient en tout cas assez avancées pour que, le 14 avril, Louis d'Orléans partît clandestinement de Blois, en compagnie de son homme de confiance, le moine Guillaume Chaumart. Il passa par Tours, fit un crochet par Fontevrault (dont Anne d'Orléans, sa sœur, était abbesse), et arriva à Nantes le 19. François II et Landais le reçurent à bras ouverts. Les banquets succédèrent aux parties de chasse, aux tournois et à des divertissements moins innocents. Le duc d'Alençon et l'inévitable Dunois accoururent bientôt. On parlait, à tort et à travers, de libérer Charles VIII de la tutelle des Beaujeu. L'idée ne venait même pas à ces brouillons que leurs propos fussent notés avec soin et rapportés à qui de droit. François II et Landais ne ménagèrent pas leurs efforts pour conclure une alliance en bonne et due forme avec le premier prince du sang, second personnage du royaume, de surcroît héritier présomptif de la couronne. Un traité fut en outre signé, concrétisant les fiançailles de Louis d'Orléans et d'Anne de Bretagne, fille aînée de François II. Précédemment, Louis avait envoyé au pape une demande en annulation de mariage, accompagnée de diverses preuves.

Anne de Beaujeu avait hérité du réseau d'espionnage de son père. Informée des tractations entre les deux ducs, elle ne fut pas longue à comprendre où ils voulaient en venir. Le mariage de Louis d'Orléans avec Anne de Bretagne doterait celui-ci d'une puissance territoriale aussi dangereuse que l'ancien Etat bourguignon. Elle fit fond sur la bonne nature de Louis, voulut croire qu'il était incapable de trahir les intérêts de la Maison de France, et l'obligea en quelque sorte à faire un choix. La fine mouche fixa donc la date du sacre de Charles VIII au 15 mai 1484. Le duc d'Orléans ne pouvait se dérober à cette cérémonie, à moins de démasquer ses intentions. Il ne se pressa pas de répondre à l'invitation. Anne de Beaujeu savait être patiente. Elle retarda le sacre jusqu'au 30 mai. Louis parut au milieu d'une brillante escorte. En sa qualité de premier pair du royaume, il porta la couronne royale. Au banquet qui suivit à l'archevêché de Reims, il était assis à la gauche de Charles VIII. L'allure altière, le luxe de Louis éblouissaient le roitelet. Anne de Beaujeu n'assistait pas au repas mais restait vigilante. Soudain, elle n'y tint plus : « Durant le dîner, vint par l'huis[1] de la chapelle Madame de Beaujeu, sœur du Roi, vêtue

1. Porte.

de drap d'or, et entra en ladite salle pour voir le Roi et regarder son maintien ; et depuis qu'elle fut entrée le Roi ne fut guère à table, à cause de quoi le service du four [1] et les entremets de confitures et dragées ne furent pas servis, ni mis sur la table » (chronique de Jean Foulquart). On ne sait si elle abrégea le repas, connaissant la santé délicate de son jeune frère, ou si elle craignait qu'on le fît trop boire, ou qu'on eût mêlé quelque drogue aux sucreries. Quoi qu'il en soit, le petit roi accepta mal cet affront, protesta, mais obéit. Louis d'Orléans chercha à exploiter cet incident. Il lui parut facile d'encourager la résistance de Charles VIII, de le détacher de sa sœur. La veille du sacre, il l'avait armé chevalier, ce qui lui conférait une sorte d'autorité sur lui. Par la suite, connaissant les goûts du jeune roi pour les romans de chevalerie, il le régala de joutes, de tournois, d'exploits équestres. Il est aisé de gagner l'amitié admirative d'un adolescent. A l'occasion des fêtes qui suivirent l'entrée de Charles VIII à Paris, Louis se surpassa. Mais Anne de Beaujeu ouvrait l'œil et l'oreille. Elle eut vent d'un projet d'enlèvement de son frère. C'était la solution radicale, envisagée par Louis et ses comparses pour abattre le pouvoir des Beaujeu. Les conspirateurs bavardaient un peu trop. La riposte d'Anne de Beaujeu fut rapide. Elle conduisit le jeune roi à Montargis, sous bonne escorte.

La situation en Bretagne s'était brusquement dégradée. Les nobles de cette province avaient tenté un coup de main contre Landais. Ils avaient échoué fort piteusement et s'étaient réfugiés en terre française. François II les avait condamnés par contumace à la perte de leurs biens. La régente accepta volontiers de recevoir leurs représentants. Elle consentit à les protéger et à les aider, en leur imposant toutefois un traité (28 octobre) déshéritant Anne de Bretagne. Si François II décédait sans héritier mâle, Charles VIII deviendrait duc de Bretagne. Il respecterait les coutumes et les privilèges et veillerait à ce qu'Anne et sa sœur fissent des mariages en rapport

1. La pâtisserie.

avec leur rang. Le rachat par Louis XI des droits hypothétiques des Penthièvre justifiait fictivement cette spoliation. Les signataires s'engageaient pour leur part à défendre les droits du roi sur le duché de Bretagne contre tout prince ou seigneur qui prétendrait s'en attribuer le titre.

Croyant éloigner Dunois de la cour et surtout de Louis d'Orléans (dont il était souvent l'inspirateur), Anne de Beaujeu l'envoya à Nantes comme ambassadeur. C'était une erreur de manœuvre : Dunois persuada François II de se liguer contre la régente. Un traité fut signé (23 novembre) par lequel Louis d'Orléans promettait de défendre la personne et les biens de François II et, bien imprudemment, de soustraire le roi à la tutelle de sa sœur. On s'acheminait à grands pas vers une guerre ouverte.

En décembre, Louis crut le moment venu d'engager une partie décisive. Il vint à Paris — dont il était gouverneur —, se montra beaucoup et répandit l'or à profusion pour accroître sa popularité. Puis, sûr de son fait, il convoqua le Parlement pour le 17 janvier 1485. Séance mémorable, à laquelle il assista en personne, flanqué de son *alter ego* le comte de Dunois. Ce fut son chancelier, Denis Le Mercier, qui lut le discours qu'il avait préparé avec ses conseillers. Le Mercier traça un tableau de la France noirci à souhait. Il affirma que les Beaujeu avaient empêché les états généraux d'étudier les réformes utiles, faussé les décisions prises par les députés et augmenté la taille au mépris des promesses faites par le roi. D'où la nécessité de réunir à nouveau les états pour « donner surtout bon ordre et provision », en clair évincer les Beaujeu du pouvoir. En somme, le premier prince du sang attendait du Parlement qu'il prît position sur ce grave sujet et, par là même, condamnât la gestion des Beaujeu.

La Vacquerie, premier président, répondit que l'union des princes devait être le premier bien de l'Etat et que la cour « était instituée par le Roi pour administrer la justice et qu'elle n'avait point l'administration de guerre, de finances, ni du fait du gouvernement du Roi ni des grands princes ».

C'était une fin de non-recevoir. Louis plaida inutilement sa cause. La plus haute instance judiciaire du pays resta inébranlable. Il en fut de même de l'Université. Le noble prince s'était cru si près de triompher que, le 14 janvier, il avait envoyé cette invitation au jeune roi :

« ... pour votre bien et celui de votre royaume qu'il vous plaise de venir en votre ville de Paris, en votre franc et libéral arbitre, ce de quoi je vous supplie aussi très humblement que je puis, car ce me serait chose dure à supporter et à plusieurs de vos parents, sujets et serviteurs, et autres notables de votre royaume, que votre personne fût et demeurât en la sujétion de madame de Beaujeu votre sœur, laquelle, sous l'ombre d'une coutume qu'elle dit être dans votre royaume, une sœur plus âgée de douze ans peut tenir son frère en bail jusqu'à vingt ans... »

Il s'attira cette réponse sans ambiguïté, probablement dictée par Anne, mais signée de la main du roi :

« ... feu notre très cher seigneur et père, que Dieu absolve, voulut et ordonna expressément à notre cher et très aimé frère et cousin le sire de Beaujeu d'avoir regard et soin pour la conduite de notre personne, avant tout autre. Et pour certain nous savons bien qu'il n'est rien en ce monde dont notre dite sœur n'ait cure[1] que de nous; aussi sa perte et son deuil seraient plus grands que tous autres... Il n'était besoin d'alléguer les coutumes locales du bail dont il est fait dans vos lettres, car jamais il ne fut parlé dudit bail jusqu'à la lecture de ces lettres... »

Le 3 février, Louis d'Orléans apprit que la régente avait envoyé deux cents archers dans la capitale, pour l'arrêter. Il n'eut que le temps de s'enfuir et de se réfugier sur les terres du duc d'Alençon. La régente lui retira ses pensions et ses gouvernements. Elle fit de même à l'égard de Dunois. Désargenté, doutant enfin de son avenir, Louis se rallia au roi (mars 1485) et recouvra sa place à la cour et au Conseil. Ce revirement des-

1. Soin

servait la cause de François II. Les barons rebelles, soutenus par Anne de Beaujeu, menaçaient sa capitale. Il parvint, à grand-peine, à recruter une petite troupe. Les deux partis fraternisèrent au lieu de se battre, entrèrent de conserve à Nantes, s'emparèrent de Landais, le jugèrent et le pendirent. C'était sa roture qu'ils ne lui pardonnaient pas. François II n'avait d'autre possibilité que de se rapprocher du roi. Il signa avec lui le traité de Bourges ; ce n'était en réalité qu'une trêve, privant toutefois le duc d'Orléans de son dernier appui.

Sentant ses forces décliner, François II voulut au moins que ses filles détinssent un droit incontestable à son héritage. La partie était risquée, en raison de l'opposition entre les pro-français et les antifrançais. Reste d'ailleurs à savoir dans quelle mesure cette opposition intéressait les populations rurales et urbaines, autrement dit le tiers état breton Il est à croire que ces braves gens, s'ils respectaient leur duc, n'appréciaient que modérément ces querelles de nobles et redoutaient une guerre dont ils seraient inévitablement les victimes. François II convoqua les états de Bretagne, le 8 février 1486, à l'archevêché de Rennes. Il demanda aux notables composant cette assemblée de reconnaître les droits de ses filles, Anne et Isabelle, et de s'engager à les défendre par serment. Il y eut quelque flottement, mais le sire d'Avougour, fils naturel de François II, emporta la décision. La prestation de serment, sur un morceau de la vraie Croix, eut lieu le 12 février 1486, dans la cathédrale. Parmi les prestataires figuraient les barons qui avaient signé le traité de Montargis faisant de Charles VIII l'héritier de François II ! C'est assez dire quelles étaient la confusion des esprits et la fragilité des serments.

Le malheureux duc de Bretagne se cherchait un allié sur le loyalisme et l'efficacité duquel il pût compter. Dès 1484, doutant de la sincérité de Louis d'Orléans, il avait entamé des négociations avec Maximilien d'Autriche. Ce noble prince était le fils unique de l'empereur Frédéric III, lequel le tenait passablement en lisière. Il était animé de « purs » sentiments chevaleresques : qui le portaient à défendre la veuve et l'orphelin pourvu que l'opération lui rapportât ! C'est ainsi qu'il avait défendu Marie de Bourgogne, fille de Charles le Téméraire. Louis XI eût capté l'héritage de Marie, si Maximilien ne l'avait pas vaincu à Guinegate (1481) ; il dut se contenter de la Bourgogne et, en expectative, de l'Artois. Ayant épousé sa protégée, Maximilien s'agrandit de la Flandre et des Pays-Bas (traité d'Arras, 1482). La fille que Marie lui avait donnée, Marguerite d'Autriche, avait été fiancée à Charles VIII et conduite en France pour y être élevée. La même année, Maximilien perdit sa femme : elle se tua dans un accident de cheval. Il avait très volontiers accordé son aide au duc de Bretagne. Tout ce qui pouvait être dommageable au royaume de France retenait son attention, car il n'avait pas renoncé à recouvrer la Bourgogne. Les émissaires de François II évoquèrent la possibilité d'un mariage avec l'héritière de Bretagne. Maximilien mordit à l'hameçon. L'idée de protéger la petite duchesse et de s'approprier la Bretagne le séduisait. C'était un moyen de prendre son indésirable voisin à revers, en cas de conflit. Un traité fût signé le 15 mars 1486 : Maximilien épouserait Anne et son fils Philippe le Beau aurait Isabelle. Il venait d'être élu roi des Romains, mais ses ressources n'étaient pas à la hauteur de ses projets. L'aide qu'il apporta à son futur beau-père fut insuffisante. Il borna son action à faire des incursions en Artois et sur la frontière de Bourgogne.

La petite Anne avait alors neuf ans. Elle était en puissance de deux maris potentiels : le duc d'Orléans et le futur empereur d'Allemagne ! On murmurait qu'Anne de Beaujeu songeait à la marier avec Charles VIII et qu'elle avait chargé Adam Fumée, son juriste, d'étudier cette éventualité. Louis d'Orléans, sentant la proie lui échapper, eut l'idée d'un rapt dans la meilleure tradition des romans de chevalerie. Son confident, Georges d'Amboise [1], l'en dissuada. On était au bord de l'affrontement ; chaque parti guettait la mort attendue de François II pour s'emparer de son duché.

1. Evêque de Montauban (voir *Notices biographiques*).

Louis s'employait à nouer les fils disparates d'une coalition destinée à abattre les Beaujeu. Il faisait de nouvelles recrues dans l'entourage de la régente, comme Georges d'Amboise qui était évêque de cour et le diplomate Philippe de Commynes. Bref, il avait tant d'occupations qu'il n'assista pas aux obsèques de sa mère. Marie de Clèves vivait à Chauny, quasi en résidence surveillée. Son fils ne lui pardonnait pas son mariage avec la boiteuse. Il lui en voulait aussi d'avoir épousé Rabodanges, son maître d'hôtel, après avoir été duchesse d'Orléans.

III

La « guerre folle »

Anne de Beaujeu avait incité Louis d'Orléans à envoyer dans son comté d'Asti son cousin Dunois. C'était évidemment pour le priver de son principal conseiller. Il avait acquiescé : Georges d'Amboise s'était déjà mis à son service. Or, qu'il ait été rappelé par Louis ou qu'il ait agi de sa propre initiative, Dunois quitta Asti, traversa la France au triple galop et arriva à Parthenay en novembre 1486. Parthenay était une ville forte, pourvue de si bonnes murailles qu'elle passait pour imprenable. Elle était située aux confins du duché de Bretagne, dont le territoire, plus vaste que la province actuelle, s'étendait au sud de la Loire. Dunois recruta une petite armée et mit la ville en état de défense. C'était une provocation à l'égard des Beaujeu, presque une déclaration de guerre. Il lui était aisé de faire sa jonction avec les Bretons en cas de nécessité. Louis lança alors un violent manifeste contre les Beaujeu, leur reprochant en particulier d'augmenter les impôts. En décembre, une nouvelle Ligue du bien public se forma, sous le prétexte fallacieux de « faire entretenir les ordonnances des Etats, violées par l'ambition et convoitise de ceux qui entouraient le Roi et avaient débouté d'auprès de lui les princes et seigneurs de son sang, et semé la guerre entre lui et le roi des Romains ». Elle englobait les nobles bretons, les comtes de Dunois, de Nevers et d'Angoulême, le duc de Lorraine, le sire d'Albret et son fils le roi de Navarre. Louis d'Orléans pouvait se croire le chef de cette coalition, dont il est superflu de souligner l'hétérogénéité. Les conjurés avaient un mobile commun : le renversement des Beaujeu et le retour à la féodalité. Cependant, les motifs personnels qui les faisaient agir divergeaient sensiblement. Le duc d'Orléans, malgré sa qualité de premier prince du sang, n'était qu'un chef nominal. Il écrivait beaucoup, un peu trop, certaines de ses lettres furent interceptées, elles ne laissaient aucun doute sur les intentions des rebelles.

Anne de Beaujeu fit arrêter Georges d'Amboise, Philippe de Commynes et autres comparses, puis intima l'ordre à Louis d'Orléans de venir à Amboise où résidait la cour. Par chance, il se trouvait à Blois. Sans craindre d'aggraver son cas, il prit la fuite, passa par l'abbaye de Fontevrault et Clisson. Le 13 janvier 1487, il arrivait à Nantes. Anne de Beaujeu le déféra devant le Parlement de Paris, ainsi que son cousin Dunois, pour crime de lèse-majesté. Le Parlement s'empressa de prononcer leur déchéance et la confiscation de leurs biens. Décidément, les magistrats parisiens ne tenaient pas Louis d'Orléans en grande estime !

A Nantes, celui-ci retrouva Dunois, qui avait quitté Parthenay, espérant avoir mieux à faire dans la capitale bretonne. L'atmosphère était changée. Les revirements de Louis avaient indisposé les Bretons ; ils étaient las des « étrangers » et voulaient se retrouver entre eux. Les signataires du traité de Montargis se montraient les plus hostiles. Ils déclaraient que Louis ne venait en Bretagne que pour épouser l'héritière et s'approprier le duché. François II ne savait plus à quel saint se vouer. Il dut obliger Louis à jurer publiquement, dans l'église des Cordeliers, qu'il n'était pas venu pour traiter de mariage. Ce dernier n'avait d'autre alternative que de rester en Bretagne. Ce fût alors que ses qualités d'homme de guerre et d'organisateur se révélèrent, à la stupéfaction de ses amis. Prévoyant l'attaque prochaine des royaux, il se dépensa sans compter pour mettre la Bretagne en état de résister à l'invasion. Il améliora la défense des villes et des châteaux, arma une petite escadre, trouva de l'argent pour acheter des munitions et solder les mercenaires. François II, de plus en plus malade, lui laissait carte blanche. Ce dont une partie de la noblesse bretonne prit ombrage ! Oubliant leur serment de Montargis, ces aimables seigneurs se réunirent à Châteaubriant (mars 1487), notamment le maréchal de Rieux et son frère le vicomte de Rohan. Ils décidèrent d'écarter une fois pour toutes les « étrangers » et de se retourner vers Anne de Beaujeu. Par une étrange coïncidence, les émissaires de la régente survinrent à point. Ils rassurèrent pleinement Rieux et ses affidés sur les projets du roi. L'armée royale n'excéderait pas six mille hommes. Les droits et les personnes de François II et de ses filles seraient respectés. La Bretagne serait évacuée dès que Louis d'Orléans et ses partisans videraient les lieux. En contrepartie, les signataires s'engageaient à soutenir militairement les royaux. Ce traité de Châteaubriant ruinait les efforts du duc d'Orléans et sonnait le glas de l'indépendance bretonne. Ce fut en vain que François II tenta d'obtenir un revirement. Le sire d'Avaugour lui-même l'abandonna.

Ce qui frappe dans la guerre qui va suivre — et que l'on appela avec raison « Guerre Folle » —, c'est son incohérence, son manque de coordination entre les chefs rebelles. Au contraire, Anne de Beaujeu savait exactement ce qu'elle voulait et gardait l'initiative. En accord avec Charles VIII, elle avait pris les mesures utiles et disposait d'une armée de seize mille hommes, dont cinq mille Suisses. Cette troupe, bien équipée, touchait régulièrement sa solde et s'appuyait sur une artillerie nombreuse. Charles VIII en assurait le commandement nominal. Il avait trois lieutenants. Ce tripartisme était aléatoire : n'ayant que dix-sept ans, le roi ne pourrait imposer sa volonté en cas de désaccord. Toutefois, Anne de Beaujeu était là pour le seconder. Au lieu d'envahir la Bretagne, noyau de la rébellion, elle dirigea l'armée vers le Midi. En effet, les sires d'Albret et de Lescun avaient soulevé la Guyenne. L'apparition des royaux, la disproportion des forces en présence suffirent à rétablir l'ordre. Ensuite, l'armée remonta vers le nord et mit le siège devant Parthenay (d'où le comte de Dunois était, comme on sait, absent). La ville n'opposa qu'une faible résistance ; elle capitula le 20 mars 1487. Puis on s'achemina vers la Bretagne. L'armée, divisée en trois Corps, commandés respectivement par le comte de Montpensier, le maréchal de Saint-André et Louis de La Trémouille, s'avança quasi sans coup férir jusqu'à Ploermel, au centre du duché.

Le malheureux François II essayait de mobiliser ses troupes. Il ne parvint à réunir que trois milliers de cavaliers. Un mot d'ordre circulait de ne pas répondre à sa convocation. Il fût contraint de se replier à Vannes, avec Louis d'Orléans qui s'était opposé en vain, non sans courage, à l'avance des Français. La ville ne pouvait supporter un siège. Louis d'Orléans organisa l'évacuation de main de maître. Les cavaliers de François II furent transportés par bateaux jusqu'à Nantes. Il n'était que temps, les royaux commençaient l'investissement de la capitale bretonne. Les effectifs (environ quatre mille hommes, y compris la milice bourgeoise), l'état des remparts, le parc d'artillerie, permettaient une défense prolongée. Le ravitaillement était assuré. A nouveau, le duc d'Orléans montra ses capacités : le danger stimulait son ingéniosité et son audace. Il était l'homme des extrêmes, oubliant pour un moment sa légèreté et son goût du plaisir. Il répartit les équipes de garde et de terrassement (pour combler les brèches), veilla à la distribution des vivres, multiplia les inspections. Il accourait à la première alerte et se tenait au premier rang, donnant l'exemple. Ce fût ainsi qu'il repoussa vigoureusement plusieurs assauts. Le principal danger venait de l'artillerie royale, d'une puissance de feu supérieure. François II avait demandé des secours aux rois d'Angleterre et d'Espagne, à Maximilien d'Autriche. Ce fut l'intrépide Dunois qui le tira d'affaire. En digne fils de son père, il s'était échappé de Vannes, avait rameuté quelques milliers de volontaires, à la tête desquels il entra dans Nantes. Ce n'était pas une troupe bien fameuse — de pauvres paysans enragés de colère contre les Français, mal armés et sans expérience —, mais l'effet psychologique fut déterminant. On crut que la Bretagne se réveillait enfin ! Le zèle des défenseurs redoubla. Des sorties meurtrières sapaient le moral des royaux. Charles VIII décida de lever le siège. Mais Louis d'Orléans ne put exploiter cet échec. Pis encore : le danger étant écarté, les Nantais se révoltèrent contre lui. S'ensuivit une période d'extrême confusion. Le seul événement important fut une nouvelle volte-face du maréchal de Rieux et des signataires de l'accord de Châteaubriant. Soudain pris de remords, ils se mettaient au service de François II, qui leur pardonna volontiers, ne pouvant faire autrement. Le bilan de la campagne s'avérait assez négatif pour Charles VIII, mais chacun savait que c'était partie remise.

Dans les premiers mois de 1488, l'armée royale fut réorganisée et renforcée (dix-sept mille hommes) et Louis de La Trémouille en reçut le commandement. Le roi nomma aussi les principaux officiers. Il s'installa à la fin de mars au château du Verger, à la frontière bretonne. Le 23 avril, La Trémouille s'empara de Châteaubriant et, le 19 mai, d'Ancenis. Pendant ce temps, François II se débattait pour rassembler une armée, mais une fois de plus ses convocations restaient lettres mortes. Il envoya des émissaires à Charles VIII. Tout ce qu'il put obtenir de la bienveillance du roi fut une trêve jusqu'au 6 juillet. A son expiration, La Trémouille dirigea son armée vers Fougères. Malgré les tours et les remparts qui ceinturaient la ville et la rendaient quasi inexpugnable, le siège ne dura qu'une semaine (12 au 19 juillet). Pendant la trêve, François II avait à nouveau tenté de reconstituer une armée. Il était parvenu à réunir onze mille hommes, parmi lesquels des lansquenets allemands, des Espagnols prêtés par le roi Ferdinand d'Aragon, des Gascons amenés à Quimper par le sire d'Albret, des Anglais envoyés par Henry VII et commandés par lord Scales — et, pour moitié, des Bretons. Il incombait à François II de solder les mercenaires étrangers. Or, le trésor était à sec. François II, aux abois, aliénait ses propriétés patrimoniales, contractait des emprunts à des taux usuraires, vendait ses bijoux et ses orfèvreries. Les chefs s'entre-déchiraient ; ils n'avaient aucun plan. Rieux voulait éviter une rencontre qu'il savait perdue d'avance. Les autres ne craignaient pas l'affrontement. Le nombre l'emporta. On décida de s'emparer de Saint-Aubin-du-Cormier, petite place tenue par les royaux. Les deux armées (dix-sept mille Français et douze mille « Bretons ») entrèrent en contact dans la soirée du 27 juillet. D'aigres disputes éclatèrent à nouveau entre les chefs qui se suspectaient mutuellement et se reprochaient leur impéritie. Des bruits de trahison circulaient dans le camp. Orléans dut promettre de combattre à pied avec les Bretons. La Trémouille eut tout son temps pour disposer ses corps d'armée et ses canons. La bataille commença le lendemain, à deux heures de l'après-midi. Elle ne dura pas deux heures. Les « Bretons » étaient face au soleil, position défavorable. Ils attaquèrent les premiers, si brusquement que les premiers rangs français reculèrent. Mais l'artillerie entra en action. Les lansquenets allemands rompirent le front de bataille pour échapper aux boulets. La cavalerie de La Trémouille s'engouffra dans la brèche, prit à revers les troupes de Rieux et d'Albret. Pris de panique, les Bretons s'enfuirent à la débandade et furent impitoyablement massacrés. Lord Scales et ses Anglais se firent tuer sur place. Le duc d'Orléans fut pris les armes à la main. La Trémouille empêcha les Suisses de l'abattre et le fit conduire à Saint-Aubin-du-Cormier. Le prince d'Orange (Jean de Chalon) échappa lui aussi de justesse à la mort. Les autres chefs avaient été tués. D'Albret et Rieux fuyaient à toute bride. Le désastre était total. Six mille Bretons avaient péri. Les royaux avaient perdu quelques centaines d'hommes.

De même que son père au soir d'Azincourt, Louis d'Orléans fut reçu à la table de son vainqueur, ainsi que le prince d'Orange et deux autres prisonniers. Ce geste de courtoisie fut gâté par un incident tragique. Au cours du dîner, deux moines entrèrent dans la salle. S'adressant à Orléans et Orange, La Trémouille dit :

— « Messeigneurs, je n'ai point mission de décider de votre sort, c'est à faire au Roi notre sire. »

Puis, se tournant vers les deux autres captifs :

— « Quant à vous, vous avez trahi la foi jurée ; vous avez été cause de cette fatale guerre ; vous devez en porter la peine. Confessez-vous et préparez-vous à mourir. »

Orléans se leva et voulut protester. La Trémouille le fit taire. On entraîna les deux hommes à l'extérieur pour les décapiter.

Orange fut emmené à Angers, puis incarcéré aux Ponts-de-Cé, sur ordre d'Anne de Beaujeu. Louis d'Orléans fut conduit à Sablé par René de Sanzay, puis dans le propre château de celui-ci, avant d'être enfermé dans un cachot de Lusignan, où on le traita fort mal.

La Trémouille exploita supérieurement sa victoire. Il marcha sur Rennes qui fit mine de résister, n'insista pas et se dirigea vers Saint-Malo pour empêcher le débarquement d'un éventuel renfort d'Angleterre. Saint-Malo lui ouvrit ses portes. Toutes les places tombaient les unes après les autres. Personne n'avait envie de mourir pour le duc de Bretagne. On pensait qu'il était l'auteur de sa propre ruine. François II, désespéré, essaya une dernière fois de recruter des volontaires. Personne ne répondit à son appel. Il ne lui restait plus qu'à traiter.

Charles VIII était de retour au château du Verger. Il accepta de recevoir la délégation bretonne, dont le porte-parole était Dunois. Ce dernier se borna à implorer la clémence du roi pour François II et ses filles. Le Conseil royal avait longuement débattu sur le point de savoir si on achèverait la conquête militaire du duché ou si on attendrait la mort de François II pour examiner les droits de ses filles et trancher définitivement la question. En conséquence, Charles VIII répondit aux envoyés bretons qu'il était en son pouvoir de les perdre, puisqu'ils étaient responsables d'une guerre qu'il n'avait pas voulue, mais ne souhaitait pas user de vengeance à leur endroit et consentait à traiter.

Les négociations furent brèves, car il appartenait au vainqueur de poser ses conditions. Le traité du Verger fut signé le 19 août 1488. C'était une capitulation totale. François II promettait de congédier ce qu'il lui restait de mercenaires étrangers et, clause essentielle, de ne pas marier ses filles sans l'accord du roi. Dinan, Fougères, Saint-Aubin-du-Cormier, Saint-Malo, Vitré resteraient occupées par les royaux. Elles seraient confisquées si les filles de François II se mariaient sans l'autorisation du roi.

Une épidémie de peste s'étant déclarée à Nantes, le duc et ses filles se retirèrent dans le manoir de Couëron. C'est là que François II apprit sa déchéance. Il en mourut de chagrin, le 9 septembre. Il laissait une héritière de onze ans, au pouvoir incertain. Il lui avait donné par testament le maréchal de Rieux comme tuteur, la comtesse de Laval comme garde, Odet d'Aydie, Dunois et d'Albret comme conseillers. C'était un choix désastreux !

IV

Le mariage autrichien

La plupart des prisonniers furent promptement libérés, même le prince d'Orange, même Philippe de Commynes qui était peut-être le plus compromis et le plus dangereux par ses relations et sa science de l'intrigue. Louis d'Orléans, seul, resta en prison, placé sous la surveillance d'un geôlier sévère. Charles VIII l'aurait peut-être gracié, car il gardait pour lui, en dépit de la Guerre Folle, une affection quasi fraternelle. Mais Anne de Beaujeu restait assez influente pour couper court aux accès de générosité de son frère. Elle avait deux bonnes raisons de ne pas élargir Louis d'Orléans : l'obliger à renoncer formellement à répudier Jeanne, sa femme, et le mettre hors d'état de nuire tant que la question bretonne ne serait pas résolue. Ce fut en vain que Jeanne supplia sa sœur aînée de pardonner à Louis. Tout ce qu'elle obtint, à force d'insistance, fut l'autorisation de le voir et son transfert dans une prison moins inconfortable. On le sait, Louis avait une santé relativement fragile. Il était enfermé dans une pièce étroite du donjon de Lusignan, aux murs suintants d'humidité. Il recevait pour toute pitance du pain, du lard et une cruche d'eau, lui qui aimait la bonne chère, les friandises et les gâteaux ! Les Anglais avaient mieux traité son père pendant la captivité de celui-ci. L'abstinence forcée lui pesait ; il avait tant aimé les filles rieuses et leurs caresses ! Il n'en reçut pas mieux Jeanne la Boiteuse. Elle lui faisait horreur. Cet ange de tendresse subit sans se plaindre cette nouvelle humiliation. Elle essaya de le consoler, de le conseiller avec précaution et douceur, de lui expliquer ce que le roi et Anne de Beaujeu attendaient de lui. Elle obtint son transfert à Poitiers, puis à Mehun-sur-Yèvre, le petit château où Charles VII était mort, puis dans la grosse tour de Bourges. Tant de sollicitude finit par le toucher. Il traita Jeanne en amie compatissante. Il s'était assagi. Peut-être apercevait-il que Jeanne restait son unique chance d'être libéré. En son for intérieur, s'il renonçait à son projet d'épouser la petite duchesse de Bretagne, il était toujours aussi résolu à répudier Jeanne. Le temps passait. Louis mit à profit cette retraite forcée pour enrichir sa culture. Il relut notamment le livre de Boèce, *Consolation philosophique*, naguère traduit par Charles d'Orléans dans sa prison. L'inactivité physique était une redoutable épreuve pour cet homme de grand air, chasseur et sportif. Il tomba malade à plusieurs reprises. Il crut qu'on cherchait à l'empoisonner, demanda son médecin personnel. La nourriture de l'époque contenait assez de salmonelles pour ébranler un organisme affaibli. Il se rétablissait toujours, mais sa santé se délabrait. Il n'avait point comme son père le don de poésie.

Au-dehors, l'Histoire s'écrivait sans lui. Jeanne le tenait au courant des événements qui se déroulaient, ceux du moins dont elle avait connaissance, car on ne la tenait certainement pas informée de certaines décisions du Conseil royal, ou des tractations secrètes avec les Bretons.

Le sort de la duchesse Anne restait en suspens. Elle avait douze ans et se trouvait confrontée à une situation dramatique. Ce n'était qu'une gamine à la mort de François II. Elle allait devenir rapidement une princesse, obstinée à défendre ses droits, mûrir dans l'adversité et se forger ce caractère qui donnera tant de tablature à son second mari. Encore si elle avait pu compter sur le loyalisme de ses conseillers, mais ils se divisèrent bientôt en deux camps dont chacun prétendait lui imposer sa volonté ! Son premier acte fut de convoquer les états de Bretagne, lesquels devaient en principe valider le traité du Verger pour qu'il fût exécutoire. Le 18 septembre, Charles VIII lui adressa une mise en demeure, par laquelle il lui rappelait qu'elle ne pouvait se marier sans son accord et qu'elle devait congédier les étrangers à son service. Il l'invitait en outre à ne pas prendre le titre de duchesse, tant que la question de l'héritage de François II n'aurait pas été examinée par une commission. En clair, cela signifiait que le roi prétendait annexer le duché à la couronne, moyennant d'honnêtes compensations, pour Anne et sa sœur. La petite duchesse et ses conseillers refusèrent de se plier aux injonctions de Charles VIII.

Les hostilités reprirent. Travaillant pour le compte de Charles VIII, le vicomte de Rohan s'empara de plusieurs places fortes de Basse-Bretagne. A la fin de l'année, l'armée royale, commandée par l'amiral de Graville, prit Concarneau et Brest. Le 19 février 1489, elle entra à Vannes. Pour ajouter à la confusion, le maréchal de Rieux avait créé son propre gouvernement dont le siège était à Nantes. Il voulait contraindre la duchesse Anne à épouser le vieux seigneur d'Albret, pour lequel elle avait une invincible répulsion. Chassée de sa capitale, elle s'installa à Rennes, appelée par les habitants. Ceux-ci lui réservèrent un accueil enthousiaste et la reconnurent unanimement comme duchesse. Le 10 février, elle se fit couronner dans la cathédrale et prêta serment. C'était une violation flagrante du traité du Verger et l'on pouvait s'attendre au pire. Anne ne manquait pourtant ni de prétendants ni d'alliés se disant prêts à assurer sa défense. Louis d'Orléans ne comptait plus puisqu'il était en prison plus ou moins à cause d'elle. Mais, outre Alain d'Albret dont elle ne voulait pas, Maximilien d'Autriche, un fils du vicomte de Rohan, un prince anglais, un infant d'Espagne restaient en lice. A vrai dire, le défunt François II, dans son désarroi, avait offert sa fille comme un appât, tantôt promettant sa main, tantôt signant un contrat de fiançailles auquel il n'entendait point donner suite. La pauvrette souffrait en somme d'une pléthore d'amoureux, dont le seul objectif était de s'approprier son duché. Quant à ses alliés, ils n'étaient pas moins encombrants, car leur protection se révélait moins efficace qu'intéressée. Ni le roi d'Aragon, ni le roi d'Angleterre, ni même Maximilien ne courraient le risque d'entrer en conflit ouvert avec le roi de France. Le temps était dépassé, où l'on espérait pouvoir profiter de la faiblesse des Beaujeu et des désordres qu'elle provoquait. Cependant, les trois rois voyaient d'un mauvais œil le duché de Bretagne aux trois quarts occupé par les royaux. Ils cherchaient donc à inquiéter Charles VIII. Henry VII d'Angleterre était l'allié traditionnel des ducs de Bretagne ; leur indépendance lui était utile. Il envoya sept mille hommes qui débarquèrent sans difficulté et entrèrent immédiatement en action. Un peu plus tard, ce furent dix mille Espagnols envoyés par Ferdinand d'Aragon. Puis quinze cents lansquenets allemands, cadeau de Maximilien d'Autriche. Tout ce beau monde était « prêté » à la petite duchesse et, comme elle ne pouvait verser correctement les soldes, se payait sur l'habitant. Les villes reprises aux Français étaient méthodiquement pillées. Cependant la situation se retournait. Malgré les renforts expédiés par Charles VIII, les royaux perdaient la plupart des places qu'ils occupaient. Ils eurent le plus grand mal à sauver Brest.

Pendant cette période d'incertitude, l'activité diplomatique était intense, les négociations officielles recouvrant les tractations secrètes, comme il est de règle en diplomatie. Pour sortir la duchesse de l'impasse où elle se trouvait, ses conseillers la persuadèrent d'épouser Maximilien d'Autriche, roi des Romains. Elle se laissa convaincre d'autant plus aisément que Maximilien avait ses préférences. La jeune fille se voyait déjà impératrice ! Le prince d'Orange fut la cheville ouvrière de ce singulier « mariage ». Il rencontra Maximilien et lui montra les avantages de cette union, la jeunesse et la joliesse d'Anne. Maximilien portait le plus grand intérêt à la Bretagne, non en raison de ses ressources mais de sa valeur stratégique dans l'éventualité d'un conflit avec la France. Et puis il avait envie de se remarier. Il envoya donc trois négociateurs en Bretagne, dont le maréchal Wolfgang de Polham, son confident, afin de conclure le mariage. Il s'engageait à respecter l'indépendance de la Bretagne et les libertés des habitants. Aux yeux des Bretons, son éloignement répondait de sa sincérité ! Maximilien n'ignorait pas qu'en droit féodal Charles VIII était le tuteur d'Anne de Bretagne. Il savait aussi que le traité du Verger aggravait cette disposition et que l'autorisation de Charles VIII était indispensable. Mais il passa outre et il est permis de se demander quel jeu menait ce personnage peu scrupuleux sous ses allures de chevalier. Quant à la jeune duchesse et à ses conseillers, ils croyaient que le roi de France n'oserait défier un futur empereur sur la puissance duquel ils s'illusionnaient beaucoup ! Comme il ne pouvait être présent à la cérémonie, Maximilien avait chargé Polham de tenir sa place. Le mariage fut célébré dans la cathédrale de Rennes, le 19 décembre 1490. Après l'inévitable banquet, la duchesse se retira dans sa chambre. Polham parut alors, dénuda une de ses jambes, se coucha un instant sur le lit, se releva aussitôt et se retira. Tout cela devant témoins ! Polham était censé avoir consommé le mariage au nom de son maître. Cette scène burlesque était dans les usages du temps. Désormais, Anne, se considérant comme l'épouse de Maximilien, signera ses actes : « Maximilien et Anne, par la grâce de Dieu roi et reine des Romains, duc et duchesse de Bretagne. »

Les Bretons se croyaient sauvés ! Ils avaient oublié l'existence d'Anne de Beaujeu. Elle avait flairé le vent depuis des mois et laissait la jeune duchesse s'enferrer. Sa réplique fût foudroyante. Le roi dépêcha un ambassadeur en Bretagne, un autre auprès de Maximilien, pour informer les deux « époux » de la nullité de leur mariage, puisque le droit féodal et le traité du Verger avaient été violés. Les conséquences furent immédiates. Nantes fût livrée par surprise aux Français ; le roi y fit son entrée le 4 avril 1491. La population l'accueillit avec soulagement. Il y avait trop longtemps que duraient le pillage et l'anarchie ! Charles VIII disposait de quinze mille hommes commandés par La Trémouille et Saint-André. C'était la Bretagne entière qu'il avait décidé de conquérir. Anne et ses conseillers étaient à Rennes; ils appelèrent à l'aide. La duchesse-reine dépêcha des émissaires à son « mari ». Il n'avait pas les moyens de lever une troupe. Il lui fallait mendier des subsides à la Diète d'Empire. Il y avait donc peu de chances pour que ses lansquenets pussent arriver à temps.

Déjà La Trémouille investissait Rennes méthodiquement. Il avait assez de monde pour bloquer toutes les portes. C'était par la famine qu'il entendait réduire la ville, non par des assauts coûteux et inutiles. Les remparts étaient solides; les défenseurs, suffisamment nombreux, quoique disparates. Deux cents canons pouvaient répondre efficacement à l'artillerie royale. La duchesse animait l'esprit de résistance. Elle était la seule à espérer que La Trémouille lèverait le siège quand paraîtraient les lansquenets de son époux. On tuait le temps à défaut d'ennemis. La Trémouille organisa des joutes entre Bretons et Français au pied des murailles. La duchesse y assistait volontiers. Le monde ancien persistait dans ses traditions chevaleresques... Mais la guerre ne perdait pas ses droits pour autant, non plus que la diplomatie. Ces beaux tournoyeurs restaient prêts à en découdre s'ils en recevaient l'ordre. Les conseillers ducaux, songeant à leur avenir, cherchaient une issue, car ils considéraient la partie comme perdue. Ils n'osaient abandonner Anne; ils préféraient qu'elle abandonnât son duché. Son obstination les irritait et les inquiétait. Les envoyés d'Henry VII lui avaient proposé de la conduire en Angleterre, ou en Flandre pour y rejoindre Maximilien. Elle avait refusé sans hésiter. C'était avec son peuple qu'elle voulait rester, quoi qu'il lui en coûtât. Ceux qui se sont permis d'émettre des doutes sur son attachement à la Bretagne peuvent méditer sur ce refus. Au cours du mois de juillet 1491, coup de théâtre : Anne vit revenir Louis d'Orléans...

Il nous faut quitter Rennes et revenir en arrière de quelques semaines. A force de prières et de larmes, Jeanne avait obtenu la grâce du prisonnier. Anne de Beaujeu était en couches dans son château de Moulins. Jeanne avait profité de son absence pour supplier à nouveau son frère, qui céda, non sans lui dire :

— « Vous aurez, ma sœur, celui qui cause vos regrets. Veuille le Ciel que vous ne vous repentiez pas un jour de ce que vous avez fait pour lui. »

Paroles prophétiques !

Il y avait trois ans que Louis d'Orléans était prisonnier. Il avait fini par se résigner et, malgré son optimisme natif, n'espérait pas être libéré avant que Charles VIII ne mît fin à la tutelle des Beaujeu. Or, le 27 juin 1491, le roi quitta sa bonne ville de Tours pour se rendre à Bourges. Un matin, un certain Stuart d'Aubigny se présenta à la tour de Bourges avec un ordre signé du roi de libérer le prisonnier. Abasourdi, Louis ne pouvait croire à son bonheur ! Stuart l'amena au roi qui l'embrassa fraternellement. Les deux beaux-frères étaient heureux de se retrouver et de reprendre le dialogue interrompu... par trois ans de séparation. Ils avaient tant de points communs ! Charles VIII était fier de lui : il avait fait acte de roi en libérant Louis de sa propre initiative. Ses bienfaits ne s'arrêtèrent pas là. Louis recouvra son duché, reçut dix mille livres de pension et le gouvernement de Normandie. Cependant, il dut s'engager à ne pas répudier sa femme et à servir loyalement le roi. Il dut accepter aussi l'étrange mission de se rendre à Rennes, pour y prêcher la bonne cause. Charles VIII faisait fond, peut-être à tort, sur son influencée la cour de Bretagne et sur ses dons de persuasion. Louis d'Orléans promettait merveilles. L'air de la liberté le grisait, mais aussi ses richesses retrouvées et la grande vie pour laquelle il était fait. Plein d'alacrité, il se mit donc en route pour la Bretagne.

C'est ici le contour des choses, non leur noyau. Charles VIII était un impulsif. Sa brusque générosité à l'égard de Louis d'Orléans peut surprendre et même être imputée à son manque de discernement. Elle répondait cependant à une décision débattue par le Conseil. Charles VIII avait été fiancé à Marguerite d'Autriche en 1483, à la suite du traité d'Arras. On l'avait élevée avec son fiancé. Elle était surnommée « la petite reine » et ne cachait pas son attachement pour son futur mari. Elle avait douze ans quand Anne de Beaujeu et le Conseil royal résolurent de rompre les fiançailles et de renvoyer Marguerite à son père. Le mariage breton semblait plus avantageux que le mariage autrichien. Charles VIII n'osait prévenir sa petite fiancée. Il est probable qu'il avait pour elle un sentiment assez tendre, mais on lui avait vanté la beauté d'Anne de Bretagne. Lorsqu'il lui annonça son départ pour l'armée, elle éclata en sanglots et lui dit qu'elle savait qu'il allait épouser une autre femme. Il essaya de la rassurer. Elle insista pour l'accompagner. Il la laissa au Plessis-les-Tours, suivant les instructions qu'il avait reçues d'Anne de Beaujeu. Sans doute hésitait-il : Marguerite avait tant de charme et de finesse ; elle comprenait tout à demi-mot. S'il l'avait épousée, que de malheurs il eût épargnés à la France !

A Rennes, toujours assiégée par La Trémouille, l'opinion se montrait favorable au mariage avec le roi de France. Louis d'Orléans n'était pas étranger à ce revirement. Il avait retrouvé ses amis, Dunois et le prince d'Orange, qui se laissèrent facilement convaincre et agirent en conséquence. Le roi, se comportant déjà en maître du duché, convoqua les états de Bretagne à Vannes. Le 8 novembre, ceux-ci envoyèrent une supplique à leur duchesse, l'invitant à épouser Charles VIII. Anne se retrouvait seule. Elle se serait écriée : — « Faut-il que je sois infortunée d'être amenée à prendre mariage d'un homme qui m'a si maltraitée. »

Pourtant, elle avait eu la possibilité d'aller en Angleterre ou en Flandre, par conséquent d'échapper au roi de France. Il faut tout de même insister sur le fait qu'elle n'avait alors que quatorze ans : c'était une adolescente qui se trouvait confrontée à ce dilemme : ou perdre son duché en partant à l'étranger ou épouser son vainqueur. Charles VIII lui fit savoir qu'il consentait à ce qu'elle rejoignît Maximilien et lui en fournirait les moyens, à condition que Rennes capitulât. Anne n'attendait plus rien de Maximilien. Un scrupule l'arrêtait encore. Très pieuse, mais formaliste, elle croyait que son mariage par procuration était valable. Son confesseur, le dominicain Mayeuc, la persuada du contraire. Elle se résigna donc. Ce fût Louis d'Orléans qui porta sa réponse au roi, le 15 novembre. Peu après, Charles VIII entra dans Rennes et rencontra sa future épouse. Au premier abord, il ne la trouva pas très belle. Il n'était pas lui-même très séduisant, avec son long nez, son torse épais et ses membres trop longs. Puis ils s'apprivoisèrent, en conversant seul à seule. Charles avait vingt et un ans, un heureux caractère, un certain humour, une voix caressante. Elle était appétissante et fraîche, sa claudication se voyait à peine, dissimulée par une chaussure à talonnette. Bref, ils ne se déplurent pas et leurs fiançailles furent célébrées le 17 novembre en présence de quelques témoins, dont le duc d'Orléans.

V

Le mariage français

Charles VIII quitta Rennes le lendemain des fiançailles. Le 25 novembre, il se trouvait à Baugé, pour y rencontrer Marguerite d'Autriche et lui signifier qu'il épousait Anne de Bretagne. Les chroniqueurs ont raconté diversement cette entrevue. Selon les uns, les ex-fiancés eussent pleuré sur leur malheur commun en se tenant embrassés. Selon les autres, Marguerite protesta avec véhémence contre l'injustice qui lui était faite et ne ménagea pas ses reproches. De toute façon, c'était un moment difficile pour Charles VIII qui, cédant à la raison d'Etat, n'avait pas le beau rôle. Il regrettait d'autant plus de perdre Marguerite qu'elle était certainement plus belle et charmante que la duchesse Anne. On la plaignit. Sa position était d'ailleurs digne de pitié : on la rendait officiellement à son père, tout en la gardant comme otage. Elle n'était plus qu'une monnaie d'échange.

Pendant ce temps, la future reine cheminait en grand appareil. Elle était partie de sa chère Bretagne le 23 novembre. Son généreux vainqueur lui avait octroyé cent vingt mille livres pour s'équiper, et pour solder les mercenaires qu'elle devait licencier. Jamais elle n'avait été si riche ! Elle ne se priva pas de satisfaire sa coquetterie. Les gens du roi avaient fixé son itinéraire et le tenaient secret de peur d'un enlèvement ! Elle fit étape à La Flèche, où l'attendaient la dame de Beaujeu (devenue depuis peu duchesse de

Bourbon [1]) et plusieurs dignitaires et dames de la cour. On lui remit les cadeaux du roi : lit d'apparat, vêtements, tentures, bijoux. On la conduisit ensuite au château de Langeais. Charles VIII arriva de Montils-les-Tours dans la nuit du 5 au 6 décembre. Le mariage fut célébré aussitôt dans la chapelle castrale, à la lumière des torches, en présence de Louis d'Orléans, de Pierre de Bourbon et autres grands seigneurs. C'était Louis d'Amboise, évêque d'Albi et frère de Georges d'Amboise, qui officiait.

La signature du contrat de mariage avait bien sûr précédé la cérémonie. Ce contrat mérite attention ; il réglait en effet le sort de la Bretagne, présent et à venir :

« ... Et en faveur et contemplation dudit mariage, et pour le bien perpétuel et indissoluble de Paix entre le Diadème et la Couronne de France, et aussi le Duché de Bretagne, pour que chacune desdites parties, prétendent leur compter [2] et appartenir ledit Duché de Bretagne, pour le bien de paix et tranquillité desdits pays, ci-devant angustiés et affligés de guerre, et en contemplation de l'honneur qu'en contractant ledit mariage, le Roi notre Seigneur exhibe à ladite Dame, comme aussi pour les affections conjugales qu'elle a, et doit avoir ladite Dame envers ledit Seigneur, pour elle, ses successeurs et ayants cause, a donné, cédé, quitté, transporté et délaissé toujours et à jamais, perpétuellement, irrévocablement à héritage audit Seigneur, et ses successeurs Rois de France par titre de donation, fait par cause et raison dudit mariage, sans jamais la révoquer par testament ni autrement, au cas qu'elle irait de vie à trépas paravant ledit Seigneur, sans aucuns hoirs procréés d'eux légitimement en leurdit mariage (ce que n'advienne par le bon plaisir de Dieu) tous et chacuns les droits, propriétés, possessions, noms, raisons, actions et obligations comptant à ladite Dame, etc. »

1. Après la mort de son frère aîné, Pierre de Beaujeu prit le titre de duc de Bourbon.
2. Revenir.

Autrement dit, en contrepartie de l'honneur que le roi de France lui accordait en l'épousant, Anne lui cédait son duché de Bretagne en pleine propriété. Ainsi se trouvait tranché le dilemme qui les opposait quant à l'héritage de François II, puisque le roi prétendait détenir des droits égaux ou supérieurs à ceux de son héritière naturelle. Au cas où Anne mourrait sans héritiers, avant le roi, ce dernier garderait le duché de Bretagne. Il s'agissait bien d'une donation perpétuelle. En outre, l'éventualité du décès de Charles VIII avant sa femme avait été formellement prévue :

« ... Et pour éviter lesdites incommodités de guerres, et sinistres fortunes vraisemblablement à suivre entre les pays : Que ladite Dame ne convolera à autres noces, fors avec le Roi futur, s'il lui plaît et faire se peut, ou à autre prochain et présomptif futur successeur de la Couronne... »

Ainsi, par le même contrat, Anne de Bretagne s'engageait, si elle devenait veuve, à épouser le successeur du présent roi, voire son héritier présomptif, c'est-à-dire issu d'une branche collatérale, Valois-Orléans, à défaut Vâlois-Angoulême. Cette clause ne comportait qu'une restriction assez vague : « S'il lui plaît et faire se peut. » Elle ne laissait pas de grandes possibilités à Anne, d'autant qu'elle venait en contradiction avec le caractère irrévocable de la donation de la Bretagne à Charles VIII. Maigre compensation : en cas de veuvage, Anne conserverait son douaire, ses meubles et ses joyaux. Elle saura tirer parti de cette disposition, le moment venu. Il est à peine besoin d'ajouter que le premier prince du sang figurait parmi les témoins. Il n'en était pas à un paradoxe près.

Assista-t-il à la consommation du mariage, comme le prince d'Orange, la délégation des bourgeois de Rennes et autres personnes ? Les bourgeois écrivirent tout bonnement à leurs mandants que le roi et la reine « couchèrent ensemble et là laissa la Reine son pucelage ». On ne saurait être plus direct ! Désormais, le mariage était indissoluble et la Bretagne devenait française. Cependant, on l'avait célébré sans la dispense du pape. Aux yeux de l'Eglise, Anne et Charles étaient concubins et leurs enfants seraient illégitimes. La requête avait été envoyée à Rome le 18 novembre. Influencé par l'ambassadeur de Maximilien, le pape atermoyait. Maximilien faisait valoir que son mariage par procuration ayant été béni par l'Eglise ne pouvait être contesté. Le pape se décida en faveur de Charles VIII, toutefois la dispense, datée du 15 décembre 1491, n'arriva qu'en été 1492. Anne et Charles vécurent en union libre pendant quelques mois, ce dont les pamphlétaires à la solde de Maximilien tirèrent le parti que l'on imagine ! Car le roi des Romains ne pouvait digérer le double affront que le roi de France lui avait infligé en lui rendant sa fille Marguerite et en lui prenant sa femme par procuration. Il se répandait en propos menaçants, mais manœuvrait en douceur pour récupérer la dot de Marguerite : l'Artois et la Franche-Comté provisoirement sous contrôle français. Finalement, s'il perdait un peu la face, il faisait une bonne affaire. Ces deux belles provinces pesaient plus lourd que l'incertaine Bretagne et sa petite duchesse.

Le 8 février 1492, Anne fut couronnée et sacrée à Saint-Denis, privilège dont ne bénéficièrent pas toutes les reines de France. Comme premier prince du sang, il revenait à Louis d'Orléans de conduire sa belle-sœur à l'autel. Elle avait une robe de satin blanc dont la duchesse de Bourbon portait la traîne, bon gré mal gré. On s'extasiait sur sa jeunesse et sur sa grâce. Ce fut encore Louis d'Orléans qui tint la lourde couronne royale au-dessus de sa tête. Il était la prévenance même et, en vrai gentilhomme, excellait dans les cérémonies. Le lendemain, la reine fit son entrée solennelle à Paris, au milieu des dignitaires de la cour et des corps constitués. Elle obtint un vif succès, car elle savait se montrer gracieuse. Paris adopta la petite Bretonne. Elle ne cachait pas son bonheur. Son ancien fiancé, Louis d'Orléans, affichait une mine réjouie. Il paradait comme toujours au premier rang, dans ses plus beaux atours.

Cette journée-là, Anne eut l'illusion d'être reine à part entière. Mais il lui fallut promptement déchanter. Elle n'était reine que de nom, abreuvée d'honneurs, mais sans la moindre influence. Le roi la comblait de cadeaux, mais ne la consultait point. Elle avait pris goût à l'amour physique, mais elle avait des raisons d'être jalouse La duchesse de Bourbon faisait son ombre sur le couple. Charles VIII régnait officiellement par lui-même, mais sa sœur et tutrice continuait à « mettre le nez partout où elle le pouvait », selon Brantôme. Et il ajoutait : « Car elle était fine trinquetante[1], corrompue, pleine de dissimulation et grande hypocrite, qui, pour son ambition, se masquait et se déguisait en toutes sortes. » Elle en voulait à Anne de la ravaler au second rang et ne lui ménageait pas les avanies. « Mais elle trouva bien chaussure à son pied, comme l'on dit, car la reine Anne était une fine Bretonne et qui était fort superbe et altière à l'endroit de ses égaux ; de sorte qu'il fallut à madame de Bourbon caler et laisser la reine sa belle-sœur tenir son rang, et maintenir sa grandeur et majesté, comme il était de raison : ce qui lui devait fort fâcher, car, étant régente, elle tenait terriblement sa grandeur » (Brantôme). La brouille entre les deux femmes en vint à ce point que Louis d'Orléans et Georges d'Amboise organisèrent une réunion de famille pour rétablir la paix. Les deux rivales jurèrent sur un morceau de la vraie Croix de vivre en bonne intelligence et de s'aimer, ce qui était peut-être trop leur demander !

La naissance d'un dauphin, le 10 octobre 1492, éclaircit l'atmosphère. A la prière de François de Paule, Charles VIII accepta de le nommer Orlando. Pourquoi ce prénom tout à fait insolite à la cour de France ? Parce qu'un prince Orlando, neveu de Charlemagne, s'était jadis couvert de gloire en Calabre, patrie de François de Paule. Or, on reparlait à nouveau de croisade contre les Turcs et déjà Charles VIII ruminait ses projets italiens. Son fils premier-né s'appellerait donc Roland, version française d'Orlando. Les parrains, Louis d'Orléans et le duc de Bourbon (Pierre de Beaujeu), protestèrent. On disputa pendant trois jours. Finalement le dauphin fut appelé Charles-Orland et l'on put le baptiser. C'était un

1. Trompeuse, ancien mot de langue d'oc.

bel enfant, apparemment plein de vie. Sa naissance confortait la position de sa mère. Désormais, nul n'oserait disputer la première place à la petite Bretonne. Elle avait donné un successeur au roi son époux.

A son habitude, Louis d'Orléans faisait contre mauvaise fortune bon cœur. Il avait manifesté la plus grande joie à la naissance de Charles-Orland. Il perdait cependant sa qualité d'héritier présomptif. Avait-il tout de bon renoncé au trône ? Attendait-il avec patience quelque événement annoncé par les astrologues ? En tout cas, il semblait heureux de vivre, de briller, de prendre du bon temps. Il donnait de superbes fêtes et s'entourait de beautés peu farouches. Parfois, il entraînait dans ses agapes le roi devenu son ami. Il avait apprivoisé la petite reine et le couple Bourbon. Il avait donc lieu d'être satisfait. Cependant l'aimable prince traînait un boulet : Jeanne la Boiteuse. Il n'avait rien à lui reprocher, sinon d'être sa femme. Elle l'avait tiré de la prison de Bourges à force de prières, et il ne lui manifestait aucune gratitude sincère. Jeanne était la seule pomme de discorde entre le jeune roi et lui. Charles lui rappelait sa promesse de vivre comme mari et femme avec elle. Louis ne pouvait se permettre d'offenser son souverain et bienfaiteur. Il se résignait à passer quelque temps, le moins possible, avec Jeanne. Puis il la renvoyait à son manoir de Linières. Pendant ses brefs séjours à Blois, la malheureuse ne se plaignait jamais, n'élevait aucun reproche ; elle affichait au contraire une joie touchante. Tant de dévouement et de douceur quasi angélique eût ému le cœur le plus endurci. Mais quoi qu'elle fît, il ne lui pardonnait pas de lui avoir été imposée et il la voyait encore plus laide qu'elle n'était. Charles VIII et la duchesse de Bourbon prenaient la défense de leur sœur. Il fallut que Louis acceptât un *modus vivendi* sauvant au moins les apparences. Jeanne parut plusieurs fois à ses côtés dans les cérémonies officielles, notamment à Orléans. Mais, en toutes circonstances, il affectait à son égard une indifférence blessante, quoique tempérée par la courtoisie. Jeanne priait avec ferveur pour qu'il se rapprochât d'elle. Cessa-t-elle d'espérer qu'ils vivraient ensemble ? Il y avait là un drame poignant, dont il ne paraissait pas se soucier. Il ne s'irritait que de l'importunité de cette présence et n'éprouvait aucun remords à la tourmenter ainsi. Il ne comprenait certes pas que Jeanne était un être d'exception dont l'âme endolorie rayonnait. Il avait le superbe égoïsme des hommes aux succès faciles, pour lesquels l'amour n'est que galanterie. Alors, il apportait un zèle excessif à administrer son duché ou bien à remplir sa charge de gouverneur de Normandie. Une escadre anglaise croisant à l'ouvert de la Seine inquiétait les populations. Cet incident justifia une assez longue absence, pendant laquelle il était délivré de la pauvre Jeanne. Son séjour en Normandie fut d'ailleurs très utile, car les Anglais cherchaient un point de débarquement. Louis déploya la plus grande activité, rassembla et répartit les effectifs dont il disposait, inspecta minutieusement les forteresses. On le sait, il était sans égal dans les moments difficiles.

Cependant, au cours de cette période, il aurait eu d'impérieuses raisons de se trouver à la cour, et de prendre part aux réunions du Conseil royal. Les événements marchaient à grands pas et dans une direction qui l'intéressait directement. Les seigneurs chassés du royaume de Naples, les émissaires de Ludovic Sforza, du pape et des autres princes italiens assaillaient le roi et l'enjôlaient de leurs mirifiques promesses. Céderait-il à la tentation ? On reparlait aussi de croisade, car les Turcs s'étaient emparés d'Otrante. L'ermite-prophète Vincent de Paule exhortait Charles VIII à prendre la croix et lui annonçait une victoire certaine. Louis d'Orléans connaissait bien son beau-frère. Il savait que le petit roi avait la tête farcie de romans de chevalerie et rêvait de devenir l'égal de Charlemagne, voire de conquérir Jérusalem comme Godefroy de Bouillon. Il ne lui suffisait pas de régner sur le plus beau royaume d'Europe, agrandi de la Bretagne. Louis, savait que le Conseil était divisé sur les affaires d'Italie et le roi peu disposé à entendre raison. Lui-même songeait à son comté d'Asti, toujours convoité par les Sforza et auquel il tenait comme à la prunelle de ses yeux. A sa manière, il était aussi obstiné que

Charles VIII, mais l'âge l'avait assagi. Il estimait prudent de ne pas prendre position. Les Beaujeu l'eussent accusé, en cas de revers, d'avoir pesé sur la décision du roi. Il se trouvait encore en Normandie, quand il reçut l'ordre de lever un contingent et de le diriger vers Lyon.

VI

Deux fers sur le feu

Les droits que Charles VIII prétendait détenir sur le royaume de Naples remontaient au frère de saint Louis, Charles d'Anjou et de Provence. Ce prince était parvenu à fonder un royaume au sud de l'Italie. A la suite d'une révolte restée fameuse dans les annales (les Vêpres siciliennes, 1282), la dynastie d'Anjou n'avait pu se maintenir et les princes d'Aragon s'étaient emparé du royaume. Depuis lors, les Angevins ne cessèrent d'affirmer leurs prétentions à celui-ci. En 1420, Jeanne II, reine de Naples, avait adopté un comte d'Anjou, car elle n'avait pas d'enfants. Mais Alphonse d'Aragon avait fait main basse sur l'héritage. La France était alors au creux de la vague, à la veille de devenir anglaise. En 1480, le dernier comte d'Anjou et de Provence, pseudo-roi de Naples, mourait sans héritier. Il avait légué à son neveu Charles du Maine ses comtés du Maine et de Provence, ainsi que ses droits sur le royaume de Naples, toutefois à condition que Louis XI fût son légataire. En 1481, Charles du Maine mourait et Louis XI recueillit sa succession. L'Anjou, le Maine et la Provence l'intéressaient davantage que les droits du roi René sur le royaume de Naples. L'idée d'une intervention militaire dans la péninsule ne l'effleura pas un instant. Son objectif était de parfaire l'Hexagone, non de se lancer dans une aventure incertaine et, apparemment, de nul profit. Cependant, par la force des choses, il avait accepté de jouer le rôle d'arbitre dans plusieurs querelles entre les principules italiens et il avait pris juste mesure de leur déloyauté. Anne et Pierre de Beaujeu avaient suivi la même politique prudente ; il est vrai qu'ils avaient eu quelque peine à imposer leur autorité. De toute manière, ils avaient trop de bon sens pour prêter l'oreille aux sirènes d'Italie. La question bretonne leur importait plus que les sollicitations mielleuses de Ludovic Sforza et des seigneurs napolitains fuyant la tyrannie du roi Ferdinand. Charles VIII, ce roitelet « à peine sailli du nid » (selon l'expression de Commynes), prit le contre-pied de cette politique. Son esprit fiévreux, romantique avant la lettre, s'accommodait mal de la raison, encore moins de la vie quotidienne, fût-elle celle d'un roi. Il était à la fois meilleur et pire qu'on ne le dit généralement. Meilleur par sa bonté, sa générosité, sa bravoure, une intelligence et une culture que l'on a méconnues. Mais ces qualités étaient gâtées par une obstination que rien ne pouvait vaincre. L'Italie était son idée fixe, son obsession, ce rêve secret que tout homme caresse et cherche à réaliser, l'occasion s'offrant. Ce titre fastueux et vide de roi de Naples et de Jérusalem polarisait ses pensées. Il se trouva des gens pour flatter cette dangereuse rêverie ; ils agissaient par ambition personnelle.

L'Italie était en avance d'un siècle au plan de la création artistique, mais elle retardait d'un siècle au plan de la politique. Alors que les autres pays européens tendaient vers la centralisation du pouvoir, elle restait foncièrement féodale, émiettée en une poussière de principautés autonomes, en perpétuel conflit, ou d'oligarchies déguisées en éphémères républiques. Point d'autorité susceptible d'apaiser les querelles ou d'imposer une volonté commune. Trois états rivaux émergeaient toutefois de ce chaos : la République de Venise, l'Etat pontifical et le duché de Milan. Les antagonistes faisaient appel à des entrepreneurs de guerre (*les condottieri*) ou à l'étranger. Il était donc inévitable que les grandes puissances européennes intervinssent, tôt ou tard, dans les affaires italiennes.

Ludovic Sforza, surnommé le More, mit le feu aux poudres.

C'était un personnage complexe, dévoré d'ambition, fin diplomate, poussant le cynisme jusqu'au crime, mécène éclairé, vrai prince de la Renaissance, avec un seul point faible : la lâcheté. Il avait gouverné le duché de Milan pendant la minorité de son neveu, Jean-Galéas Sforza. Ce dernier épousa Isabelle d'Aragon, petite-fille de Ferdinand Ier, roi de Naples. Ludovic le More entendait garder le pouvoir et même s'approprier le duché de Milan. Jean-Galéas, duc en titre, était un prince sans envergure, mais il pouvait compter sur la protection du roi de Naples. Ludovic avait tout à craindre de Ferdinand Ier et de son fils, le duc de Calabre, père d'Isabelle. Mais il savait aussi que le roi Charles VIII s'apprêtait à revendiquer ses droits sur le royaume de Naples, et que son cousin, le duc d'Orléans, héritier de Valentine Visconti et comte d'Asti, ne s'intéressait pas moins au Milanais. Il avait peu d'alliés, hormis le nouveau pape : Alexandre VI Borgia venait d'être élu avec l'appui d'Ascanio Sforza, frère de Ludovic. Analysant la situation avec réalisme, celui-ci proposa son alliance — militaire et financière — à Charles VIII. Il faisait ainsi d'une pierre deux coups, puisqu'il écartait à la fois la menace napolitaine et les ambitions de Louis d'Orléans. C'était évidemment un jeu périlleux d'attirer les Français en Italie, mais il en prenait le risque, persuadé que ni les Espagnols ni les Autrichiens ne laisseraient Charles VIII s'installer durablement dans le sud de l'Italie.

Bien entendu, Charles VIII accepta cette proposition au grand dam de Louis d'Orléans, mais, semble-t-il, on se passa de son avis. La conjoncture internationale était cependant peu favorable pour la France. La rupture des fiançailles avec Marguerite d'Autriche fournissait au roi des Romains l'occasion d'agir. Manquant de moyens, il avait sollicité l'appui d'Henry VII d'Angleterre et de Ferdinand d'Aragon. On a vu que les Anglais n'avaient pu débarquer dans l'estuaire de la Seine grâce à Louis d'Orléans. Leur escadre avait piteusement rallié Calais. Faute de mieux, et pour sauver la face, ils mirent sans conviction le siège devant Boulogne. Henry VII n'avait pas non plus de grands moyens. Il vendit le retrait de ses troupes sept cent quarante-cinq mille écus d'or, somme considérable (traité d'Etaples, conclu le 3 novembre 1492). Ferdinand d'Aragon avait chassé les rois maures de Grenade, le 3 janvier de la même année; il avait assez à faire à hispaniser les territoires reconquis et ne menaçait en rien nos frontières méridionales. Naguère Louis XI avait retenu en gage la Cerdagne et le Roussillon contre un prêt de deux cent mille écus d'or à Jean Ier d'Aragon. Charles VIII, contre l'avis unanime de son Conseil, effaça la dette de Jean Ier et restitua la Cerdagne et le Roussillon : traité de Barcelone (19 janvier 1493). Bien plus, il consentit à ce que la reine de Navarre et son époux Jean d'Albret fussent placés sous protectorat castillan. Toute la politique pyrénéenne de Louis XI était abandonnée. Il faut quand même dire que les Français laissaient un si bon souvenir que la population de Perpignan célébra leur départ par une grande procession; elle rendait grâces à Dieu de n'être plus « captive » du roi de France !

Maximilien, tout à sa fureur contre Charles VIII — mais il était habile à doser ses sentiments —, réclamait la restitution de la dot de sa fille (l'Artois et la Franche-Comté) et de l'héritage entier de Charles le Téméraire. En novembre 1492, les bourgeois d'Arras lui ouvrirent leurs portes : ils étaient excédés par les ponctions fiscales des gens du roi de France. Les Beaujeu-Bourbon, le maréchal de Gié, l'amiral Malet de Graville, tous les conseillers de bon sens, poussaient à la guerre contre l'Autrichien. Mais Charles VIII voulait aller en Italie, conquérir Naples, Constantinople et Jérusalem. Les Napolitains et Ludovic le More l'appelaient de leurs vœux. Malet de Graville répondait ironiquement aux émissaires du roi de Romains :

— « Si le Roi mon maître voulait croire mon conseil, il ne vous rendrait jamais ni fille ni fillette, ville ni villette. »

Le roi ne voulut pas croire Graville. Par le traité de Senlis (23 mai 1493), il rendit à Maximilien l'Artois, la Franche-Comté et le Charolais. Marguerite d'Autriche put quitter la France en juin. Charles VIII, croyant s'assurer la neutralité de l'Angleterre, de l'Espagne et de l'Autriche, venait d'anéantir en grande partie l'œuvre de son père et de fragiliser nos frontières. Il est peu de dire qu'il lâchait la proie pour l'ombre. Etienne de Vesc (plus connu sous le nom de sénéchal de Beaucaire) et Guillaume Briçonnet, grand bourgeois affairiste et futur évêque de Saint-Malo, étaient alors ses maîtres à penser. Ils le poussaient à la conquête du royaume de Naples avec d'autant plus d'ardeur que Ludovic le More les stipendiait discrètement. Les Beaujeu-Bourbon, Malet de Graville, Gié, Commynes, Georges d'Amboise et autres sages conseillers s'efforçaient en vain de combattre la pernicieuse influence des deux compères. La reine Anne de Bretagne faisait chorus, mais son influence sur le roi ne pesait pas lourd. Quant à Louis d'Orléans, il attendit pour se prononcer que Charles VIII signât un traité d'alliance avec Ludovic le More (mai 1492). Il avait pu croire que l'intervention française en Italie lui permettrait de recouvrer le duché de Milan. Le traité avec Ludovic ruinait ses espérances. Il s'opposa donc au projet de reconquête du royaume napolitain. Charles VIII était terriblement influençable. Il oscillait d'un parti à l'autre. Or Ludovic avait déjà, partiellement, changé d'avis. Il avait noué une ligue contre Naples avec Venise et donné en mariage à Maximilien sa nièce Bianca Sforza, avec une dot de quatre cent mille écus ! En contrepartie, le roi des Romains lui avait promis l'investiture du duché de Milan. Charles VIII était hors jeu.

Ce brusque infléchissement de la politique ludovicienne, joint à l'hostilité que montraient les Florentins et les Mantouans, aurait dû suffire à dissuader le roi. Il s'opiniâtra et, comme les fonds manquaient, recourut à des emprunts qui provoquèrent des troubles assez graves dans plusieurs villes de province. Devant l'entêtement du roi, Louis d'Orléans changea de cap. Puisque l'intervention militaire semblait prochaine, il manœuvra pour qu'on lui confiât le commandement de l'armée. Les choses en étaient là, lorsque, le 25 janvier 1494, Ferdinand de Naples mourut. Son fils, le duc de Calabre, lui succéda sous le nom d'Alphonse II. Cet événement changeait les données du problème pour Ludovic le More. Il acheva de décider Charles VIII, qui refusa de reconnaître Alphonse II et s'intitula dès lors roi de Naples et de Jérusalem. Sa cour se transporta à Lyon, où l'on se proposait de concentrer les troupes. A la vérité, on n'avait encore aucun plan de campagne, on ne savait même pas quel itinéraire l'armée suivrait. Les seules décisions prises par Charles VIII étaient de confier la régence à Pierre de Bourbon-Beaujeu et le commandement général de l'armée au maréchal de Gié. Déception pour Louis d'Orléans qui se vit attribuer le commandement de la flotte et pour Anne de Bretagne à laquelle la régence revenait selon l'usage. Elle accepta pourtant, dans la circonstance, de se séparer du dauphin Charles-Orland. Bien qu'il fût en parfaite santé, elle organisa « sa garde et sûreté » : cent archers écossais surveillaient le château d'Amboise où on avait installé le précieux enfant, pour l'heure unique héritier de la couronne. L'année précédente, au cours d'une partie de chasse, elle avait fait une fausse couche. Elle était à nouveau enceinte.

Lyon ne devait être qu'une étape. Elle dura plusieurs mois que l'on perdit en divertissements : banquets, tournois, bals, agapes nocturnes, dont Commynes accuse, peut-être injustement, Louis d'Orléans d'être l'initiateur. Charles VIII n'avait pas besoin des conseils de son beau-frère pour s'adonner à la débauche : le gentil roi buvait sec et avait une prédilection pour les prostituées. La jeune reine versa plus d'une larme, mais il n'attachait pas grande importance à ses reproches, à ses chagrins et se conduisait à vrai dire comme un goujat. Les affaires se mêlaient aux plaisirs. Tous les ambassadeurs confluaient vers Lyon. Parmi ceux-ci, le comte de San Severino vint de la part de Ludovic le More offrir au roi de magnifiques chevaux et lui proposer des hommes et de l'argent. Charles VIII lui donna le collier de Saint-Michel, mais réserva sa réponse, sous l'influence de son entourage. L'arrivée du cardinal Julien della Rovere (le futur Jules II), à la fin du printemps, fût décisive. Il haïssait le pape Alexandre VI et pour lui nuire réclamait passionnément la venue de ceux qu'il appellera ensuite les « Barbares du Nord ». Son éloquence endiablée eut raison des hésitants et enthousiasma le roi. Les troupes inoccupées depuis des semaines commençaient à se débander. L'argent manquait. Le roi dut emprunter cent mille francs à cinquante pour cent d'intérêts : le banquier était génois. Le trésor était vide, car on avait dépensé trois cent mille francs pour noliser sur les côtes de Provence quatorze galères et quelques bâtiments annexes. C'était une partie de la flotte que l'on destinait à Louis d'Orléans afin de protéger Gênes des incursions napolitaines. Ludovic le More redoutait par-dessus tout que Louis d'Orléans commandât les forces terrestres. Cette charge d'amiral d'occasion, le duc la devait en somme à l'astucieux Ludovic ! Le roi n'y avait pas vu malice et, tout bonnement, donna l'ordre à l'escadre de Normandie d'appareiller, soit une cinquantaine de navires transportant dix mille fantassins. Cette escadre devait doubler l'Espagne et, par le détroit de Gibraltar, se diriger vers Gênes, où l'escadre de Provence la rejoindrait. Cette force imposante était confiée à un amiral sans la moindre expérience de la mer et des combats navals. On comprend le manque d'empressement de Louis d'Orléans. Il préférait s'attarder à Lyon d'autant qu'il connaissait la versatilité de Charles VIII et pouvait espérer un commandement plus conforme à ses aptitudes. Mais le petit roi s'entêtait ; les émissaires de Ludovic avaient éveillé sa suspicion sur les intentions probables de son cousin. Non seulement il ne changeait pas d'avis, mais il exhortait Louis à se rendre à Gênes le plus vite possible.

Soudain, les Génois appelèrent au secours. Une escadre napolitaine croisait au large. Un débarquement des troupes d'Alphonse II semblait imminent. Louis d'Orléans quitta Grenoble le 1er juillet. Le 9, il était dans son comté d'Asti, où la population lui fit fête. Il y fût rejoint par trois mille Suisses qu'il conduisit à Gênes. Dans cette ville d'Asti, dont il avait tant rêvé, il reçut la visite de deux conseillers de Ludovic le More : ils lui souhaitèrent la bienvenue et l'assurèrent du soutien chaleureux de leur maître. Mais Louis avait désormais trop d'expérience pour être dupe de leurs compliments. Dès qu'il fut à Gênes, il passa en revue ses bâtiments et leurs équipages, ainsi que les troupes mises à sa disposition, une quinzaine de milliers d'hommes. L'ensemble était considérable, mais les forces navales et terrestres qui le composaient étaient aussi disparates les unes que les autres. Les lourds galions venus de Normandie ne se manœuvraient pas aussi facilement que les fines galères méditerranéennes et ils avaient plus de tirant d'eau. Quelques jours après cette inspection, Louis rencontra Ludovic le More à Alexandrie. Le vieux renard venait flairer son rival. Il lui offrit une fête mémorable, lui prêta soixante mille ducats et, rasséréné, regagna Milan. Louis avait été assez habile pour émousser sa défiance.

Le roi lui avait octroyé deux lieutenants : le grand écuyer Pierre d'Urfé et François de Luxembourg, connaissant aussi peu la mer que lui. Le premier préconisait la sortie en masse de la flotte et l'attaque des escadres napolitaines mouillées au sud de La Spezia. Le second préférait attendre une attaque des Napolitains. Tel était aussi l'avis de Louis d'Orléans, qui doutait de ses talents nautiques et craignait d'aventurer ses bateaux. Toute sa science des combats sur mer se limitait à quelques lectures. L'ennemi le tira d'embarras. Ses escadres menaçaient Porto Venere, petite place défendue par quatre cents Génois qui refusèrent de se rendre. Pierre d'Urfé obtint (difficilement) de se porter à leur secours avec une vingtaine de bâtiments. Il arriva trop tard, car les montagnards des environs l'avaient devancé. Pris entre deux feux, les Napolitains avaient déguerpi et leurs navires, à force de rames et toutes voiles dehors, cinglaient vers Livourne.

Les Génois fêtèrent cette fausse victoire. Ils se crurent sauvés quand un renfort de douze galères arriva de Provence. L'ordre parvint à Louis d'Orléans de diviser sa flotte en deux escadres, dont l'une gagnerait Savone et l'autre Naples, suivant la progression, supposée, de l'armée de terre. Ordre déconcertant pour Louis qui savait que Charles VIII se trouvait encore à Grenoble et ne semblait pas prêt à passer en Italie. Il ignorait même si celui-ci dirigerait l'expédition ou s'il déléguerait ses pouvoirs au maréchal de Gié. Les Napolitains coupèrent court à ses suppositions. Leurs escadres arrivèrent soudain dans la rade de La Spezia et, cette fois, s'emparèrent de Porto Venere. Affolement des Génois ! Louis d'Orléans eut devant le danger la réaction que nous connaissons déjà. Il déploya dans l'instant une intense activité, mit rapidement les côtes génoises en état de défense, multiplia les inspections, améliora l'équipement de ses navires, prescrivit des exercices de tir, bref retrouva ses qualités de chef de guerre. Il prit aussi certaines mesures pour faire régner l'ordre dans la cité de Gênes, dont la population composite n'était pas tout acquise aux Français et qui comptait un nombre impressionnant de larrons ! Les Napolitains attaquèrent dans la nuit du 6 au 7 septembre 1494. Quatre mille d'entre eux débarquèrent à Rapallo, à l'abri de la pointe de Portofino. L'alerte fut aussitôt transmise à Gênes. Louis d'Orléans n'hésita pas. Il appareilla aussitôt pour Rapallo, avec ce qu'il put trouver de navires disponibles. Les Napolitains en avaient le double. Cependant, dès qu'ils aperçurent les Français, ils levèrent l'ancre et à toutes voiles fuirent vers Livourne, leur port d'attache. Louis d'Orléans dut renoncer à les poursuivre. Ses galions normands étaient trop lourds. Ses galères risquaient de les devancer et, isolées, pouvaient être détruites. Force lui fut de mouiller dans la rade de Rapallo. Les Napolitains y avaient laissé une garnison de deux mille hommes. La canonnade nourrie des vaisseaux français facilita le débarquement des fantassins. Louis d'Orléans conduisit lui-même l'assaut. Le capitaine des Napolitains, pour échapper à la mort ou à la capture, prit la fuite. Il y avait une centaine de morts.

Cette victoire de Rapallo, en soi peu importante, eut un retentissement énorme. Charles VIII en fut informé alors qu'il se trouvait à Asti : il avait franchi le col du mont Genèvre le 2 septembre. Il avait l'intention de passer par Gênes, quand il tomba si gravement malade qu'on craignit pour sa vie. Louis d'Orléans accourut, bien qu'il souffrît lui-même d'un accès de fièvre. Les conseillers royaux et les principaux officiers parlaient déjà de rentrer en France. Les soldats se plaignaient de la chaleur et, cette année-là, le vin était aigre, comme le signale Commynes ! Louis d'Orléans avait une lourde responsabilité. Il se dépensa pour convaincre les soldats et leurs chefs de patienter. Le roi se rétablit brusquement. Ce fut au tour de Louis d'Orléans de s'aliter, il payait son imprudence. La rechute se révéla si sérieuse qu'il se trouva dans l'impossibilité d'assumer son commandement. Le roi le remplaça par le cardinal délla Rovere : rien n'empêche un ex-amiral de devenir pape ! Louis d'Orléans fut autorisé à rester à Asti, avec très peu d'hommes. C'était le laisser à la merci de Ludovic le More, mais ce dernier passait encore pour notre allié. D'ailleurs, préparant un coup décisif, il avait encore besoin de la France.

L'armée se remit en marche, précédée par les tambours et les clairons. Le roi chevauchait fièrement au milieu de ses huit cents gens d'armes, fervêtus et empanachés. La piétaille suivait, arquebusiers, piquiers, archers. Puis l'imposante artillerie. Puis la file des chariots transportant les bagages, les vivres, les munitions et les filles de joie. Impressionnant cortège ! On pouvait lire sur les étendards : « *Voluntas Dei, Missus a Deo* », car cette sainte armée était toujours destinée à combattre les Turcs après avoir pris Naples. Il lui fallait d'abord traverser l'Italie du nord au sud avant d'affronter les Napolitains. A Plaisance, Charles VIII eut avec Ludovic une entrevue des plus cordiales. Ludovic ne laissait rien percer de ses intentions. Il regrettait déjà d'avoir appelé les Français ! Mais il prit aussi la mesure de l'irréalisme de Charles VIII. Le jeune roi accorda audience à Isabelle d'Aragon, épouse de Jean-Galéas. Eplorée, à genoux, elle implorait la protection du roi de France contre le redoutable Ludovic. Charles VIII lui fit de vagues promesses, qu'il oublia aussitôt.

On prit ensuite la route de Florence. Les Florentins, excités par le moine Savonarole, réclamaient à grands cris la venue des Français. Leur duc, Pierre II de Médicis, épouvanté, s'empressa de signer un accord avec Charles VIII. Ses sujets se rebellèrent et le chassèrent de la ville. Savonarole comptait sur les Français pour déférer Alexandre VI devant un concile et le renverser. Il salua Charles VIII comme un nouveau Messie et l'abreuva de prophéties délirantes. Le pape, qui avait d'abord refusé le passage des troupes françaises dans ses Etats, commençait à trembler. Mais il ne connaissait pas Charles VIII. Le 31 décembre, les Français entrèrent à Rome. Briçonnet, principal conseiller du roi, voulait le chapeau de cardinal, il l'obtint. Charles VIII se comporta comme un fils zélé de la sainte Eglise et, après avoir reçu la bénédiction du pape, quitta Rome très volontiers. Alexandre VI en était quitte pour la peur. L'armée traversa ses Etats. Elle approchait de la frontière napolitaine. Depuis le passage du mont Genèvre, elle n'avait pas eu à combattre. Cette campagne militaire n'était qu'une promenade jalonnée d'escarmouches insignifiantes. Tout pliait devant le roi de France. On apprit alors — chose incroyable ! — qu'Alphonse II, détesté par ses sujets, avait abdiqué en faveur de son fils, Ferdinand II, duc de Calabre, tout aussi détesté. Le 11 février, les Français entrèrent à San Germano, le 18 à Capoue, le 22 à Naples. Le Castel Nuovo, le château de l'Œuf furent emportés en quelques jours. Ferdinand II, trahi par les siens, réduit à l'impuissance, s'était enfui à Messine.

VII

Le siège de Novare

Louis d'Orléans était resté à Asti. Sans doute était-il heureux des succès de son beau-frère, mais c'était aux agissements de Ludovic le More qu'il s'intéressait surtout. Ce dernier s'était ému, bien à tort, de la sollicitude que Charles VIII avait manifestée à l'égard d'Isabelle d'Aragon. Il fit empoisonner Jean-Galéas, son neveu, et s'arrogea le titre de duc de Milan. Louis d'Orléans apprit que Charles VIII l'avait félicité de son avènement. Il apprit aussi que le roi des Romains lui accordait son investiture, consacrant ainsi une double usurpation. Maximilien négligeait en effet les droits des enfants que laissait Jean-Galéas et ceux du duc d'Orléans. Ludovic le More avait atteint son but; il ne s'en tint pas là. Cherchant à se rédimer aux yeux de ses compatriotes et craignant pour son avenir, il parvint rapidement à nouer une coalition antifrançaise avec Venise, l'Espagne, le roi des Romains et le pape. Certes, Maximilien et Ferdinand d'Aragon avaient consenti, moyennant concessions, au passage de Charles VIII en Italie, mais la trop facile conquête du royaume de Naples les inquiétait et surtout éveillait leur convoitise. L'alerte avait été trop vive pour Alexandre VI qui n'hésita pas à trahir ses promesses. Quant aux Vénitiens, ce fut en vain qu'on leur envoya Commynes pour les convaincre de respecter leur neutralité, ils l'abusèrent de belles paroles.

Pendant ce temps, Charles VIII organisait le gouvernement

de son nouveau royaume, distribuait les fiefs à ses favoris et à ses alliés momentanés, comme les Colonna, princes romains qui récoltèrent trente seigneuries. Les bénéficiaires de ces largesses croyaient si peu à l'avenir du royaume qu'ils s'empressaient de revendre les domaines qu'ils avaient reçus. Il n'était plus question de croisade contre les Turcs et, déjà, les Napolitains murmuraient contre la domination des Français et surtout contre leur cupidité. Apprenant la formation d'une ligue contre lui, Charles VIII fut stupéfait, mais n'en mesura pas tout de suite l'importance.

A Milan, Ludovic le More se posait désormais en champion de l'indépendance italienne. Cependant, la présence de Louis d'Orléans à Asti l'inquiétait. Flairant le vent, celui-ci avait recruté des volontaires parmi ses sujets et fait venir une petite troupe de son duché d'Orléans. Il avait su gagner l'amitié de la population qui lui était tout acquise, à part une minorité insignifiante. Maximilien lui avait interdit de s'intituler duc de Milan, pour complaire à Ludovic. Ce n'était pas assez pour ce dernier. Il voulait chasser Louis d'Orléans de sa petite ville. Dans ce but, il envoya son gendre San Severino mettre le siège devant Asti avec sept mille hommes. Louis ne disposait que d'une centaine de défenseurs. San Severino lui offrit une capitulation honorable, pour épargner une inutile effusion de sang. Louis refusa courageusement, et envoya un émissaire à Pierre de Beaujeu-Bourbon qui se trouvait à Grenoble. Deux mille hommes arrivèrent bientôt en renfort. San Severino les laissa entrer à Asti. Il ne se hâtait pas d'investir la ville et l'on se demande pour quelles raisons. Ludovic pouvait remplacer San Severino ou venir lui-même, mais sa couardise l'emporta sur son impatience à s'emparer de la ville. San Severino continua ses travaux d'investissement. Il n'osait pas tenter un assaut, malgré la faiblesse des fortifications. Mais il espérait affamer la population. Louis d'Orléans se préparait à soutenir un long siège. Il ne pouvait compter que sur les secours de Pierre de Bourbon. Toutefois, son isolement en territoire ennemi, la distance qui séparait Asti de Grenoble rendaient sa situation périlleuse.

Charles VIII ne se souciait nullement de lui. Il avait décidé de rentrer en France, mais il prit le temps de se faire couronner le 12 mai 1495. On le vit « vêtu en habit impérial, d'un grand manteau d'écarlate avec son grand collet renversé, fourré de fines hermines mouchetées, tenant la pomme d'or ronde et orbiculaire en sa main droite, et en la senestre un grand sceptre impérial et sur sa tête une riche couronne d'or, garnie de force pierreries, contrefaisant ainsi bravement de l'Empereur de Constantinople, selon que le Pape l'avait ainsi créé et que tout le peuple d'une voix le criait Empereur très auguste ». Depuis deux mille ans, les Napolitains avaient vu tant de têtes couronnées, et découronnées, qu'ils ne prenaient pas cette mascarade au sérieux. Huit jours après, Charles VIII entamait son voyage de retour. Il avait nommé le comte de Montpensier vice-roi, mettant dix mille hommes à sa disposition. Venise avait déjà pris les armes, ainsi que François de Gonzague, marquis de Mantoue, et autres princes voisins de la Sérénissime. Les Coalisés n'osèrent pas attaquer les Français qui arrivèrent à Rome le 1er juin. Charles VIII prit ensuite la direction de Sienne.

San Séverino, stimulé par son beau-père, lança plusieurs assauts contre Asti. La garnison se comporta si vaillamment qu'il renonça à poursuivre, leva le siège et regagna honteusement Milan. C'était un camouflet pour Ludovic, mais il y eut pis. Grisé par sa victoire, Louis d'Orléans se jeta sur Novare avec une poignée de soldats. Les habitants, hostiles aux Sforza, lui ouvrirent leurs portes. En une heure, il était maître de Novare, l'une des cités les plus importantes du duché de Milan. Cet exploit fit l'effet d'un coup de tonnerre. Les Milanais se révoltèrent contre Ludovic si brusquement et si violemment qu'il ne dut son salut qu'à la fuite. Pendant quelques jours, Milan resta sans gouvernement. Il suffisait à Louis d'Orléans d'y entrer. Mais en avait-il les moyens ? Ludovic, d'abord désespéré, se ressaisit vite, rassembla une petite troupe et reprit le pouvoir. Son premier objectif fut d'en finir avec Louis d'Orléans et de le chasser de Novare. Il lui fallut d'abord lever une troupe suffisante pour investir complètement la ville.

De son côté, Louis mettait sur pied une garnison capable de résister : environ dix mille hommes. Il attendait avec confiance l'arrivée de Charles VIII pour rompre le blocus. Ce dernier progressait vers Fornoue. Il avait esquivé Florence et fait étape à Pise, pour en repartir le 23 juin. Le marquis de Mantoue et le *condottiere* vénitien Carazzo l'attendaient sur le versant oriental des Apennins, avec quinze mille cavaliers et vingt-quatre mille fantassins. Les Français entrèrent à Fornoue le 5 juillet et la bataille s'engagea presque aussitôt. Cette bataille, diversement contée, se ramène à deux faits ; la cavalerie française au cours d'une charge furieuse rompit le dispositif ennemi ; les troupes du marquis de Mantoue opérèrent un mouvement tournant et s'emparèrent d'une partie des bagages des Français. Les deux partis s'attribuaient la victoire. Reste que Charles VIII avait atteint son objectif qui était de forcer le passage et que son armée avait réalisé cet exploit malgré son infériorité numérique. On s'était battu à un contre deux. Charles VIII avait montré sa vaillance et, entre autres, un jeune chevalier nommé Bayard qui devait faire reparler de lui. Mais cette victoire de Fornoue ne résolvait rien. L'armée de la Ligue était affaiblie, non détruite. Charles VIII se replia sur Asti. Il demanda à Pierre de Bourbon de lui envoyer des renforts et de l'argent. Il les attendit en vain. Pendant ces événements, le vice-roi Montpensier était en train de perdre le royaume de Naples. Ses sujets s'étaient soulevés en masse. Il n'eut d'autre ressource que de s'enfermer dans le château de Castel Nuovo, avec les Français échappés au massacre et d'envoyer un émissaire au roi pour réclamer un prompt secours. Les autres forteresses du royaume étaient pareillement menacées.

La famine et la malaria régnaient à Novare. Cependant, ni Ludovic le More ni le marquis de Mantoue ne se risquaient à ordonner l'assaut. Ils comptaient sur l'épuisement de la garnison, peut-être sur une révolte des habitants. Mais ceux-ci acceptaient avec courage les privations et les soldats stimulés par Louis d'Orléans tenaient bon. Il manifestait sa présence à toute heure et partout, s'efforçait de répartir ce qu'il lui restait de vivres, affichait un optimisme qui réchauffait les cœurs, promettait un prompt secours, insistait sur la proximité de l'armée royale, victorieuse à Fornoue, donc libre de ses mouvements. Il ne manquait pas de volontaires pour traverser de nuit les lignes ennemies et porter des messages, de plus en plus pressants, à Asti. La distance entre cette ville et Novare n'était pas considérable. Cependant, Charles VIII ne prenait pas de décision, malgré l'étonnement, voire la réprobation, de son entourage. La situation dramatique dans laquelle son beau-frère se trouvait semblait le laisser indifférent. Certains pensaient même, à tort ou à raison, qu'il souhaitait que Louis fût obligé à capituler. En s'emparant de Novare, ce dernier n'avait-il pas agi sans ordre du roi, de sa propre initiative et dans le dessein de recouvrer « son » duché de Milan ? Charles VIII négociait secrètement avec Ludovic le More qui venait à nouveau de retourner sa veste : il abandonnait les Coalisés et revenait au vainqueur de Fornoue. Tout ce qu'il demandait, c'était la restitution de Novare. Charles VIII, peu pressé de conclure, passait son temps en divertissements. Il perdit ainsi le mois d'août, ne faisant rien de son armée, malgré les récriminations des soldats et de leurs officiers. Il est non moins curieux de constater que les Coalisés restaient dans la même inaction, ne cherchaient même pas à fermer les cols alpins. La partie se jouait donc à Novare où, depuis des semaines, on mourait de maladie et de faim.

Le 8 septembre, on apprit que les faubourgs venaient de tomber. Il fallait agir au plus vite. Le roi donna l'ordre de départ, comme à regret. L'armée mit plus d'une semaine à atteindre Novare, mais ne fit rien. Prises entre deux feux, les troupes de Ludovic eussent décampé. Charles VIII négocia. Il sacrifia sans hésiter les intérêts de son beau-frère. Celui-ci dut capituler sans contrepartie, sauf une indemnité de cinquante mille ducats promise par Ludovic. Louis d'Orléans fut conduit au camp royal, par une nuit sans lune, en piteux équipage. La garnison sortit de Novare les jours suivants. Ce n'était qu'une cohorte de moribonds et d'éclopés dans leurs guenilles. Cinq mille soldats étaient morts de faim ou de malaria.

Louis protesta en vain contre cette reddition que l'on aurait pu éviter en intervenant quinze jours plus tôt. Il n'osa cependant s'en prendre directement au roi, mais l'amitié qu'il avait pour lui se refroidit. Il regrettait presque la loyauté sans faille qu'il lui avait montrée depuis sa libération. En vieillissant, il prenait une teinte d'hypocrisie et fit bonne figure à son royal cousin. Le siège de Novare avait délabré sa santé, mais il en tira un surcroît de gloire aux yeux de l'opinion. On admira l'héroïque résistance du vainqueur de Rapallo. Plus d'un regrettait parmi les officiers que le roi ne lui eût pas confié le commandement en chef de l'armée.

On entrait dans la mauvaise saison. Le 15 octobre, Charles VIII donna l'ordre de départ. L'armée franchit le col du Mont-Cenis, sans être inquiétée, et descendit lentement vers Lyon, retardée par ses bagages et ses canons. Charles VIII y retrouva Anne de Bretagne et Louis, Jeanne la Boiteuse. Anne était heureuse de retrouver son époux. Depuis quatorze mois, elle vivait confinée à Moulins, dans le château des Bourbon-Beaujeu, ne jouant aucun rôle, s'adonnant à des futilités pour meubler son ennui. Elle allait enfin revivre, reprendre son rôle de reine, exister à nouveau ! Elle n'ignorait point les frasques amoureuses de Charles en Italie, mais lui fit bon visage. Quant à Jeanne, elle était venue à Lyon pleine d'espérance, mais Louis la revit avec indifférence et se tint éloigné d'elle autant que la décence le permettait. Elle s'émut pourtant de son amaigrissement et de la fatigue qui se lisait sur son visage. Cette sollicitude l'agaçait.

Malgré la pénurie du trésor et l'échec de l'aventure italienne, le roi se remit à festoyer. Ce ne furent que festins, bals et tournois pendant quelques jours. Le roi semblait oublier la situation désespérée des places qui résistaient encore dans le royaume de Naples, croyait ou feignait de croire que la conquête de ce royaume était acquise. Louis d'Orléans n'était plus le même homme enjoué et gaillard. S'il prenait part aux festivités, il observait un mutisme inquiétant. Asti restait sa seule préoccupation. Pour le moment, le comté ne courait aucun risque, Ludovic étant l'allié de Charles VIII. Louis se contenta de lui demander le versement des cinquante mille ducats promis en dédommagement de Novare.

Une épidémie de rougeole sévissait à Amboise, où se trouvait le dauphin Charles-Orland. Le roi et la reine eurent l'intention de faire transférer l'enfant à Montrichard ou Moncontour, à l'abri du mauvais air. Mais les médecins les rassurèrent : l'épidémie régressait. Anne désirait fort se rendre sur place, afin de veiller elle-même à la santé de son fils et à la stricte exécution des consignes données au personnel. Le roi se rit de ses craintes et lui refusa l'autorisation. Or Charles-Orland était déjà malade, mais les médecins, imbus de leur science, ne doutaient pas de la guérison et dissimulaient la gravité de son état. Charles-Orland mourut dans la nuit du 16 décembre. La nouvelle de sa mort fut connue à Lyon le 20 décembre 1495. La reine Anne ne tarissait pas de larmes. Le roi surmonta plus vite son chagrin, du moins dissimula mieux sa tristesse, car il aimait tendrement son fils : il l'appelait joliment M. l'Ecuyer. Mais laissons parler Commynes :

« Ledit seigneur en eut deuil, comme la raison le veut, mais peu lui dura le deuil : et la Reine de France, duchesse de Bretagne, appelée Anne, en mena le plus grand deuil qu'il est possible que femme pût faire, et longuement lui dura ce deuil. Je crois que, outre le deuil naturel que les mères ont accoutumé d'avoir de la perte de leurs enfants, que le cœur lui jugeait[1] quelque grand dommage à venir ; mais au Roi son mari dura peu ce deuil, comme il est dit, et la voulut réconforter de faire danser devant elle. Et y vinrent certains jeunes seigneurs et gentilshommes que le Roi y fit venir en pourpoint pour danser, et, entre autres, y était le duc d'Orléans, qui pouvait bien

1. Présageait.

avoir trente-trois ans. Il lui semblait bien qu'il avait joie de ladite mort, à cause qu'il était le plus prochain de la couronne après le Roi ; et furent longtemps après sans parler ensemble, pour cette cause. »

Un malheur venant rarement seul, on apprit, le 21 décembre, la chute de Castel Nuovo : Naples était définitivement perdue, mais d'importantes forteresses tenaient encore. Louis d'Orléans fit observer que Ludovic le More s'était engagé à envoyer trois navires à Naples et que, s'il avait tenu ses promesses, le Castel Nuovo, à bout de vivres, n'aurait pas capitulé. On ne sait si Charles VIII déplorait davantage la perte de Castel Nuovo que la mort du dauphin. Bravant la fortune et, certes, voulant dissiper le chagrin de la reine, il ordonna des réjouissances, dont le bal relaté par Commynes. On a peine à croire que Louis affichât une joie indécente. L'usage n'était point d'avoir une mine sinistre en dansant. La reine prit ombrage de ce qui n'était que sourires de bonne compagnie. Des médisances de cour aggravèrent le cas de Louis. Elle cessa ostensiblement de lui adresser la parole. Il s'était fait une ennemie redoutable. La mort de Charles-Orland lui rendait sa place d'héritier présomptif du royaume. On épiait ses attitudes et ses propos. Il évitait de se compromettre et de se mêler de politique. S'il accompagnait encore le roi dans ses sorties nocturnes, il se gardait de trop parler. Ses confidents eux-mêmes, ignoraient ses pensées, il ne se livrait plus. L'hostilité persistante de la reine le gênait. Il entrait dans l'une de ces périodes un peu vides qui avaient jalonné sa vie. Cependant, pas plus que Charles VIII, il ne renonçait aux chimères d'Italie.

VIII
L'attente

Les deux années 1496 et 1497 furent des années d'attente pour Louis d'Orléans. Tantôt il s'approchait du trône et tantôt il s'en éloignait. Cependant, la santé de Charles VIII s'altérait peu à peu, sans qu'il fut possible aux médecins de l'époque d'identifier son mal et d'y remédier. Son père étant mort d'apoplexie, ils voulaient le purger et le saigner, l'empêcher au moins de boire avec excès. Il se moquait de leurs recommandations, le vin lui procurant un bien-être trompeur. Il projetait déjà de revenir en Italie et de régler ses comptes avec ses ennemis. Mais il lui fallait refaire de l'argent et ses conseillers s'y employaient sans grand succès. L'opinion était hostile à une nouvelle expédition, la pression fiscale aiguisait les mécontentements. Paris refusait de payer. Le 6 mars 1496, il fallut recourir à des emprunts forcés frappant les principales villes du royaume. Briçonnet, secrétaire aux finances, faisait feu de tout bois pour réunir les fonds. C'était lui que le menu peuple — qui aimait son roi — rendait responsable des abus. Il était surtout coupable d'encourager Charles VIII dans cette entreprise inutile et dangereuse. Mais, au sein du Conseil, son avis prévalait toujours. Il entretenait constamment le roi dans une illusion de puissance, dans une certitude de victoire que les événements démentaient. Il osa gager des emprunts sur les revenus du royaume de Naples qui était en perdition ! Le roi avait en lui une confiance aveugle.

On apprit alors que l'infante Juana, fille de Ferdinand d'Aragon et d'Isabelle de Castille, épousait Philippe le Beau, fils de Maximilien d'Autriche. Cette union était lourde de menaces pour la France, elle étendait en effet la domination des Habsbourg à l'Espagne. Charles VIII n'avait pas conscience du danger. L'amiral de Graville proposa d'armer une flotte et d'intercepter les communications entre la Flandre et l'Espagne. Personne ne l'écouta. L'Italie était à l'ordre du jour. On n'avait donc que faire du mariage de l'archiduc et de l'infante ! On envisageait même de traiter avec le roi d'Aragon d'une action commune — en vue d'un partage de l'Italie. Charles VIII passa une partie du printemps à Lyon, où l'on commençait à rassembler des troupes. Il convoqua Louis d'Orléans qui parut peu pressé d'accepter un commandement : chat échaudé craint l'eau froide ! De toute manière, on ne lui confierait pas la direction des opérations, le roi n'entendait pas partager la gloire qu'il se promettait et Louis d'Orléans ne pouvait oublier le siège de Novare. Soudain, sans aucune raison apparente, Charles VIII changea d'avis et le projet fut remis à plus tard. Peut-être avait-il reçu de mauvaises nouvelles de Naples. De fait, la résistance française, non soutenue en temps utile, touchait à sa fin. On apprit que, le 7 juillet 1496, Ferdinand II, le roi détrôné, avait fait une entrée triomphale dans sa capitale. Les Napolitains l'avaient accueilli en « empereur auguste » avec les vivats appropriés. Le 20 juillet, le vice-roi Montpensier capitulait à Atella avec dix mille hommes, au terme d'une lutte acharnée. Gaète et Tarente tenaient encore, la première capitula le 19 novembre et la seconde, le 25 février 1497.

Le 8 septembre 1496, la reine avait accouché d'un fils qui reçut le prénom de Charles. Cette naissance emplit le roi de fierté et réveilla ses ambitions. Il annonça glorieusement son prochain retour en Italie. Mais le dauphin mourut le 2 octobre. La douleur de la reine fit peine à voir. Loin de chercher à la consoler, le roi la rendit responsable de la mort de l'enfant, et s'en fut à Lyon, non pour s'occuper de son armée, mais pour festoyer en compagnie de courtisans.

Cependant, il reprit la vie commune et la reine fut à nouveau enceinte. L'enfant qu'elle mit au monde, probablement un fils, n'était pas viable. Bien qu'elle n'aimât plus son époux, elle s'acharnait à procréer un dauphin. Sans doute pressentait-elle que Charles VIII ne vivrait pas longtemps. Veuve sans enfant, elle perdrait toute importance. Reine mère, elle pouvait au contraire espérer jouer un grand rôle : par exemple celui de Blanche de Castille ! Car, en prenant de l'âge, ses facultés natives s'étaient développées, elle était devenue calculatrice et rusée. Dans quelle mesure amena-t-elle son débauché de mari à se repentir de ses fautes, on ne saurait le dire. Elle fut certainement aidée par François de Paule et par ses émules. Le naïf Charles VIII se laissa persuader que le Ciel le punissait de ses péchés en lui enlevant le royaume de Naples et en l'empêchant d'avoir un dauphin. Il se fit dévot, fréquenta les églises avec assiduité et se montra fidèle envers son épouse. Comme tout converti de fraîche date, il donna dans le prosélytisme et voulut ramener Louis d'Orléans dans les chemins de la vertu, c'est-à-dire le réconcilier avec Jeanne la Boiteuse. Louis écoutait poliment ses leçons, mais ne donnait pas suite.

— « Mon frère, lui répétait le roi, allez voir ma sœur. »

Louis n'osait désobéir ouvertement. Il obtempérait ou inventait quelque excuse. Après quelques jours de cohabitation, il renvoyait la pauvre infirme à ses exercices de piété. Charles VIII ne lui ménageait pas les reproches et, sous l'influence de la reine, la tension monta entre les deux beaux-frères. Louis se savait espionné, mais ne manifestait aucune impatience. La défiance de Charles à son endroit s'accrut au début de 1498. Il cédait à nouveau à la tentation de l'Italie. Il avait signé, en novembre, avec Ferdinand d'Aragon, à Alcala de Henarez, un traité d'alliance offensive et défensive, assorti d'un projet de partage de leurs futures conquêtes dans la péninsule. Il brûlait de repasser les Alpes, comptant bien entraîner Louis d'Orléans dans cette aventure. Celui-ci lui fit savoir qu'étant mal portant il ne pourrait l'accompagner.

Ce refus irrita Charles VIII et fut si mal jugé que Georges

d'Amboise suggéra à Louis de se retirer en Normandie. Anne de Bretagne et sa coterie tentèrent d'exploiter la colère du roi. On l'incita à retirer le gouvernement de Normandie à son beau-frère. Les Bourbon-Beaujeu, cependant ses alliés, se souvinrent brusquement de sa rébellion. On parlait de l'exiler dans son cher comté d'Asti. Louis, pour couper à cette intrigue, revint à la cour. Il croyait dissiper les soupçons du roi. Celui-ci lui demanda d'enlever à Jean-Jacques Trivulce le commandement de la garnison d'Asti. Ce Trivulce était la bête noire de Ludovic le More, qui redoutait sa pugnacité. Charles VIII avait accepté de rendre ce petit service à son étrange allié ! Louis d'Orléans refusa sèchement, puis céda sous la contrainte. Les nuages s'amoncelaient sur lui, il ne savait trop quelle attitude adopter, mais le destin veillait.

Le 20 mars 1498, la reine accoucha à nouveau d'un enfant mort-né. Le roi pensa que Dieu ne lui avait pas encore pardonné ses fautes et il redoubla de piété. Comme il projetait de toucher les écrouelles à l'occasion de Pâques, il se confessa deux fois. Sa santé semblait s'être altérée, mais il ne changeait rien à ses habitudes et repoussait les conseils de prudence de ses médecins. Le 7 avril, il partit à la chasse de bon matin. Il rentra pour déjeuner au château d'Amboise et rejoignit la reine. Pour la distraire, il lui proposa de l'emmener voir une partie de jeu de paume. A l'entrée d'une galerie il heurta le linteau d'une porte basse, eut un léger étourdissement, fit quelques pas. Cette galerie servait de latrines, c'était un lieu infect et puant, mais d'où l'on pouvait suivre commodément la partie qui se déroulait en contrebas, dans le fossé du château. Le roi bavardait avec son confesseur, Jean de Rely. Soudain, il s'écroula. Dans l'affolement, on l'étendit sur une mauvaise paillasse, dans une petite pièce voisine. Les médecins accoururent, déclarèrent qu'il n'avait pas une heure à vivre. Ils emmenèrent la reine qui hurlait de douleur. Le moribond reprit connaissance et le confesseur lui administra en hâte l'extrême-onction. On l'entendit ensuite, à deux ou trois reprises, balbutier :

— « Mon Dieu et la glorieuse Vierge Marie, Monseigneur saint Charles et Monseigneur saint Biaise me soient en aide. »

Délivré de ses obsessions, il ne pensait plus qu'à son salut. Autour de lui, les prêtres récitaient leurs prières. Il était neuf heures du soir quand il rendit l'âme, après sept heures de coma.

« Et ainsi, écrit Commynes, départit de ce monde si puissant et si grand Roi, et en si misérable lieu, qui tant avait de belles maisons et en faisait une si belle : et il ne sut finir que dans une pauvre chambre... C'est peu de chose que notre misérable vie, qui tant nous donne de peine pour les choses du monde, et que les rois n'y peuvent résister non plus que les laboureurs. »

Les médecins diagnostiquèrent une apoplexie, ce qui est probable. Sans doute le choc contre le linteau de porte provoqua-t-il une hémorragie cérébrale. Les médecins prétendirent avoir prévu cette mort brutale, mais le roi, selon Commynes, n'écoutait que « le plus fol d'entre eux ». Comme toujours en pareil cas, on parla de poison. Les uns racontaient que Charles avait mangé une orange avant l'accident. D'autres suspectaient les Vénitiens : selon une tradition, improuvée, on aurait retrouvé dans les archives de la Sérénissime un document qui incriminait le doge. A la vérité, on se demande quel intérêt la disparition du roi présentait pour Venise. D'autres insinuèrent que le coupable pouvait bien être le premier prince du sang, puisqu'il allait hériter de la couronne sans autre compétiteur à lui opposer, mais ceux-là parlaient à voix basse et n'étaient guère écoutés ! La plupart se disaient que la vie dissolue du défunt roi trouvait là son dénouement, d'autant qu'il avait toujours été de santé fragile.

Louis d'Orléans résidait alors dans son château de Montils-les-Blois. Ce furent des seigneurs impatients de faire leur cour au nouveau maître qui lui apprirent l'accident, puis l'agonie de Charles VIII. Il jugea malséant et maladroit d'accourir à Amboise, mais se rendit à Blois. Tard dans la nuit, il apprit la mort de son beau-frère. Son premier mouvement fut de plaindre son sort. Il ne put même se retenir de sangloter. Ses larmes n'étaient pas feintes ; sa nature le portait à la compassion et il n'avait pas encore atteint l'âge où, à l'occasion d'un deuil, on pleure sur soi-même. S'étant ressaisi, il se demanda comment son avènement serait accueilli, si même certains de ses ennemis ne chercheraient pas à l'écarter du trône. La reine ne l'aimait pas, mais elle était sans pouvoir. Toutefois, elle pouvait s'allier aux Bourbon-Beaujeu. C'était l'esprit retors de l'ex-dame de Beaujeu qu'il redoutait le plus. Quelle serait l'attitude des anciens conseillers de Charles VIII, de ceux qui avaient profité de ses faveurs et de ses largesses, du redoutable Briçonnet, du maréchal de Gié, de La Trémouille ? L'afflux bruyant des courtisans et des dignitaires mit fin à ces réflexions. Tous le saluaient du titre de Sire et courbaient l'échine devant lui. Ils n'osaient encore quémander des places ou des pensions mais leurs regards avides étaient éloquents. Leur meute admirative l'escorta jusqu'au château d'Amboise.

Son premier acte fut de se rendre auprès du roi mort. Il reposait sur un lit d'apparat, dans une chambre tendue de voiles noirs et éclairée par des buissons de cierges. Louis s'associa aux prières des chanoines et des cordeliers agenouillés de part et d'autre du catafalque, entre les chambellans et les officiers. Pensait-il, comme Philippe de Commynes, que Charles VIII avait eu « la plus humaine et douce parole d'homme qui fût jamais : car je crois que jamais il ne dit à un homme chose qui lui dût déplaire ; et à meilleure heure ne pouvait-il jamais mourir, pour demeurer en grande renommée... » ?

Charles VIII avait vingt-sept ans. Il mourait à la fleur de l'âge. Son peuple entier le pleura, oubliant ses fautes. Son règne n'avait guère été plus qu'un songe, le brouillon d'événements qui marqueraient les règnes suivants et embraseraient l'Europe, une esquisse de l'Histoire. Celle-ci venait de tourner une page. Le nouveau roi était désormais Louis XII.

TROISIÈME PARTIE

LE ROI

1498-1506

Quand j'eus couché une nuit à Amboise, j'allai devers ce roi nouveau, de qui j'avais été aussi privé que nulle autre personne, et pour lui j'avais été en tous mes troubles et pertes ; toutefois pour l'heure ne lui en souvint point fort.

Commynes.

I

Une veuve consolée

Louis XII avait pris le deuil des rois : de couleur pourpre. Quand il rendit visite à la reine veuve, le 10 avril, il eut la surprise de la voir en robe noire, selon l'usage de Bretagne, et non pas en blanc qui était la tenue de deuil des reines de France. Il avait assez de finesse pour saisir la raison hautement symbolique de ce changement. Il s'abstint de tout commentaire et se retira après quelques mots de condoléances. Anne lui avait demandé de veiller aux obsèques de son époux. Il avait acquiescé courtoisement. Elle semblait désespérée, se déclarait résolue « à suivre le chemin de son mari ». Cependant, on apprit au roi que le cardinal Briçonnet et son compère l'évêque de Condom étaient parvenus à lui faire accepter un peu de nourriture. On lui rapporta aussi que, le 9 avril, cette veuve inconsolable, appelant la mort à grands cris en se tordant les mains, offrant le spectacle d'un désespoir sans remède, avait de sa propre autorité, rétabli la chancellerie de Bretagne supprimée par Charles VIII et nommé Philippe de Montauban à ce poste. Elle avait eu soin de dicter ce document dont la signification avait au moins le mérite de la clarté :

« Anne, par la grâce de Dieu, reine de France, duchesse de Bretagne, comtesse de Montfort, de Richemont, d'Etampes et de Vertus, savoir faisons soit requis mettre et donner ordre et provision au fait et au gouvernement de notre principauté, seigneurie, pays et duché de Bretagne... Et pour ce que entre autres choses, y a de tout temps accoutumé avoir chancellerie, vice-chancellerie, maître des requêtes, conseillers ordinaires, secrétaires et greffiers, avons en continuant les bonnes et louables usances de nos prédécesseurs rois, ducs et princes dudit pays, mêmement par avis et délibération de notre Conseil, ordonné et ordonnons lesdites chancellerie et Conseil y être de-ci en avant tenus. »

Suivait la liste des bénéficiaires. Ainsi, le lendemain même de son veuvage, la reine proclamait l'indépendance de la Bretagne, dont elle s'affirmait souveraine. Et elle prenait sans désemparer les mesures concrétisant cette décision. C'était très précisément ce qu'exprimait le deuil en noir. D'un trait de plume, la duchesse-reine annulait la politique de son défunt époux. Dès lors, il ne se passa pas de jours que des messagers ne partissent d'Amboise à destination de la Bretagne.

Louis XII s'abstint de réagir. Les initiatives hardies de la duchesse-reine ne pouvaient en aucune façon abolir le contrat de Langeais. La clause essentielle en était son remariage avec le successeur du défunt. Cependant, il comprit qu'il lui faudrait jouer serré pour apprivoiser une femme aussi futée et opiniâtre.

Pour ne pas cohabiter avec le roi mort, il quitta Amboise et s'installa au château de Blois. Son nouvel état ne le prenait pas au dépourvu. Il avait, de longtemps, arrêté la politique à suivre et voulu que son avènement fût heureux, c'est-à-dire placé sous le signe de la réconciliation. Il convenait aussi de faire oublier son passé de prince rebelle, d'apparaître sous un nouveau jour. Certains seigneurs, non des moindres, craignaient que le prisonnier de Bourges les chassât du Conseil ou de la cour. Or, son premier geste fut de déclarer qu'il ne toucherait pas aux pensions et que chacun resterait en place. Le roi de France ne voulait pas venger les injures faites au duc d'Orléans. C'est ce qu'il répondit en substance aux délégués de la ville d'Orléans se repentant de n'avoir pas toujours soutenu leur duc, comme ils auraient dû le faire. Louis de La Trémouille croyait perdre ses titres et ses biens. N'avait-il pas vaincu et capturé Louis d'Orléans à Saint-Aubin-du-Cormier, fait décapiter deux de ses compagnons ? Le roi le fit venir, pour le confirmer dans tous ses offices, sauf à lui demander de le servir aussi loyalement que son prédécesseur. La Trémouille remercia et tint parole. Vis-à-vis des Bourbon-Beaujeu, Louis montra la même adresse. Dès qu'ils eurent fait allégeance, il autorisa le mariage de leur fille unique, Suzanne, avec Charles de Montpensier et lui permit d'hériter plus tard de ses parents. Louis XI, dans le contrat de mariage d'Anne de Beaujeu, avait stipulé que, si les époux décédaient sans héritiers mâles, leurs biens reviendraient à la couronne. En annulant cette disposition restrictive, Louis rognait les griffes d'Anne de Beaujeu. On se répandit en louanges sur ses bienfaits. Ceux qui l'avaient connu naguère et suivi dans sa carrière aventureuse ne le reconnaissaient pas. Il était devenu un autre homme, distant et mesuré dans ses propos.

Le trésor étant vide, il déclara qu'il prenait à ses frais la charge des obsèques de Charles VIII. Ce geste fut interprété dans son sens le plus favorable : il prouvait en effet que les finances de l'ex-duc d'Orléans étaient bien gérées, puisqu'il était à même de prélever une telle somme sur ses revenus personnels. Ce furent Louis de La Trémouille et le grand écuyer Pierre d'Urfé qui furent chargés de conduire l'immense convoi funèbre d'Amboise à Saint-Denis. Sept mille personnes, quatre cents pauvres accompagnèrent Charles VIII jusqu'à la basilique royale, où il fut inhumé le 1er mai. Il était aimé. Tout un peuple le pleura. Il était mort si jeune et on le disait si aimable ! C'était surtout sa jeunesse perdue qui attirait la pitié.

Louis XII quitta Blois le 2 mai et s'installa à Vincennes. Il y retrouva les dignitaires de la couronne, reçut les corps constitués, dont le Parlement de Paris. Il partit ensuite pour Reims, où il arriva le 26 mai. Le sacre se déroula le lendemain, selon le cérémonial en usage. Louis XII distribua généreusement l'ordre de Saint-Michel et arma de nombreux chevaliers. Il se rendit ensuite à Saint-Marcoul-de-Corbeny pour y toucher les écrouelles. On nota que sur quatre-vingts scrofuleux, quinze guérirent, et l'on vit en cela la preuve indubitable que Louis était bien de sang royal. Ceux qui insinuaient fielleusement qu'il était peut-être le fils d'un palefrenier, ou du maître d'hôtel de Marie de Clèves, en furent pour leurs frais. On aimerait savoir si, coiffant la couronne royale, Louis eut une pensée pour son grand-père, le vieux duc d'Orléans assassiné rue Vieille-du-Temple, pour son père, le prince-poète Charles d'Orléans qu'il avait à peine connu, ou pour le sombre Louis XI qui l'avait si cruellement humilié. La place de la reine de France était vide. La malheureuse infirme n'avait même pas été informée de la date de la cérémonie. Cependant, elle faisait son ombre sur le bonheur de Louis. Le temps n'était plus où les grands féodaux entouraient le roi pour son couronnement. Ne subsistaient que le duc d'Alençon et Pierre de Bourbon-Beaujeu, mais ils ne faisaient guère que de la figuration. La monarchie avait effacé une à une les principautés de naguère, où chacun était maître chez soi. Désormais, le roi était maître partout.

Louis XII passa un mois au château de Saint-Germain-en-Laye, entouré de ses principaux conseillers : Georges d'Amboise, Florimond Robertet, Etienne Ponchet, et quelques autres. Il préparait déjà les édits de réformation du royaume qu'il estimait depuis longtemps nécessaires. Malgré la pénurie du trésor, il annonça la suppression d'un quart de la taille et renonça au don de joyeux avènement qui incombait aux Parisiens. Il assuma sur ses deniers personnels les frais de son entrée dans la capitale et des réjouissances qui suivirent. Sa popularité crut en proportion. Qu'on ne se méprenne pas sur ses intentions. Il souhaitait sincèrement « le soulagement de ses sujets », ainsi qu'il le déclara quelques jours après, au cours de la séance solennelle du Parlement. Ces hauts magistrats n'attachèrent pas grande importance à cette déclaration. Ils ne perçurent point que Louis XII serait le roi réformateur qu'il annonçait.

Anne de Bretagne résidait alors à Paris, à l'hôtel d'Etampes, quai Saint-Paul, aujourd'hui des Célestins. Elle avait fait remettre en état cette maison qui avait été l'apanage de plusieurs reines. Le roi lui rendit des visites discrètes. Rien ne transpira de leurs entretiens. Apparemment, Anne avait repris goût à la vie. Relisons Brantôme : « Elle eut très grand regret à la mort du roi Charles, tant pour l'amitié qu'elle lui portait que pour ne se voir qu'à demi reine, n'ayant point d'enfants : et ainsi que (comme) ses plus privées dames la plaignaient de la voir veuve d'un si grand roi, et malaisément pouvoir retourner en un si haut état, car le roi Louis était marié avec Jeanne de France, elle répondait qu'elle demeurerait plutôt toute sa vie veuve d'un roi que de se rabaisser à un moindre que lui ; toutefois qu'elle ne désespérait tant de son bon heur (sa bonne fortune) qu'elle ne pensât encore être un jour reine de France régnante, comme elle avait été, si elle voulait. Ses anciennes amours lui faisaient dire ce mot, et qu'elle voulait rallumer en sa poitrine échauffée encore un peu. »

En attendant, cette veuve consolée se comportait à la fois en duchesse et en reine, et, ménagère avisée, récupérait son bien, à savoir les meubles, les objets d'art, la vaisselle d'argent, les tapisseries et livres qui lui appartenaient et qui restaient disséminés dans les châteaux royaux. Le douaire qui lui avait été attribué, dix mille quatre cents livres sur la ville de Chinon, les comtés de Saintonge et de Pézenas, lui assuraient un confortable revenu. Elle achetait des bijoux, des chevaux, recrutait des archers pour composer sa garde personnelle. Elle préparait aussi son retour prochain en Bretagne, procédait à de nouvelles nominations, échangeait une correspondance abondante avec ses affidés. Elle avait vingt et un ans et restait désirable malgré cinq maternités. Quoique d'assez petite taille et de corps menu, elle ne manquait point de distinction. Le noir mettait en valeur la blancheur de son teint, l'éclat de ses grands yeux clairs. Elle avait le nez un peu gros, mais la lèvre vermeille et prometteuse. Sa claudication légère, habilement compensée par une semelle épaisse, se voyait à peine. Cette petite imperfection ne pouvait déplaire à ce fin connaisseur qu'était Louis XII. Selon Brantôme, « l'habitation de telles femmes en est fort délicieuse, pour quelque certain mouvement d'agitation qui ne se rencontre pas aux autres». Mais Louis devait agir avec circonspection : la dame de ses pensées était prude et dévote. Sa réputation de séducteur le desservait. Elle n'ignorait à peu près rien de ses conquêtes amoureuses, parmi lesquelles il y avait une blanchisseuse qui, disait-on, lui avait donné un fils[1]. Elle eût, relativement, excusé ses frasques de mal marié, si elle ne les avait considérées comme des offenses à Dieu. Brantôme a-t-il raison de faire allusion aux anciennes amours persistant «en sa poitrine échauffée»? On a vu dans quelles circonstances François II, son père, l'avait promise à Louis d'Orléans. Certes, à cette époque, il avait de quelque manière combattu pour elle jusqu'à la défaite de Saint-Aubin-du-Cormier et il avait croupi trois ans en prison. Mais il l'avait ensuite abandonnée. Bien plus, il était en partie l'auteur de son mariage avec Charles VIII et, par la suite, son attitude l'avait irritée plus d'une fois. Elle lui en voulait surtout d'avoir entraîné son faible mari dans des agapes qui ruinaient sa santé. Enfin, ce n'était plus un Adonis, s'il l'avait jamais été! Il était de taille moyenne, avec un visage pointu et le long nez retombant des Valois. L'existence débridée qu'il avait menée avait flétri son visage. Il avait trente-six ans, mais en paraissait davantage. Toutefois sa démarche élégante, son maintien, son sourire affable, tout dénotait en lui le prince-né, plus encore sa simplicité envers les petites gens. Il était la courtoisie faite homme et s'habillait bien, quoique sans luxe excessif. La gravité qu'il avait adoptée depuis son avènement ne pouvait déplaire à la reine-duchesse. Bref, si elle ne l'aimait pas d'amour, il ne lui déplaisait pas. Quant à lui, s'il n'était pas réellement séduit par la beauté relative d'Anne, il souhaitait vivement avoir enfin une femme digne de ce nom, en finir avec ses galanteries de hasard et ne pas perdre le beau duché de Bretagne! Il ne souhaitait pas moins avoir un héritier, perpétuer sa lignée. Anne avait pour sa part la certitude d'être, si

1. Michel de Bucy, futur archevêque de Bourges.

elle l'épousait, traitée avec délicatesse : la goujaterie de Charles VIII lui restait sur le cœur.

Ils s'apprivoisèrent doucement. Anne n'avait nullement l'intention de rester veuve dans son duché de Bretagne. Louis se montrait patient, attentionné, prévenant ses moindres désirs avec un art consommé. L'un et l'autre avaient un point commun : on les avait mariés de force pendant leur adolescence et, à cet égard, Louis avait été plus mal servi qu'Anne de Bretagne. Fine mouche, elle ne fut pas longue à découvrir que le trait de caractère dominant de son soupirant était la bonté. Elle se promit d'en tirer parti et jugea qu'il serait facile de garder cette pâte d'homme pour elle seule, à condition de savoir s'y prendre. Elle lui écrivait : « Monsieur mon bon frère, j'ai reçu par Monsieur de La Pommeraye vos lettres avec sa charge entendu la singulière bénévolence et amitié que vous me portez, dont je suis très consolée, et vous en remercie de tout mon cœur, vous priant de toujours ainsi continuer, comme c'est la ferme confiance de celle qui est et à toujours sera votre bonne sœur, cousine et alliée. Anne. »

Sous le ton convenu de cette lettre, on devine que l'entente est déjà faite, sinon fort proche. Anne n'était plus l'adolescente sacrifiée de 1491, mais reine de France et duchesse à part entière. Elle donna son accord, car ce mariage lui paraissait être la seule solution raisonnable et préservait l'avenir de la Bretagne. Cependant, elle posa certaines conditions. Ses conseillers négocièrent avec Georges d'Amboise. Puis elle se rendit à Etampes, où séjournait la cour. Le 19 août 1498, elle signa deux actes : l'un déclarant qu'elle épouserait le roi quand son union forcée avec Jeanne de France serait rompue ; l'autre que le roi évacuerait toutes les places bretonnes, sauf Nantes et Fougères. Toutefois, si le mariage avec Jeanne n'était pas annulé dans le délai d'un an, Anne reprendrait sa liberté et les deux places retenues en gage par le roi lui seraient restituées.

Peu de jours après, elle prit congé de Louis et partit pour la Bretagne. Elle y attendrait la dissolution du mariage. Elle fit étape à Chartres, puis à Laval chez la reine douairière de Sicile qui avait été la marraine du dauphin Charles-Orland, puis à Rennes où elle avait convoqué les états de Bretagne. Elle fit son entrée à Nantes, le 28 septembre 1498, sous un dais de velours noir. Un de ses premiers actes fut de faire frapper une pièce de monnaie la représentant assise sur un trône et couronnée, avec cette devise : *Anna Dei gracia Francorum regina et Britonum ducissa* : Anne par la grâce de Dieu reine des Français et duchesse des Bretons.

II

Le procès en annulation

Louis XII n'avait pas attendu la signature des contrats d'Etampes pour agir à la fois auprès de Jeanne la Boiteuse et du pape Alexandre VI. Tablant sur la soumission et le mysticisme de sa femme, il lui envoya Louis de La Trémouille, mission délicate et qui dut embarrasser ce rude soldat, mais il ne reculait devant rien pour se rédimer.

— « Madame, lui dit-il, le Roi se recommande très fort à vous, et m'a chargé de vous dire que la Dame de ce monde qu'il aime le plus est vous, sa proche parente, pour les grâces et vertus qui resplendissent en vous, et est fort courroucé (dépité) que vous n'êtes disposée à avoir lignée, car il se sentirait curieux (désireux) de finir ses jours en si sainte compagnie que la vôtre. Mais vous savez que le sang royal de France se commence à perdre et diminuer, et s'il en advient ainsi du présent Roi, le Royaume changera de lignée et par succession pourra tomber en mains étrangères[1]. Pour laquelle considération, il a été conseillé au Roi de prendre une autre épouse, s'il vous plaît y donner consentement, bien qu'il n'y ait de droit vrai mariage entre vous deux, parce qu'il dit n'y avoir donné aucun consentement, mais l'avoir fait par force et par la crainte qu'il avait que feu Monseigneur votre père, par furieux courroux, attentât à sa personne... »

1. Ce qui était faux, car Louis XII avait un héritier présomptif en la personne de François d'Angoulême (le futur François Ier).

Jeanne s'attendait à cette démarche. Le fait que Louis XII ne l'ait pas invitée à son sacre lui avait enlevé ses dernières illusions. Elle répondit :

— « Monseigneur de La Trémouille, quand je penserais que mariage légitime ne serait entre le Roi et moi, je le prierais de toute mon affection de me laisser vivre en perpétuelle chasteté ; car la chose que je désire le plus est, les mondains honneurs contemnés (méprisés) et délices charnels oubliés, vivre spirituellement avec l'éternel Roi et éternel Empereur, dont, en ce faisant et suivant la vie contemplative, je pourrais être épouse et avoir sa grâce. Et, d'autre part, je serais heureuse, pour l'amour que j'ai au Roi et à la Couronne de France dont je suis issue, qu'il eût épouse semblable à lui, pour lui rendre le vrai fruit de loyal et honnête mariage, dont la fin est d'avoir lignée, le priant de prendre conseil de sages personnes et de ne pas se marier par amour impudique et encore moins par ambition et avarice. »

Cette réponse dilatoire et confuse mit Louis XII dans l'embarras. En digne fille de Louis XI, Jeanne, tout en nuançant son refus, renvoyait son mari au conseil « de sages personnes ». Il ne renouvela pas cette tentative de conciliation. D'ailleurs, l'Eglise était la seule autorité compétente pour annuler le mariage. Il adressa donc sa requête au Saint-Siège, ou plutôt, comme on sait, il la renouvela. Or, le pape était alors Alexandre VI Borgia. Etrange pontife qui avait acheté ses électeurs et qui ne songeait qu'à faire la fortune des enfants que sa maîtresse lui avait donnés. L'aîné avait été pourvu du duché de Gandie ; César, son second fils, de l'évêché de Pampelune. Ce dernier fit tuer son frère dont le cadavre fut jeté dans le Tibre près d'une bouche d'égout. Ce crime n'empêcha point Alexandre VI de le nommer cardinal. Mais l'état ecclésiastique ne convenait pas à cette impétueuse nature, malgré les facilités de l'époque. César réclamait un grand établissement ; il voulait se marier afin de perpétuer la lignée des Borgia. Ces choses étaient connues de Louis XII et de Georges d'Amboise, désormais son *alter ego.* Ils n'ignoraient pas davantage que les débauches, le cynisme et la cupidité d'Alexandre VI rendaient sa position difficile. L'exécution du moine Savonarole avait exacerbé les haines. Alexandre VI avait besoin d'un puissant allié. Il s'empressa de délivrer un bref (29 juillet 1498) énumérant les motifs d'annulation susceptibles d'être retenus par l'Eglise, autrement dit traçant la marche à suivre. Ces motifs étaient les suivants :

— Louis XI étant parrain de Louis d'Orléans, il y avait « affinité » entre sa fille Jeanne et celui-ci ;

— Louis et Jeanne étaient parents à un degré prohibé ;

— Louis d'Orléans étant mineur lors de la conclusion des fiançailles avec Jeanne, son acceptation n'était pas valable ;

— Louis d'Orléans n'avait jamais réellement consenti à son union avec une femme « tellement viciée et maléficiée de son corps » qu'elle était incapable des actions du mariage et sans espoir possible de maternité ;

— Louis, ainsi que sa mère, avaient cédé à la contrainte et aux menaces ;

— Louis subit les mêmes contraintes sous le règne de Charles VIII ;

— Sa fuite en Bretagne, son emprisonnement pendant trois ans l'ont empêché d'introduire une instance en annulation ;

— La cohabitation à laquelle il n'a pu se soustraire pendant vingt-cinq ou vingt-six ans, a persisté malgré sa volonté.

De toute évidence, la plupart de ces motifs étaient contestables, et d'autant que le mariage avait fait l'objet d'une dispense du Saint-Siège. Le plus solide argument était la non-consommation du mariage, mais encore fallait-il en apporter la preuve.

Louis XII, recevant le bref d'Alexandre VI, envoya les lettres patentes par lesquelles il faisait don à César Borgia des comtés de Diois et du Valentinois. C'était un échange de bons procédés, et qui continua ! Le pape aurait pu soumettre l'affaire à une commission de cardinaux. Il préféra instituer un tribunal qui siégerait en France, afin de donner une apparence de justice à la décision qui serait prise et, surtout, d'éviter de trop se compromettre. Il nomma trois juges dont Jeanne de France ne pouvait rien attendre de bon : le nonce Francisco d'Almeida, un Portugais ambitieux et corrompu, Louis d'Amboise, évêque d'Albi et frère de Georges d'Amboise, et l'évêque du Mans, Philippe de Luxembourg, prélat mondain. Ces trois juges avaient reçu pouvoir de désigner eux-mêmes leurs assesseurs. Louis XII, qui n'était point un méchant homme, eût préféré éviter ce procès dont le scandale, quoi qu'il advînt, rejaillirait sur la maison royale. Il voulait croire — et ses conseillers partageaient son avis — que la pieuse Jeanne n'oserait pas comparaître devant des juges, répondre à des questions offensant sa fierté et la pureté de son cœur. Déjà visitée par des apparitions et des voix célestes, qu'irait-elle faire dans un prétoire ? Mais la fille de Louis XI n'acceptait pas d'être la dupe de son royal époux. La sentence était connue à l'avance, mais la pauvre infirme persistait à croire qu'elle était reine de France et que sa place était aux côtés de Louis. Née fille de roi, elle n'acceptait pas non plus d'être déchue de son rang. Elle décida de se défendre jusqu'au bout.

Le tribunal tint sa première audience à Tours, dans la cathédrale Saint-Gatien, le 10 août 1498. Jeanne étant absente, on désigna trois défenseurs pour la représenter. Ils se récusèrent avec un ensemble touchant, peu désireux d'affronter la volonté royale. On les contraignit cependant à accepter. On choisit comme procureur du roi un affidé de Georges d'Amboise : Antoine de Lestang, et trois assesseurs dont le nom importe peu. Jeanne ne se présenta pas à la seconde audience, bien que régulièrement convoquée. Le procureur rappela les faits justifiant la plainte du roi et conclut à l'annulation du mariage, tout en se défendant de vouloir attenter à l'honneur d'une Fille de France, simple clause de style. Le 6 septembre, Jeanne comparut enfin en personne. On lui communiqua les procès-verbaux des séances antérieures et les conclusions du procureur. Elle contesta plusieurs points sans grande importance et, soudain, affirma avec force que le mariage avait été consommé et que ses infirmités n'étaient pas telles que la copulation fût impossible. Le 13 septembre, elle subit un interrogatoire serré, impitoyable et parfois scabreux. Elle répondit avec douceur, par moments avec une gêne bien compréhensible, mais sans arrogance. Elle se donna le tort de nier les menaces perpétrées par son père à l'encontre de son mari, déclarant qu'il ne lui serait rien arrivé de mal s'il avait refusé de l'épouser. Les juges connaissaient la tyrannie de Louis XI ; cette réponse les irrita. Ils tentèrent de savoir si, oui ou non, Jeanne était apte au mariage. Elle répondit qu'elle savait ne pas être « aussi belle et aussi plaisante que la plupart des autres femmes ». Ses réponses furent aussi vagues, et contradictoires, sur la consommation du mariage. Impatients de conclure, les juges décidèrent de la faire examiner par des femmes « prudes et sages », qui constateraient, ou non, sa virginité. Jeanne accepta de satisfaire aux lois de l'Eglise ; elle demanda toutefois un délai de réflexion, qui lui fut accordé. Puis, elle s'abstint de comparaître et fit demander au tribunal la permission de choisir elle-même plusieurs des femmes sages, en d'autres termes, elle réclamait un examen contradictoire. Les juges acquiescèrent, mais elle ne s'en tint pas là. Elle leur proposa d'interroger d'abord le roi. Car, prétendait-elle, si le roi avouait la vérité, l'examen serait superflu. En foi de quoi elle sollicitait un délai supplémentaire d'un mois, qui lui fut encore accordé. Perplexité des juges, car ils pouvaient difficilement citer le roi à comparaître. Le mélange de candeur et de subtilité de la défenderesse les déconcertait. La difficulté pour eux n'était pas de dire le droit, mais de satisfaire Louis XII, tout en donnant au procès une apparence de régularité. Jeanne compliquait singulièrement leur tâche. Plusieurs d'entre eux étaient docteurs en théologie et procéduriers redoutables.

Une épidémie de peste les chassa de Tours. Ils se transportèrent à Amboise et, à partir du 25 septembre, entendirent les témoins des deux parties. Mais ceux du roi étaient nombreux et catégoriques dans leurs dépositions, alors que ceux de Jeanne se dérobèrent presque tous et débitèrent des niaiseries, quand ils ne faisaient pas le jeu du roi ! Ces témoignages de complaisance n'apportaient point d'éclaircissements sur le point essentiel. Le recours à l'humiliant examen corporel paraissait inéluctable. L'avocat Berthoulas reprit un à un les arguments de Jeanne tendant à prouver que le mariage avait été consommé, essentiellement parce que les époux avaient plusieurs fois couché dans le même lit, et rapportant certains propos du mari, peut-être arrangés. Que voulait donc Jeanne ? Pour se soustraire à l'examen des sages-femmes, elle s'en remit humblement aux réponses que ferait le roi. Il était délicat de rejeter cette demande que l'on pouvait d'ailleurs interpréter diversement.

Le 29 octobre, près de Montils-les-Blois, deux des juges interrogèrent donc Louis XII, non sans d'extrêmes précautions. Ses réponses manquèrent de netteté. Il aggrava son cas en affirmant qu'à sa connaissance Jeanne n'était pas intervenue pour le tirer de la prison de Bourges. Il eut une expression curieuse pour montrer le dégoût que Jeanne lui inspirait : déclarant que, s'il avait eu des relations sexuelles avec sa femme, il en eût été « affolé ». Les juges étaient dubitatifs. Le 4 décembre, ils se transportèrent au château de Fau, pour y recevoir le serment de Louis XII. Il jura sur l'Evangile que le mariage n'avait pas été consommé et qu'il devait sa libération de la prison de Bourges à son prédécesseur Charles VIII et à personne d'autre. Un des juges lui demanda pourquoi il n'avait pas tenté défaire casser son mariage plus tôt. Il répondit :

— « Qu'il vous plaise, Messeigneurs les juges, d'avoir regard et de considérer s'il est un vassal ou tout autre personnage en France qui osât entreprendre, sinon à peine de sa vie et perdition de son état, de répudier là fille ou sœur d'un roi de France bien obéi, et de la qualité qu'étaient les père et frère de ladite défenderesse... »

Sur ce point particulier, sa sincérité ne pouvait être mise en doute. Au surplus, les juges avaient eu connaissance de la terrible lettre (citée plus haut) de Louis XI au comte de Chabannes. De toute manière, le serment prêté par le roi ne pouvait être remis en cause. Jeanne éleva une ultime protestation mais l'affaire était entendue. Le 15 décembre, le tribunal cassa le désastreux mariage. Jadis, le peuple avait plaint le petit duc d'Orléans marié de force à une princesse bancale et bossue, et grondé contre l'implacable tyrannie de Louis XI. En 1498, il prit parti pour la malheureuse Jeanne, épouse sacrifiée à la raison d'Etat, sainte femme dont on vantait la bonté et les largesses envers les pauvres. Au prononcé du jugement, le 17 décembre, dans l'église Sain-Denis d'Amboise, la foule injuria les juges, les traitant d'Hérode et de Pilate. A Paris, deux religieux osèrent blâmer publiquement l'arrêt du tribunal : le principal du collège de Montaigu et le cordelier Mailland. On suggéra au roi de sévir. Il n'en fit rien, sachant que les critiques, les quolibets et les rumeurs hostiles s'apaiseraient d'eux-mêmes. Le 26 décembre, il accordait à Jeanne le duché de Berry et trente mille livres de pension, car il n'avait plus de raisons de la haïr. Il lui paraissait convenable d'assurer un train de vie décent à cette « fille et sœur de rois de France ». Il n'avait point à craindre qu'elle se remariât ni qu'après sa mort le duché de Berry ne revînt pas à la couronne ! Toutefois, en se montrant aussi généreux, il se rédimait à ses propres yeux. Il était croyant et certainement le serment qu'il avait prêté ne laissait pas de l'inquiéter. Avait-il dit toute la vérité, ou une partie de la vérité, ou, dans une conjoncture aussi difficile, fait simplement le dur métier de roi, oubliant sa propre personne et le salut de son âme pour l'avenir du royaume ? Jeanne s'était déchargée sur lui de la responsabilité de l'annulation. S'il y avait mensonge, il en portait désormais le poids. Il ne lui gardait pas rancune, car il comprenait son chagrin.

Puisque le roi avait juré devant Dieu et devant les hommes qu'elle n'avait jamais été sa femme — elle ne le savait probablement pas elle-même ! —, Jeanne se résigna. Sa foi ardente apaisa son chagrin. Jour après jour, sa première idée de fonder un ordre religieux refit surface. Elle commença par bâtir un couvent à Bourges. Puis, dirigée par François de Paule, elle établit une règle, de stricte observance, qui fut approuvée en

1501 par Alexandre VI. L'ordre des Annonciades était fondé. Jeanne y prononça ses vœux deux ans après, et s'ensevelit dans la vie monastique, donnant à ses filles l'exemple de l'ascétisme le plus rigoureux. Elle mourut d'épuisement en 1505, à quarante ans. On découvrit qu'elle portait, outre une ceinture de fer et un cilice, une croix de bois dont les cinq clous la blessaient continuellement. L'Eglise la béatifia, puis fit d'elle « sainte Jeanne de France ». Elle était comme ces oiseaux de mer qui se traînent maladroitement sur le sable, mais, déployant leurs vastes ailes, retrouvent soudain leur beauté.

III

Anne de Bretagne

Sans attendre le jugement du tribunal, le prévoyant Alexandre VI avait chargé son fils d'apporter la bulle de dispense en vue du mariage de Louis XII avec Anne de Bretagne. C'est que le noble César venait tenter sa chance dans le beau royaume de France, découvrir les deux comtés dont on l'avait gratifié et surtout contracter mariage dans une bonne maison : le roi avait promis de l'aider à trouver la femme de ses rêves ! Son entrée à Chinon fut digne d'un empereur. Il croyait qu'en France il suffisait d'éblouir pour être estimé. Vingt-quatre mulets, harnachés de cuir rouge, trottaient en tête du cortège : ils portaient les armes des Borgia. Les vingt-quatre suivants étaient aux armes du roi. Le troupeau principal transportait les bagages recouverts d'étoffés rutilantes. Venaient ensuite trente chevaux couverts de drap d'or, montés par des gentilshommes aux habits surbrodés. Puis vingt-quatre laquais en livrée. Enfin, accompagné de Georges d'Amboise, l'aimable César, paré comme une idole, arborait une tunique d'écarlate et de drap d'or incrusté de pierres précieuses. Son bonnet était orné d'un double rang de rubis « gros comme des fèves ». Il avait un collier scintillant de pierreries. Ses bottes mêmes étaient décorées de perles. Les bonnes gens de Chinon ne se gênaient pas pour dire que le fils du pape avait dérobé les aumônes destinées aux pauvres ! Méprisant les Français, César croyait qu'il serait pris pour un prince des Mille et Une Nuits.

On le prit pour ce qu'il était, un aventurier de la plus basse espèce. Cet étalage d'orfèvreries n'éveilla chez les seigneurs et dames de la cour qu'un sentiment de réprobation. Louis XII accueillit son hôte avec honneur. César s'était arrangé pour lui remettre la dispense pontificale après l'arrêt du tribunal d'Amboise. C'était là un trait de finesse d'Alexandre VI : on ne pourrait le suspecter de complicité avec le roi. Ce dernier comprit aussi que César, suivant les instructions de son père, avait voulu par son luxe affirmer la magnificence et la toute-puissance du Saint-Siège. Bien renseigné sur le rôle qu'il jouait auprès du nouveau roi, Alexandre VI venait, par un heureux hasard, d'élever Georges d'Amboise au rang de cardinal. Louis XII, quoi qu'il en pensât, avait intérêt à conserver l'appui d'Alexandre VI. Aussi s'employa-t-il à marier César, mais l'entreprise se révéla plus délicate qu'il ne l'avait prévu.

César avait en effet jeté son dévolu sur Charlotte de Naples, fille du roi Frédéric, recueillie à la cour de France où, sous le nom de princesse de Tarente, elle était traitée en héritière royale. César avait imaginé qu'en l'épousant il acquerrait des droits à la couronne de Naples, car son ambition était sans bornes. Charlotte refusa énergiquement cet homme, fils de pape, cardinal défroqué, meurtrier de son frère aîné, qui lui faisait horreur. L'affaire étant manquée, il jeta les yeux sur une autre Charlotte, fille d'Alain d'Albret. La pauvrette regimba, mais Alexandre VI envoya deux cent mille écus d'or à son fils et promit le chapeau de cardinal au frère d'Alain d'Albret, Amanieu. Alain d'Albret se laissa faire violence et sacrifia sa fille. Ce mariage scandalisa l'opinion au point que, le jour des noces, César fut hué par la foule. On raconte que, le soir, il demanda des pilules roboratives à son apothicaire. Ce dernier se trompa de boîte et lui administra des pilules purgatives... Même si l'histoire n'est pas tout à fait authentique, on ne pouvait la passer sous silence ! César ne dut pas trouver Charlotte à son goût, car il retourna seul en Italie. L'épouse délaissée mit au monde une fille qui deviendra plus tard la seconde épouse de Louis de La Trémouille.

Revenons au château de Nantes, où la duchesse Anne attendait l'issue du procès, non sans anxiété. Louis XII la tenait informée de son déroulement. Il lui écrivait souvent, car les choses traînant en longueur, il redoutait quelque initiative imprévue de sa fiancée. Anne avait suivi avec la plus grande attention les phases de la procédure. Le serment prêté par Louis XII ne l'inquiéta pas, malgré ses scrupules religieux. La décision finale la réjouit. Elle n'eut pas un mot de pitié pour celle qu'elle évinçait du trône. Et, par la suite, elle ne parut se soucier ni de la réclusion volontaire de Jeanne ni de sa mort. Comme elle était méfiante, elle demanda à Louis les pièces du procès et les étudia avec soin. La dispense du pape emporta sa décision, mais aussi les quelques concessions supplémentaires qu'elle extorqua *in extremis*. La principale était que le mariage serait célébré à Nantes, c'est-à-dire dans la capitale du duché : l'époux venait chercher l'épouse, libre de le suivre ou non. Les places de Saint-Malo et de Brest seraient évacuées par les troupes royales : cette clause figurait dans le contrat d'Etampes, mais n'avait pas été remplie, d'ailleurs sur ordre de Louis qui voulait conserver cette garantie. Enfin celui-ci confirmerait, une fois de plus, les libertés bretonnes. Ces avantages étant acquis, Anne se déclara prête à l'épouser. Il accourut. L'attente avait enflammé ses sens. Le contrat de mariage, soigneusement préparé, fut signé, devant de nombreux témoins, le 7 janvier 1499, au château de Nantes.

C'était en quelque sorte la revanche posthume de l'infortuné duc François II. Le contrat confirmait et explicitait celui d'Etampes. Il est assez important pour qu'on s'y arrête. Il réglait, en effet, le sort de la Bretagne, dont il constatait bel et bien l'existence en tant que duché indépendant de la couronne, principauté distincte du royaume, provisoirement réunie à celui-ci par le mariage du roi et de la duchesse. La dévolution de la Bretagne était prévue dans tous les cas de figure, avec un luxe de précautions assez extraordinaire. Si les nouveaux époux laissaient des héritiers, ce serait leur fils cadet qui hériterait du duché. S'ils n'avaient qu'un fils, ce serait son propre fils cadet qui deviendrait duc de Bretagne. Si Louis XII décédait le premier, Anne conserverait le gouvernement et les revenus de son duché, le douaire que lui avait laissé Charles VIII et celui, de valeur égale, que lui consentait Louis XII. Si elle mourait la première, Louis garderait le gouvernement du duché à titre viager ; à sa mort, le duché reviendrait « aux prochains et vrais héritiers de ladite Dame, sans que les autres rois et successeurs de rois en pussent quereller, ni demander aucune chose », disposition quelque peu sibylline. Les juristes de l'époque avaient le don d'embrouiller les textes les plus clairs et d'entrouvrir hypocritement des portes de sortie. Si l'on pousse l'investigation un peu plus loin, on aperçoit qu'Anne se donnait le droit de léguer éventuellement son duché à sa fille, à défaut de fils. En tout état de cause, Louis XII admettait, en apparence, que la Bretagne, si longtemps convoitée par ses prédécesseurs, redevînt un Etat féodal. Mais il était de ceux qui savent « laisser du temps au temps ».

Le mariage fût célébré dans la chapelle du château ducal. Il fut suivi des festins et divertissements qui étaient en usage. Non seulement le roi dispensa le peuple de contribuer à la dépense, mais il annonça une diminution d'un dixième de la taille. En outre, pour dissiper les doutes sur la validité de son mariage et faire taire les mauvaises langues, il envoya, dès le 10 janvier, à la Chambre des comptes de Paris, une sorte de manifeste, qui fût largement diffusé. Il y rappelait d'abord que son prétendu mariage avec Jeanne de France avait été annulé « pour plusieurs causes et moyens contenus au procès ». Que, par suite, le tribunal ecclésiastique lui avait octroyé la liberté de se marier si bon lui semblait : « Laquelle sentence prononcée, voulant pour le bien, sûreté et repos de Notre royaume avoir lignée et postérité venant de Nous pour succéder à celui-ci, avons par l'avis et conseil des princes et seigneurs de Notre Sang et lignage et moyennant dispense sur ce obtenue par le Saint-Siège apostolique, traité mariage et celui-ci consommé selon l'ordre et institution de Notre Sainte Mère l'Eglise, avec notre très chère et très aimée cousine la reine veuve du Roi

Charles dessus dit, à présent Notre compagne et épouse ; et parce que les choses dites concernent non seulement l'état et honneur de Nous, mais aussi la sûreté, conservation, bien et tranquillité de Notredit royaume et de tous Nos sujets, terres et seigneuries, qui ne doivent être ignorés, mais à chacun et en tous lieux connus et manifestés. Nous avons bien voulu vous en avertir, sachant certainement que, comme Nos bons et loyaux sujets et qui aimez et désirez Notre prospérité, les choses dessus dites vous viendront à consolation et plaisir. »

Peu de jours après, une délégation des états de Bretagne vint demander au roi, sans doute a l'instigation de leur bien-aimée duchesse, le maintien de leurs libertés. Le 19 janvier 1499, il leur délivrait des lettres patentes par lesquelles il s'engageait à respecter les droits et privilèges de ses sujets bretons. Il confirmait les nominations précédemment faites par Anne et conférait à celle-ci le droit de pourvoir les charges vacantes. Les impôts ne résulteraient pas des décisions royales, mais seraient votés par les états de Bretagne. En cas de guerre ou d'extrême nécessité, les nobles bretons n'étaient pas tenus au service militaire, à moins que la duchesse y consentît. Le roi acceptait aussi que les bénéfices ecclésiastiques fussent réservés aux Bretons, à moins que la duchesse désignât elle-même des bénéficiaires étrangers au pays. Bref, la souveraineté des anciens ducs de Bretagne se trouvait presque entièrement restaurée. Leur héritière avait atteint son but ; toutefois, elle était la femme du roi de France, en sorte que le duché restait quand même dans l'obédience de celui-ci.

Anne et Louis passèrent leur lune de miel en Bretagne. L'appétit venant en mangeant selon le proverbe, il semble bien que la nouvelle mariée reprit goût aux jeux de l'amour. Quant à lui, oubliant les beautés qui hantaient sa vie de célibataire, il la trouva assez séduisante pour s'attacher à elle. Il faut dire, au risque d'agacer ses détracteurs, qu'elle avait un charme certain et qu'elle savait admirablement user de sa féminité. En outre, connaissant son devoir de reine de France, elle mettait tout son savoir à concevoir un enfant. En sorte que son ardeur était à la fois spontanée et politique. De plus, elle était jalouse et n'avait aucune envie de connaître les déboires et les humiliations que Charles VIII lui avait infligés. Elle veillait donc à ne pas laisser son second mari en état de manque. Dans l'intimité, il l'appelait joliment « ma Brette », ou « ma petite Brette » (ma petite Bretonne). Ils donnèrent tout de suite l'impression de former un couple uni. Les courtisans ébahis assistaient, sans trop y croire, à une nouvelle métamorphose de Louis. L'ancien don juan se changeait en mari fidèle ! Un de ses biographes a qualifié de « bourgeoise » la vie que menait le couple royal, parce qu'il n'avait point de chambres séparées, mais partageait le même lit. C'est oublier que, si les goûts de Louis XII le portaient à la simplicité et si sa bonhomie le rapprochait effectivement de Louis-Philippe, Anne tenait au contraire pardessus tout à la majesté royale et s'entourait de fastes. Dès leur retour de Bretagne, ils s'installèrent à Amboise, un peu plus tard à Blois, dans le château que Louis XII affectionnait et qui devint dès lors le siège du gouvernement. Anne régla l'étiquette et réunit pour la première fois une véritable cour composée des plus grandes dames de France et de jeunes filles qui avaient parfois plus de noblesse que d'argent. « Sa cour, selon Brantôme, était une fort belle école pour les dames, car elle les faisait bien nourrir [1] et sagement, et toutes à son modèle se faisaient et se façonnaient très sages et vertueuses. » En 1498, elle avait une suite de cinquante-neuf dames d'honneur et de quarante et une demoiselles, recevant des pensions proportionnées à leur importance : de trente à douze cents livres. Deux femmes de chambre, Jacqueline de Ravieco et Huguette de Monceaux, dirigeaient les filles de chambre, les lavandières et les repasseuses. Philibert d'Estainville était maître d'hôtel, responsable du service intérieur. Antoine d'Ancezme, grand écuyer, avait la responsabilité des valets de toutes spécialités, laquais, palefreniers, selliers, etc. Louis Ruzé était le trésorier privé de la reine ; il gérait les revenus du duché de Bretagne

1. Eduquer.

et les pensions. Elle avait amené avec elle sa garde personnelle : une centaine de gentilshommes, tous bretons, commandés par Maillé, qui l'escortaient dès qu'elle sortait de ses appartements. Au château de Blois, ils l'attendaient sur une petite terrasse appelée « la perche (le perchoir) aux Bretons » :

— « Voilà mes Bretons qui attendent sur leur perche », avait-elle dit un jour en plaisantant.

La livrée des serviteurs était rouge et noire. La reine aimait les beaux chevaux et les beaux chiens. Elle faisait venir des lévriers de Bretagne : ils portaient au col quatre hermines de laiton ! Son père avait été un veneur réputé. Elle chassait au faucon et, à la stupéfaction des ambassadeurs, faisait courre les chevreuils par deux léopards dressés à cet effet. Ses volières étaient pleines d'oiseaux rares ou de petites créatures pépiantes qu'on lui envoyait du Languedoc.

Elle portait ordinairement des robes de velours rouge ou jaune, garnies d'hermine, une cape bretonne de drap noir. Elle avait pour ceinture une cordelière d'or tombant jusqu'aux pieds. Mais, pour les cérémonies, elle tenait en réserve une collection d'habits luxueux et de fourrures précieuses : hermines, agneaux noirs de Lombardie et martres. Ses parfums préférés étaient la rosé de Provins et l'essence de violette. Elle adorait les bijoux, les pièces d'orfèvrerie, les beaux meubles et les tapisseries. Elle entretenait des joueurs de luth, de rebec, de tambourin, de manucorde. Ses invités repartaient éblouis, par le luxe de la table, la qualité des mets et des vins. Et enthousiasmés par sa générosité, car il arrivait qu'elle leur laissât emporter en souvenir des vases ou des plats d'argent ciselés par les meilleurs orfèvres ! Les dames recevaient parfois des perles, des émeraudes, des rubis ou des diamants. De la sorte, la reine contribuait au rayonnement de la royauté. Certes, elle était dépensière et parfois prodigue ; mais elle puisait largement dans ses ressources personnelles et il lui arriva à maintes reprises de contribuer sur ses deniers propres aux dépenses de l'Etat.

Louis XII entrait dans un autre monde ! Bien qu'il fût issu

des princes de Valois-Orléans volontiers superbes, quelque peu artistes et qu'il aimât les belles choses, jamais il n'avait connu ces raffinements, ces harmonies de couleurs et de parfums. Près de Marie de Clèves, il avait grandi dans une relative simplicité, sinon dans la gêne. A la cour de Charles VIII, Anne de Bretagne, traitée en quantité négligeable et souvent brimée, devait imiter la sévérité d'Anne de Beaujeu. Avec Louis XII, elle pouvait enfin donner libre cours à ses penchants.

Dans leur intimité, le roi appréciait sa vivacité d'esprit, sa finesse. Il se confiait à elle. Elle lui donnait des conseils, qu'il ne suivait pas toujours. Il y avait entre eux des brouilles passagères. Elle était obstinée jusqu'à l'entêtement. Femme jusqu'au bout des ongles, elle savait alterner les rires et les larmes, les cajoleries et les reproches. Parfois, il lui faisait sentir qu'il était le maître, donnait un coup de caveçon, mais à sa manière :

— « Sachez, madame, qu'à la création du monde, Dieu avait donné des cornes aux biches aussi bien qu'aux cerfs ; mais que, comme elles se virent un si beau bois sur la tête, elles entreprirent de leur faire la loi ; dont le souverain créateur étant indigné, leur ôta cet ornement, pour les punir de leur arrogance. »

Elle haussait les épaules ou ne pouvait s'empêcher de rire, mais retenait, provisoirement, la leçon. Il lui laissait prendre certaines initiatives, ce dont les conseillers royaux s'ébrouaient.

— « Mes amis, disait-il, il faut avoir patience, c'est force qu'on alloue beaucoup de choses à une femme prude, sans le vouloir rétracter. »

Il ne recevait jamais un prince étranger ou un ambassadeur, sans l'envoyer faire sa révérence à la reine. Car, selon Brantôme, il reconnaissait en elle « une grande suffisance pour entretenir et contenter tels grands personnages, comme très bien elle savait faire, et y prenait très grand plaisir, car elle avait très bonne et belle grâce et majesté pour les accueillir, et belle éloquence pour les entretenir ».

Parfois, elle disait une phrase en langue étrangère, « pour

rendre plus grande admiration de soi ». Elle demandait alors à M. de Orignaux, son chevalier d'honneur, polyglotte, de lui apprendre quelques mots. « Sur quoi, un jour, la Reine lui ayant demandé quelques mots en espagnol pour les dire à l'ambassadeur d'Espagne, et lui ayant dit quelque petite salauderie en riant, elle l'apprit aussitôt. » Le lendemain, Grignaux en fit le conte au roi qui s'en divertit, mais la prévint. Elle faillit chasser son chevalier d'honneur et ne pardonna, sur les instances du roi, que du bout des lèvres. La rancune était son principal défaut.

Il n'y avait qu'une ombre à leur bonheur. Une ombre encore légère ! La présence à la cour de Louise de Savoie et de son fils François d'Angoulême, héritier présomptif de la couronne. Louis XII les avait appelés à Blois[1] dès son avènement. Mais Anne était enceinte et se promettait de mettre au monde un beau dauphin.

1. Il leur attribua le château d'Amboise comme résidence.

IV

Préliminaires

Au seuil du XVIe siècle, les grands Etats modernes sont déjà formés; ils entrent en compétition pour la domination de l'Europe, cependant que des mondes nouveaux apparaissent grâce aux découvertes de Christophe Colomb, Vasco de Gama et leurs émules. La France, avec ses vingt millions d'habitants, ses ressources variées, le développement de son économie, paraît être alors le royaume le plus puissant mais cette suprématie, d'ailleurs relative, se trouve déjà menacée par la croissance des Habsbourg d'Autriche. Elle forme un groupe compact de provinces, une entité solide en dépit des différences, mais ses frontières ne sont pas assurées. Si, en deçà de l'Escaut, l'Artois et une partie de la Flandre doivent hommage au roi, la Lorraine, la Franche-Comté, la Bresse, le Roussillon manquent à l'Hexagone. Il subsiste aussi des enclaves : Calais qui reste à l'Angleterre, le Comtat Venaissin qui relève du Saint-Siège. Le royaume de Navarre est indépendant et le lien de vassalité du Béarn est ténu. De plus, à l'intérieur du territoire, il faut distinguer les terres de souveraineté, sur lesquelles l'autorité royale s'exerce pleinement, et les terres de suzeraineté détenues par les dernières grandes familles féodales, qui bénéficient d'une certaine autonomie. Ces familles sont de sang royal ou prétendent descendre des anciens comtes carolingiens. Parmi les princes du sang, les plus riches sont les Bourbons. Ils descendent de saint Louis et se divisent en trois lignes :

Bourbon, La Marche et Montpensier. Les Bourbons proprement dits possèdent le duché de Bourbonnais, le duché d'Auvergne, les comtés de La Marche, le Beaujolais, Clermont-en-Beauvaisis, Gien et Châtellerault. Les La Marche ont le comté de Vendôme, Soissons, Marle, Condé et Enghien. Les Montpensier, le comté du même nom et le Dauphiné d'Auvergne. La maison d'Alençon ne possède que le duché d'Alençon, la vicomté de Beaumont et le Perche. Depuis l'avènement de Louis XII, la maison d'Orléans n'est plus représentée que par François, comte d'Angoulême, futur François Ier. La situation dans le Sud-Ouest et le Midi pyrénéen est complexe. Les maisons d'Albret, de Foix et de Navarre ont alors pour chef Alain d'Albret. Il est établi à Nérac et détient une partie du Périgord, des seigneuries à Dax et à Tartas, Avesnes et Landrecies dans le Nord. Jean d'Albret, son fils, et sa bru Catherine de Foix ont le comté de Foix, le Béarn et la Navarre. Il existe aussi une poussière de seigneuries et de sireries secondaires, qui se targuent d'une indépendance qu'elles ont en réalité perdue et ne sont plus que des survivances.

La situation des féodaux ne peut se comparer à celle qu'ils avaient au Moyen Age. Le roi exige d'eux des soldats, lève chez eux des impôts, les soumet au Parlement. Le rôle des agents royaux est partout déterminant. Les grands seigneurs sont de plus en plus attirés par la cour ; ils quémandent des charges et des pensions. Leurs anciens vassaux préfèrent entrer au service du roi, plutôt que de végéter dans leurs manoirs. La monarchie évolue vers une centralisation de plus en plus affirmée, répondant à la fois aux besoins et aux aspirations du tiers état. L'Eglise gallicane suit à peu près le même mouvement. Elle soutient la volonté du roi, parfois contre celle du pape et devient insensiblement un instrument du pouvoir. Sans doute convient-il de nuancer ce tableau. L'apparente facilité de l'action monarchique rencontre ici et là des obstacles. Il est cependant incontestable qu'il y a un accord profond entre le roi et son peuple, et cela malgré d'importantes mutations sociales :

émergence et rôle croissant de la bourgeoisie, glissement de la féodalité vers la simple noblesse.

L'Angleterre est à peine sortie de la grave crise dynastique entre les Lancastre et les ducs d'York. La guerre des Deux-Roses a ruiné l'économie et semé l'anarchie. Les York l'ont emporté en 1461, mais la brutalité d'Edouard IV a dressé contre lui une forte opposition qui remit Henry VI sur le trône jusqu'en 1471. Richard III, frère d'Edouard, usurpa la couronne et fit égorger ses neveux (les enfants d'Edouard), mais en 1485 il fut battu par Henry Tudor, descendant des Lancastre. En épousant la fille d'Edouard IV, ce dernier mit fin à la guerre des Deux-Roses et régna sous le nom d'Henry VII jusqu'en 1509. Son successeur fut le célèbre Henry VIII. Il appartenait à Henry VII de relever les ruines, de restaurer l'économie et de rendre à son pays la place qu'il occupait sur l'échiquier international au XIVe siècle. Les rois anglais ne détenaient pas un pouvoir comparable à celui des rois de France : ils ne pouvaient décider de la guerre et de la paix, ni lever des impôts, sans le double accord de la Chambre des communes et la Chambre des lords. L'Irlande leur était mal soumise. Au nord, le royaume d'Ecosse restait l'allié traditionnel de la France.

Le Saint-Empire romain germanique avait perdu sa cohésion depuis la mort en 1250 de l'empereur Frédéric. Le titre même d'empereur, toujours recherché en raison du prestige qu'il apportait, ne représentait aucune puissance réelle. L'empereur était tributaire des princes laïcs et ecclésiastiques qui l'avaient élu. La Suisse, la Hongrie, la Pologne se détachèrent de la suzeraineté impériale, de même qu'une partie de l'Italie. L'Empire se réduisait de fait à la seule Allemagne et les réformes introduites par l'empereur Charles IV (la Bulle d'or, 1356), si elles réorganisèrent l'élection, n'améliorèrent pas réellement l'exercice du pouvoir ; on peut même dire que la Diète, assemblée de trois collèges, l'enfermait dans un immobilisme lourd de conséquences. Tout changea avec l'élection des Habsbourg, puissante famille possédant l'Autriche, la Styrie, la Carniole, la Carinthie et le Tyrol. Depuis Frédéric III (1452-1493), les Habsbourg restèrent empereur de père en fils jusqu'à la fin du Saint-Empire, en 1806 ! Ils surent imposer progressivement une politique commune à ce qui n'était avant eux qu'un agglomérat de principautés et de villes indépendantes et souvent rivales. Leur ascension fut accélérée par le mariage de Maximilien avec Marie de Bourgogne. Ils atteignirent leur apogée sous le règne de Charles Quint.

Au XIVe siècle, l'Espagne était composée de quatre royaumes : la Navarre, la Castille, l'Aragon et le Portugal, le sud du pays restant aux mains des rois maures. L'Aragon était de loin le plus riche, en raison de ses ports de commerce. Ferdinand d'Aragon, en épousant Isabelle de Castille (1469), puis en conquérant le royaume de Grenade (1492), unifia *de facto* l'Espagne. Toutefois, le Portugal conserva son indépendance et Ferdinand n'exerçait sur la Navarre qu'une sorte de protectorat. En mariant Jeanne, sa fille unique, avec Philippe le Beau, fils de Maximilien (1496), il donnait à son petit-fils, le futur Charles Quint, un Empire sur lequel le soleil ne se couchait jamais. En 1499, Ferdinand d'Aragon, qui possédait la Sicile et contrôlait indirectement le royaume de Naples, dominait le commerce en Méditerranée occidentale.

Comme on le constate, l'Europe moderne naquit autour de trois puissances dont les rivalités domineront son histoire jusqu'au XXe siècle : l'Angleterre, la France, l'Empire (Allemagne, Autriche, Espagne).

Aucun régime (république ou monarchie) ne prévaut en Italie. Aucune force centralisatrice n'est capable d'unifier les Etats qui la composent. Dès le XIIIe siècle, elle est le théâtre de sanglantes et stériles guerres civiles (les guelfes et les gibelins). Depuis que les empereurs ont perdu leur autorité sur la péninsule, la puissance publique s'est émiettée. Cependant, deux Etats se maintiennent tant bien que mal : le royaume de Naples et l'Etat pontifical. Les Etats de l'Eglise, gouvernés par le pape, réunissent le Latium (région de Rome), l'Ombrie, la Toscane et la Romagne, en tout ou partie. Le Milanais est devenu un duché avec les Visconti. Florence est aux mains des Médicis, banquiers de l'Europe. Venise est une oligarchie commerçante qui a su préserver son indépendance. Les ducs de Savoie règnent sur le Piémont. Une multitude de familles se disputent le pouvoir dans les villes secondaires et de minuscules principautés. Cependant, l'Italie garde son renom, en raison de son passé prestigieux, de sa supériorité artistique et de ses activités commerciales. Gênes et surtout Venise soutiennent une concurrence intensive avec les ports hanséatiques de la mer du Nord et de la Baltique. Regorgeant de richesses et d'œuvres d'art, incapable de s'unir pour résister à l'envahisseur, l'Italie n'est plus qu'une proie offerte. Ce sera sur son territoire que la France, l'Allemagne et l'Espagne vont régler leurs comptes et assouvir leurs appétits de conquêtes.

L'Europe s'apprête à se partager le monde, alors que l'islam la menace. Depuis que Constantinople se nomme Istambul, les Turcs ont atteint le Danube, annexé la Grèce et ses îles, la Macédoine, la Bulgarie, la Bosnie, la Serbie et la Valachie. L'Empire ottoman borde la Russie et la Hongrie. La Russie n'a pas encore choisi sa voie entre l'Occident et l'Asie. Les rois de Hongrie s'opposent, difficilement, aux attaques turques. En Pologne, les rois Jagellon combattent les Allemands et se désintéressent de la menace ottomane. Les papes relancent périodiquement l'idée de croisade mais sans résultats. La foi s'est dégradée. Nul ne veut plus mourir pour Jérusalem. Nul ne se soucie, hormis quelques religieux, du sort proche de l'esclavage dévolu aux chrétiens dans les provinces turques, des martyrs obscurs, des populations humiliées.

Louis XII, dès son avènement, avait pris le titre de duc de Milan. Il ne pouvait oublier l'héritage de Valentine Visconti. Son échec de Novare lui restait sur le cœur. Il considérait Ludovic Sforza comme un usurpateur et voulait non seulement le chasser de Milan, mais le châtier de ses trahisons. Cependant, il se promettait d'éviter les erreurs de Charles VIII et ne voulait pas acheter la neutralité hypothétique de Maximilien, d'Henry VII et de Ferdinand d'Aragon à des conditions trop coûteuses. L'empereur Maximilien paraissait être le principal obstacle, car il avait épousé en 1494 la fille de Ludovic, Bianca-Maria. Le pseudo-duc de Milan pouvait donc faire fond sur l'aide de son gendre. Mais Louis XII donna de la tablature à Maximilien en contractant une alliance « perpétuelle » avec Jean Ier, roi de Danemark, maître de la Suède et de la Norvège. Ce traité, amorcé à la fin du règne de Charles VIII, fut signé en juillet 1498. Les Suisses étaient pour Maximilien des voisins belliqueux et entreprenants. Leur Confédération, fondée en 1353, n'avait cessé de croître en puissance. Depuis leur victoire sur Charles le Téméraire, ils passaient pour les meilleurs soldats de l'Europe et l'on se disputait leurs services. Ils pratiquaient volontiers la surenchère. La guerre était devenue pour eux une industrie. Leur seul objectif était de s'enrichir, le pillage augmentant la solde. Ils présentaient avec les *condottieri* italiens beaucoup d'analogies, mais ils manquaient de style et d'ambition . l'assouvissement d'appétits vulgaires leur suffisait. Le col du Saint-Gothard leur ouvrait l'accès vers l'Italie, dont ils subissaient l'irrésistible attraction. Toutefois, l'opulente et vineuse Bourgogne éveillait aussi leurs convoitises. Pendant quelque trente ans, ils furent présents sur tous les champs de bataille, faisant pencher la balance d'un côté ou de l'autre. Louis XII et ses ambassadeurs signèrent avec la Confédération un traité (16 mars 1499) autorisant une levée de troupes sur le pays.

En juillet 1498, il avait renouvelé le traité d'Etaples avec l'Angleterre, tout en assurant le roi d'Ecosse, Jacques IV, de son amitié, afin d'inquiéter Henri VII. Le 31 du même mois, il signa un traité d'alliance avec Ferdinand d'Aragon et Isabelle de Castille. Son coup de maître fut assurément de détacher de Maximilien son propre fils, Philippe le Beau. En juillet 1499, le chancelier de France se transporta à Arras, pour y recevoir l'hommage de l'archiduc d'Autriche au nom du roi. Philippe devenait vassal de Louis XII pour la Flandre, l'Artois et le Charolais. Homme lige du roi, il promettait de le servir envers et contre tous jusqu'à la mort. C'était un sérieux camouflet pour Maximilien qui se résigna à conclure une trêve avec la France.

Le 9 février 1499, au terme de négociations laborieuses, Louis XII avait obtenu l'aide militaire de Venise, contrôla cession ultérieure de Crémone. Le doge promettait de fournir mille cinq cents cavaliers et quatre mille hommes de pied. L'alliance franco-vénitienne était ouverte à toutes les puissances désireuses d'y adhérer. Le 29 juillet 1499, Louis XII publia la liste de ses alliés : le pape, Venise, le roi d'Aragon, la reine de Castille, le roi de Portugal, le roi d'Angleterre, le roi d'Ecosse, le roi de Hongrie, le roi de Bohême, la Confédération helvétique, l'empereur Maximilien et plusieurs princes électeurs d'Allemagne. Alexandre VI s'était un peu fait tirer l'oreille pour donner son accord, mais Louis XII lui avait promis d'aider César Borgia à s'emparer de quelques places fortes dont il avait envie.

En fait, cette éblouissante cohorte d'alliés se réduisait à Venise, les autres signataires n'ayant guère promis que leur neutralité. Mais l'essentiel pour Louis XII était d'isoler Ludovic Sforza. Ce dernier avait pour habitude de violer les traités, les eût-il signés la veille. Il avait, au cours de sa carrière tumultueuse, trahi tout le monde. Il eut le tort de ne pas prendre la ligue de Louis XII au sérieux. Il croyait avoir encore affaire au duc d'Orléans, simple lieutenant de Charles VIII et, comme tel, le plus souvent réduit à l'impuissance. Il se souvenait même un peu trop du vaincu de Novare, quittant nuitamment la ville qu'il avait défendue en vain, et fut la dupe de ses illusions. Le traité franco-vénitien le prit au dépourvu. Il réagit trop tard. Le doge avait déjà recruté les meilleures troupes, avec le *condottiere* — comte Pittigliano, coûteux mais efficace. Les Suisses s'étaient engagés à ne combattre le roi de France sous aucun prétexte. Néanmoins, Ludovic put recruter quelques bandes à prix d'or. Il s'assura les services de deux *condottieri* assez médiocres, récusés par les Vénitiens. Il mobilisa les Milanais. Finalement, il disposa d'une armée nombreuse, mais disparate et mal commandée. On l'a déjà dit, Ludovic n'aimait pas exposer sa personne. Il confia son destin à des lieutenants sans envergure, comme son gendre San Séverino, ou peu sûrs, comme les *condottieri* Martinengo et Igolino d'Ancone. Il ne pouvait davantage compter sur un sursaut de patriotisme des Milanais : ses sujets détestaient ses crimes et sa tyrannie.

Louis XII avait donc la partie belle ! Son armée se concentrait à Lyon. En partie française, en partie étrangère, elle comprenait seize cents lances (soit environ neuf mille cavaliers), dix mille fantassins suisses, picards, gascons et normands, et bien entendu de l'artillerie. Cette force imposante (pour l'époque), bien équipée et disciplinée, avait trois commandants : Stuart d'Aubigny, d'origine écossaise, Louis de Ligny et Jean-Jacques Trivulce. Ces trois généraux avaient pris part aux campagnes de Charles VIII et s'y étaient distingués. Trivulce (Giovanni-Giacomo Trivulzio) était le meilleur stratège. Milanais d'origine, chassé par les Sforza, il avait été au service de Louis XI, puis de Charles VIII. Agé de cinquante ans, robuste et trapu, de caractère intrépide, il excellait autant dans les opérations de « commando » que dans les batailles rangées. Il connaissait en outre admirablement la topographie du duché de Milan et la mentalité de ses habitants.

On se doute bien qu'Anne de Bretagne n'envisageait pas sans appréhension le départ du roi pour l'Italie. Elle craignait d'autant plus pour sa santé et pour sa vie qu'elle attendait un enfant. Mais quoi qu'elle lui dît, elle ne put le dissuader de préparer la guerre. Cependant, elle parvint à lui extorquer la promesse qu'il ne conduirait pas lui-même les opérations. Or, s'il voulait rassurer sa femme, il n'avait qu'une envie : passer les monts à la tête de sa belle armée et faire mordre la poussière à son ennemi.

Le 10 juillet 1499, il arriva à Lyon, avec Georges d'Amboise, le cardinal della Rovere et César Borgia. Il passa les troupes en revue et repartit pour Romorantin, où la reine, enceinte de sept mois, l'attendait. Ce retour précipité fut pour elle une petite victoire qu'elle ne tarda pas à regretter. Car Louis, sans nouvelles de Trivulce, rongeait son frein.

V

« Monsieur Ludovic »

Au début d'août 1499, les trois divisions de l'armée française arrivaient à Asti. Ludovic tenta une dernière démarche, proposant qu'on lui laissât le duché en viager. Cette offre fut repoussée. Il tenta sans plus de succès de détacher les Vénitiens de la Ligue. Peu confiant dans la pugnacité de ses généraux et bien qu'il disposât d'une armée supérieure en nombre, il voulait éviter à tout prix une bataille rangée. Il répartit donc ses troupes dans les places fortes commandant les points stratégiques. Le 9 août, après cinq jours de siège, les Français prirent la Rocca d'Arezzo : la garnison fût massacrée et la ville mise à sac. Huit jours plus tard, Annona subit le même sort. Dans tout le duché, les soldats comme les habitants étaient terrorisés. Trivulce appliquait-il les consignes de Louis XII ou se laissait-il aller à ses penchants ? Cette question reste sans réponse, faute de documents. On incline cependant à croire que Louis XII fut de part dans cette cruauté, malgré sa bonté naturelle. Car, après avoir infligé ce terrible châtiment à l'adversaire, soudain Trivulce changea de comportement. Lorsque l'importante forteresse de Valenza capitula, le 25 août, la garnison fut épargnée. L'effet psychologique fut immédiat. Dans les jours qui suivirent la chute de Valenza, une dizaine de places se rendirent sans combat. Tortona ouvrit ses portes spontanément le 27 août. Alexandrie, ville résolument antifrançaise, tenta de résister. Elle fut emportée d'assaut et, pendant trois jours, sauvagement pillée par les Suisses. Les habitants de Milan tremblaient de peur. Ludovic convoqua les notables. Parfait comédien, il leur tint un discours pathétique, entrecoupé de sanglots, demanda pardon de ses fautes, rappela les services qu'il avait rendus à la ville et promit de supprimer la moitié des impôts. Son discours resta sans effets. Craignant d'être livré, il s'enfuit en secret, le 2 septembre, avec ses trésors et quelques fidèles. Il parvint, en chevauchant de nuit, à se réfugier en Autriche. Les Milanais étaient trop riches pour ne pas redouter une mise à sac, s'ils opposaient la moindre résistance. Ils s'empressèrent de négocier. Trivulce ne leur voulait aucun mal, et pour cause ! Il prit volontiers l'engagement d'éviter les meurtres et les pillages. La forteresse était puissante, pourvue d'une solide garnison, de vivres en abondance et d'une artillerie nombreuse ; elle se rendit sans combat ; on suppose même que son gouverneur tira profit de la reddition. Les Milanais abattirent le blason des Sforza. Partout les fleurs de lys et les hermines fleurirent les bâtiments. Les Français furent ovationnés. On bénissait le nom du roi très-chrétien, nouveau duc de Milan. La conquête du Milanais avait duré moins d'un mois !

A Romorantin, Louis XII avait les pieds sur les épines. La dolente Anne de Bretagne ne put le retenir plus longtemps. Toujours aussi bon cavalier et retrouvant pour la circonstance les forces de sa jeunesse, il franchit en un temps record la distance entre Romorantin et Novare, où il arriva le 20 septembre. De là, il se rendit à Pavie, où il fit son entrée. Tous les docteurs et les étudiants de l'université — une des plus réputées d'Italie — étaient présents. Abreuvé de louanges et de vivats, il se rendit ensuite à Milan. Il y fit une entrée solennelle, revêtu du manteau ducal, au milieu d'une suite innombrable et de l'enthousiasme populaire. L'arc de triomphe, que ses nouveaux sujets avaient érigé, portait cette inscription en lettres d'or : « Louis, roi des Francs, duc de Milan ». Louis XII avait atteint le but qu'il poursuivait depuis sa jeunesse et qu'avant lui Charles d'Orléans avait lui-même poursuivi. Le songe s'était réalisé. Valentine Visconti était enfin vengée.

Louis XII ne resta que deux mois à Milan. Il s'efforça d'organiser durablement une conquête qu'il pouvait considérer comme achevée et prit diverses mesures dans cette perspective. Les Sforza avaient spolié nombre de seigneurs lombards qui s'étaient opposés à leur tyrannie, mais ils conservaient des partisans dont l'hostilité larvée constituait une menace. Le roi fit restituer leurs charges et leurs biens aux victimes de Ludovic. Il s'efforça de désarmer les préventions de ses anciens partisans. Il rendit certains privilèges à la noblesse. Pour gagner la faveur du peuple, il réduisit les impôts de moitié, décision imprudente, car il fallut bientôt compenser la différence par des taxes indirectes. Il manifesta la plus grande sévérité à l'égard de ses propres soldats, punissant les viols et le pillage par la pendaison. Et, surtout, par son ordonnance du 11 novembre 1499, il fixa les règles politiques et administratives du duché. Un gouverneur militaire et un gouverneur civil représentaient le roi, duc de Milan. Ils étaient assistés d'un Sénat composé de dix-sept membres : deux prélats, quatre militaires et onze conseillers. Cet organisme franco-italien (les Français étant majoritaires) était habilité à confirmer ou à invalider les ordonnances royales pour le duché, à rendre des décret, à entériner les dons, rémissions et privilèges. Il formait aussi une cour de justice et, dans ce cadre, contrôlait les actes des autres magistrats et réprimait leurs abus. Louis XII accordait donc une certaine autonomie aux Milanais, du moins en matière d'administration et de justice.

Il distribua ensuite charges, pensions et fiefs, et nomma Trivulce gouverneur avec le comte de Ligny pour lieutenant. Il quitta Milan à la fin de novembre et retourna à Romorantin. Le 13 octobre précédent, la reine avait accouché d'une fille qui reçut le prénom de Claude. Il était un peu déçu, mais affichait la plus grande joie :

— « C'est, disait-il, un bon espoir de fils, depuis qu'on a eu des filles. »

La reine ne partageait peut-être pas son optimisme. La petite Claude était légèrement contrefaite et semblait fragile. De toute manière, Anne était heureuse de retrouver son mari. Elle savait, par ses agents secrets, qu'à Milan il s'était comporté en époux respectueux de ses devoirs, bien que certaines dames de la ville eussent tenté leur chance. Louis était très fier d'avoir recouvré son héritage. Ils eurent quelques semaines d'un bonheur sans mélange. Soudain, l'atmosphère se gâta.

Les nouvelles parvenues du Milanais et de l'Empire étaient alarmantes ; elles devinrent promptement désastreuses. Trivulce abusait de son autorité de gouverneur. Assouvissant de vieilles rancœurs, il persécutait les partisans des Sforza et dressait la population contre lui. Ses soldats, désormais oisifs, ne respectaient plus la discipline, commettaient des larcins, perpétraient des enlèvements, des viols, voire des meurtres. Louis regrettait d'être parti trop vite. Sa présence eût probablement maintenu la bonne intelligence entre les Milanais et les occupants, évité la division entre Trivulce et Ligny, empêché les excès de la soldatesque et de ses capitaines. Les partisans de Ludovic relevaient la tête et travaillaient l'opinion. Il y avait plus grave ! Maximilien, toujours égal à lui-même, toujours à l'affût d'un prétexte pour nuire au roi de France, avait réservé le meilleur accueil au fugitif. Il lui fournit des troupes. Son fils Philippe le Beau permit à Ludovic de recruter des lansquenets en Franche-Comté. Les Suisses, violant leurs engagements, fournirent un corps d'élite. Des *condottieri* italiens accoururent au son de l'argent. En janvier 1500, Ludovic rentrait en Italie avec une armée de vingt mille hommes. Aussitôt, à Milan comme dans presque toutes les villes et jusqu'aux moindres villages, la population entra en combustion. Elle rappelait à grands cris le tyran qu'elle avait chassé.

Louis XII expédia La Trémouille en renfort, avec cinq cents lances (trois mille cavaliers) et des canons. Il était trop tard. A Milan, Trivulce et Ligny étaient en désaccord sur la stratégie à adopter. Trivulce préconisait de concentrer les troupes sur un poste avantageux, où l'on attendrait l'ennemi. Ligny voulait marcher sans délai contre celui-ci. L'insurrection qui éclata, le 25 septembre, les contraignit à évacuer la ville, à l'exception de la forteresse. Ils se replièrent sur Novare. Les soulèvements se généralisaient. Ludovic reprit aisément Milan, Pavie et Parme. Son retour dans la capitale suscita le même enthousiasme que l'entrée du roi : les Milanais remplacèrent le blason de France par celui des Sforza. Ludovic chantait victoire. Il marcha sur Novare. Trivulce et Ligny se retirèrent à Montana, s'y retranchèrent et attendirent avec confiance l'arrivée de La Trémouille. Georges d'Amboise suivait de peu ce dernier, muni des pleins pouvoirs. Cette armée de secours inquiétait Ludovic, mais il n'osait se porter à sa rencontre, ni même attaquer le camp de Montana. Quand il eut opéré sa jonction avec Trivulce et Ligny, La Trémouille, nommé commandant en chef par Louis XII, fit mouvement vers Novare. Ludovic, redoutant d'être assiégé, sortit de la ville. Il s'était, péniblement, résolu à livrer bataille en rase campagne. Il doutait en effet du loyalisme de ses bataillons suisses. Les deux armées entrèrent en contact le 8 avril. Or, dès le début de l'engagement, les Suisses de Ludovic tournèrent casaque et rentrèrent dans Novare : ils ne voulaient pas se battre contre leurs compatriotes. Les autres divisions, se jugeant trahies, les imitèrent. Il ne restait plus autour de Ludovic qu'une poignée de fidèles prêts à mourir avec lui. Mais il tenait à la vie. Les officiers suisses entrèrent en pourparlers avec les Français. La Trémouille les autorisa à partir avec leurs bagages, c'est-à-dire le produit de leurs pilleries. Ludovic les supplia de ne pas le livrer a l'ennemi. Tout ce qu'il put obtenir de ces mercenaires sans foi ni loi, fut l'autorisation de partir avec eux sous un déguisement. L'armée soumise défila entre deux lignes de Français. Ludovic était au milieu des Suisses, travesti en lansquenet et la hallebarde au poing. Il fut trahi et livré à La Trémouille qui le reçut avec sa courtoisie habituelle, lui donna à souper et le réconforta de son mieux. Ludovic faisait fond sur la bienveillance de Louis XII. Il espérait que l'époux de Bianca-Maria, c'est-à-dire l'empereur Maximilien, interviendrait en faveur de son aimable beau-père. On le conduisit en France, sous bonne escorte. Quand il arriva à Lyon, au début de mai, il apprit que le roi et la reine s'y trouvaient et remercia sa bonne étoile. Il croyait être traité en prince, mais il n'était pour Louis XII qu'un usurpateur et un traître. On le jeta en prison. On lui infligea de longs interrogatoires. Il fit demander audience au roi, afin de plaider sa cause. Louis XII refusa d'entendre « Monsieur Ludovic », comme il l'appelait ironiquement. Il l'envoya en Berry, au château du sire de Lis-Saint-Georges, puis dans la grosse tour de Bourges, enfin au château de Loches. Les romanciers de l'Histoire ont imaginé que Ludovic était enfermé dans une cage de fer, au fond d'un obscur cachot. Il vécut en réalité pendant sept ou huit ans, continuant d'espérer l'impossible. Son gendre Maximilien n'essaya pas d'obtenir sa libération. Personne n'invita le roi à relâcher le vieux fauve : ses crimes étaient trop lourds et il avait trompé trop de monde. On croit qu'il mourut en 1508.

Le 14 avril 1500, les podestats et les seigneurs de Milan se rendirent à Vigevano, avec la tenue et les visages de circonstance, afin d'implorer la clémence du cardinal Georges d'Amboise, et de l'inviter en toute humilité à « prendre logis » dans leur ville. Il répondit que leur ville était « trop souillée de crimes » et qu'il logerait dans la forteresse restée fidèle au roi. Le 17 avril (jour du Vendredi saint), au cours d'une cérémonie grandiose, les Milanais à genoux et éplorés (ou s'efforçant de le paraître) demandèrent pardon de leur déloyauté et de leur rébellion. Ils supplièrent le cardinal de ne pas proportionner le châtiment à la faute. Ils promirent solennellement de rester fidèles au roi, déclarant que leur remords était semblable à celui de saint Pierre après qu'il eut renié le Christ. A quoi Georges d'Amboise répondit avec esprit qu'ils se gardassent bien de l'imiter, car il avait renié trois fois son maître. Puis, après leur avoir rappelé sévèrement que le roi de France était leur vrai et naturel seigneur, il daigna leur accorder son pardon. Comme l'écrivait un vieil historien : « Egalement éloigné, par caractère et par état, des mesures de rigueur, d'Amboise se fit une balance, dans laquelle il pesait d'un côté l'offense, et de l'autre l'or réparateur. Celui-ci l'emportait ordinairement... »

Le cardinal leur infligea une amende de cent soixante-dix mille écus, mais leur évita la mise à sac et les représailles réclamées par les soldats. Il y eut quelques exécutions — très peu — et tout rentra dans l'ordre. Plusieurs villes du duché furent également frappées d'amendes pour avoir trahi le roi en ouvrant avec un peu trop d'empressement leurs portes à Ludovic. Georges d'Amboise ne manquait pas de talents et il était enchanté d'être reçu partout comme vice-roi. Il mit en application l'ordonnance du 11 novembre 1499, choisit avec discernement les membres du Sénat milanais, fit rentrer les impôts avec dextérité, inspecta les garnisons. Les princes et les podestats des Etats voisins le couvraient de louanges, qui n'étaient pas toutes désintéressées. Le pape Alexandre VI lui conféra le titre de légat *a latere*, c'est-à-dire une véritable délégation de pouvoirs temporels et spirituels ; il voulait gagner les faveurs de Louis XII, obtenir son appui dans les entreprises douteuses de César Borgia. Les podestats de Florence voulaient louer des soldats pour remettre la main sur Pisé, ville rivale. La tentative échoua piteusement, car les Pisans se déclarèrent plus francophiles que les Florentins. Georges d'Amboise se trouvait mêlé, quasi de force, à ces intrigues infinies dont les Italiens de l'époque avaient le secret.

Il redoutait son éloignement de la cour, la concurrence dangereuse du maréchal de Gié et de Florimond Robertet. Estimant avoir achevé sa besogne, il confia le gouvernement du duché à Charles de Chaumont d'Amboise, son neveu, et quitta Milan au début de juin 1500, avec La Trémouille, Trivulce et Ligny. Louis XII lui fit fête, le gratifia d'un comté et récompensa magnifiquement les vainqueurs de Ludovic.

VI

Le traité de Grenade

L'Europe semblait reprendre souffle en abordant le XVe siècle. Les conflits étaient apaisés. Les souverains acceptaient, ou feignaient d'accepter, la conquête du Milanais par le roi de France, même l'empereur Maximilien. Mais qui pouvait sonder les intentions réelles de celui-ci ? Les connaissait-il lui-même ? La Diète se défiait de ses entreprises et refusait le plus souvent de les financer. L'un des conseillers impériaux disait plaisamment qu'attendre quelque chose des princes allemands, c'était vouloir cueillir des raisins sur des chardons. Désargenté, Maximilien était bien obligé de rengainer ses projets, en sorte que son bellicisme altier n'était habituellement que de paroles. Faute de mieux, il se livrait à d'obscures intrigues, essayait de perpétrer quelque mauvais coup au moindre prix. C'est ainsi qu'il tenta de se faire livrer la ville de Beaune avec la complicité de bourgeois antifrançais, mais le complot fut éventé. Les traités d'alliance passés par Louis XII avec le roi de Pologne et le roi de Hongrie l'incitaient de toute manière à la prudence. Bon gré mal gré, il avait accepté de prolonger la trêve signée avec la France.

Sur ces entrefaites, il envoya un ambassadeur à Louis XII. Pour lui parler de quoi ? De croisade contre les Turcs. L'idée était dans l'air. Elle faisait même boule de neige. Des prodiges furent signalés un peu partout : croix d'étoiles, croix de sang, langues de feu, pluies de météores. Les imaginations s'exaltèrent. Alexandre VI saisit l'occasion pour faire prêcher un jubilé, dont il tira le plus grand profit pour lui-même et pour César Borgia travaillant à se tailler un duché en Romagne. L'agitation qui régnait alors sur les côtes d'Afrique du Nord, les intrusions des escadres ottomanes dans la mer Adriatique pouvaient, à la rigueur, servir de prétexte. A la vérité, depuis la chute de Constantinople, c'est-à-dire depuis une cinquantaine d'années, on parlait de croisade, mais on se gardait bien de se lancer dans une aventure dont l'issue paraissait douteuse. En 1500, avait-on de sérieuses raisons de craindre une nouvelle poussée de l'Islam vers l'Occident ? Si peu que le sultan Bajazet avait proposé un traité d'alliance à Louis XII, lequel avait rejeté cette proposition avec dédain. Il n'empêche qu'à l'incitation de Maximilien le projet prit rapidement corps. L'Espagne, redoutant un possible débarquement des Maures en Andalousie, se montrait favorable, toutefois sans s'engager davantage. Il en était de même du Portugal. L'Angleterre, l'Ecosse, le Danemark promettaient une aide, sans préciser laquelle. Maximilien, promoteur du projet, prétendait réunir une armée, mais on ne savait à quoi il l'emploierait. Quant à Venise, cependant intéressée au premier chef, elle tergiversait, peu pressée de sacrifier son argent et ses escadres. Il revenait à Louis XII, descendant de saint Louis, de prendre la tête du mouvement. L'ermite François de Paule l'y exhortait. Louis XII ne manquait pas de piété, mais il avait d'autres projets en tête, plus immédiats et, croyait-il, plus fructueux. C'était compter sans Anne de Bretagne. La reine gardait une foi analogue à celle de ses aïeules du Moyen Age. Elle multipliait les pèlerinages et les dons aux églises. Elle se fit tout naturellement un devoir d'appuyer, avec son insistance habituelle, la démarche de François de Paule. De guerre lasse, non sans arrière-pensée peut-être, Louis XII décida une expédition dans l'archipel grec. L'objectif était de s'emparer de l'île de Mytilène, base logistique des escadres turques. Il faut préciser qu'en 1499, à la demande du grand maître des chevaliers de Rhodes, Louis XII avait envoyé quatre galères sous les ordres de Prégent de Bidoux. L'opération avait échoué par suite du désaccord entre les chevaliers de Rhodes et les Vénitiens. Bidoux avait à grand-peine sauvé ses galères. L'expédition de Mytilène, en 1501, fut préparée avec soin. « Madame Anne de Bretagne, comme très catholique, avait déployé ses trésors et élargi ceux-ci, pour soudoyer grand nombre de gens d'armes et équiper force navires ; et entre autres voulut que sa grosse caraque, nommée *La Cordelière*, et plusieurs autres fissent le voyage. » Remarquons au passage que Louis XII avait été assez habile pour obtenir que sa femme participât aux frais sur ses deniers personnels.

Douze gros bâtiments armés en Bretagne et en Normandie, dont *La Cordelière*, auxquels se joignirent les quatre galères de Bidoux, franchirent le détroit de Gibraltar. Cette flotte disparate était commandée par Philippe de Clèves, sire de Ravenstein (oncle de Louis XII). Elle fit voile vers Naples, gagna Corfou, puis Modon et Milo. Les galères de Venise étaient au rendez-vous. Le 24 octobre, à la mauvaise saison, la flotte fut en vue de Mytilène. Malgré l'absence des chevaliers de Rhodes et l'attitude des Vénitiens, les croisés bombardèrent les forts et se lancèrent à l'assaut. La garnison se défendit énergiquement. Ravenstein s'obstina, mais toutes ses attaques furent repoussées avec des pertes sévères. De surcroît, une épidémie consécutive à la mauvaise nourriture décima les équipages. L'immobilisme des Vénitiens acheva de démoraliser les croisés. Ravenstein se résigna à rentrer en France. Les galères vénitiennes n'avaient pas attendu ses ordres pour disparaître. Au large, une tempête assaillit la flotte. *La Cordelière* fut gravement endommagée. D'autres navires coulèrent, dont celui de Ravenstein. L'amiral et ses lieutenants purent gagner l'île de Cérigo. Repoussés par les habitants, hâves, affamés et déguenillés, ils furent recueillis par une galère génoise. Bidoux ramena la flotte à Naples. Ce fut la dernière croisade française ! Vingt-cinq ans plus tard, François Ier conclut une alliance avec le grand seigneur, chef des Ottomans ; Anne de Bretagne ne connut pas ce qu'elle eût considéré comme un sacrilège.

Pour Louis XII, l'échec de Mytilène était secondaire, la croisade, une simple diversion. Toutefois, il eût mieux fait d'utiliser ses navires à une autre fin. Plus réaliste que Charles VIII, il n'avait jamais envisagé sérieusement d'attaquer l'Empire ottoman : en revanche, il reprenait à son compte les revendications de son beau-frère sur le royaume de Naples. Il considérait donc Frédéric III comme un usurpateur, comme il l'avait fait de Ludovic Sforza. Cependant, les droits de la couronne sur l'Etat napolitain étaient encore plus hypothétiques que ceux des Valois-Orléans sur le duché de Milan. De plus, Frédéric III était le second fils du roi Ferdinand, bâtard d'Alphonse V d'Aragon. Cet apparentement, quoique illégitime, était gênant. Le roi Ferdinand d'Aragon laisserait-il dépouiller Frédéric sans intervenir ? Louis XII n'ignorait pas que celui-ci disposait de bonnes troupes ; il n'avait aucune envie de le provoquer, mais il eut l'idée ingénieuse de lui proposer le partage à l'amiable du royaume de Naples. Tel fut l'objet du traité signé à Grenade, le 11 novembre 1500. Il était convenu que l'on ferait deux parts égales, le nord du royaume revenant aux Français et le sud aux Espagnols. Toutefois, la frontière restait imprécise et il apparaît que cette imprécision était voulue par le roi d'Aragon. Bien entendu, les armées des deux nations agiraient de conserve, sans que le commandement en chef des opérations fût défini. Les négociateurs de Louis XII manquèrent de sagacité : ils ne surent pas prendre les précautions nécessaires. Leur maître les pressait de conclure. Georges d'Amboise ne fut pas plus clairvoyant. Il était pourtant clair qu'on prenait un grand risque. Alors que Louis XII occupait une position dominante en Italie depuis la conquête du duché de Milan et n'avait besoin de personne pour renverser Frédéric III, il demandait le concours des Espagnols. C'était introduire le loup dans la bergerie, fournir au roi d'Aragon un prétexte inespéré. L'erreur principale de Louis XII fut de croire Ferdinand d'Aragon capable de loyauté.

Lorsque, l'année suivante, le malheureux Frédéric apprit ce qui se tramait contre lui, il ne voulut pas croire que Ferdinand d'Aragon était son ennemi. Ferdinand le rassura. Il lui fit accroire que non seulement il ne songeait pas à le dépouiller, mais qu'il enverrait des troupes pour l'aider contre les Français. Frédéric était trop naïf pour flairer la duplicité de son parent d'Aragon. Cependant, quand il apprit l'existence du traité de Grenade, et les préparatifs des Français, rumeurs que Ferdinand s'efforça de démentir, il chercha des alliés. Son infortune n'intéressait personne : le roi de France était trop puissant et le pape était de son côté. Il essaya néanmoins d'organiser sa défense. Jugeant son armée trop faible pour livrer bataille aux Français, il la répartit entre ses places fortes.

L'armée française s'était concentrée dans le Milanais, sous les auspices de l'inévitable Georges d'Amboise. Elle était forte de neuf cents lances (soit un peu moins de six mille cavaliers), de sept mille fantassins, de douze grosses pièces d'artillerie et de vingt-quatre faucons[1] Stuart d'Aubigny la commandait. Elle quitta le Milanais en juin 1502 et, dans un ordre impressionnant, se dirigea vers Parme. En avant-garde, les bataillons de fantassins, les canons et leurs équipages, puis les gens d'armes, « la lance sur la cuisse et la tête en l'armet[2] », César Borgia conduisant l'arrière-garde avec trois cents lances. Les vastes étendards claquaient au vent, les clairons et les trompettes sonnaient, accompagnés par le battement des tambours suisses. Pendant ce temps, Gonzalve de Cordoue et ses troupes débarquaient en Fouille et en Calabre.

Au début de juillet, les Français envahirent le territoire napolitain, dont les frontières étaient ouvertes. Stuart d'Aubigny laissa ses soldats piller et incendier les villages et les petites villes. La moindre tentative de résistance provoquait d'impitoyables représailles. Des garnisons entières étaient pendues. Stuart d'Aubigny misait sur la terreur pour amener une capitulation rapide. Des populations innocentes étaient foulées au pied et sacrifiées inutilement, car il n'était nul besoin de recourir à

1. Petits canons lançant des boulets d'une livre.
2. Casque.

cette tactique. Mais les mercenaires y trouvaient leur compte. Capoue refusa de se rendre. Nombre de seigneurs et de marchands fortunés s'y étaient réfugiés, confiants dans la solidité des remparts et la pugnacité des défenseurs. Après cinq jours de canonnade, des pans entiers de remparts s'écroulèrent. Les Français se ruèrent dans les brèches. La garnison fut pendue et la ville mise à sac. Les habitants et les réfugiés furent en majeure partie massacrés. Quarante des plus belles et nobles femmes tombèrent aux mains de César Borgia qui en régala ses soudards. Celles qui survécurent furent envoyées à Rome pour le divertissement d'Alexandre et de ses amis. La prise de Capoue fut célébrée comme une grande victoire. Lorsque la nouvelle en parvint à Lyon, où résidait Louis XII, il fit célébrer une messe. Il ignorait évidemment les crimes perpétrés par ses soldats.

Capoue se trouve à une heure de marche de Naples. Apprenant l'arrivée prochaine des Français, Frédéric III s'empressa d'envoyer des émissaires à Stuart d'Aubigny. Il proposait de livrer sa capitale et les forteresses qui tenaient encore. En contrepartie, il demandait une trêve de six mois afin de négocier avec le roi de France par le truchement de ses ambassadeurs, et l'autorisation de se retirer avec sa famille dans la petite île d'Ischia. Stuart d'Aubigny rejeta ces propositions. Cependant, ému par la détresse du roi déchu, il lui accorda un sauf-conduit pour lui permettre de se rendre en France. Frédéric ne fût d'ailleurs pas traité en prisonnier. Des galères furent mises à sa disposition pour transporter sa famille, sa suite et ses joyaux. Elles appareillèrent pour la Provence. Frédéric fut ensuite conduit à Blois. Louis XII lui octroya cinquante mille livres de pension et, contre l'abandon du titre de roi de Naples et de la moitié de son royaume, lui donna le comté du Maine. Frédéric mena une existence fort douce et conserva même quelque influence politique. Il mourut en 1504.

Stuart d'Aubigny mit des garnisons dans les places conquises, reçut les hommages des seigneurs napolitains ralliés à la France (forcés et contraints !), installa un embryon d'administration. Ce n'était qu'un soldat, il fallait un gouverneur avec les pouvoirs d'un vice-roi. En août 1501, Louis XII désigna Louis d'Armagnac, duc de Nemours, dont on vantait le savoir, la magnanimité et les vertus, sans qu'il eût fait ses preuves. Il le chargeait, expressément, de commander l'armée, de réduire les places encore tenues par les Napolitains, de recevoir les ambassadeurs, bref de gouverner à sa place et d'achever la conquête. Tâche délicate, car Nemours aurait en face de lui Gonzalve de Cordoue, capitaine-diplomate de haute volée, plein de rouerie et d'expérience. Or la frontière entre les deux parties de l'ancien royaume (la française et l'espagnole) restait à tracer.

A ce détail près, Louis XII pouvait savourer sa gloire. En moins de quatre ans de règne, il avait conquis le duché de Milan et le royaume de Naples ; il pouvait se parer du triple titre de roi de France et de Naples, duc de Milan. Aucun de ses prédécesseurs n'avait régné sur un territoire aussi vaste. Tout bien considéré, il faudra attendre Bonaparte pour voir les Français à la fois en Lombardie et à Naples ! Pendant quelques mois, l'Europe ne contesta pas la prééminence de Louis XII. Il était l'arbitre de la politique italienne. On disait même qu'il s'apprêtait à détrôner l'indigne Alexandre VI et à le remplacer par le cardinal d'Amboise.

VII

Une cohabitation difficile

La cohabitation des Français et des Espagnols dans le royaume de Naples ne tarda pas à poser des problèmes, en raison à la fois des imperfections du traité de Grenade et des instructions secrètes données à Gonzalve de Cordoue par le roi d'Aragon. Le traité portait en effet que l'Abruzze et la terre de Labour appartiendraient à la France, la Pouille et la Calabre à l'Espagne, le titre de roi de Naples étant laissé à Louis XII. Aucune distribution précise n'avait été prévue quant à l'étendue, à la contenance, aux revenus des provinces en cause. Les contestations devaient être réglées à l'amiable par les généraux des deux armées. Ceux-ci se disputèrent les possessions des plaines de la Capitanate et la fertile Basilicate, zones intermédiaires, dont la dévolution n'avait pas été fixée par le traité. Une hostilité traditionnelle opposait de tout temps Espagnols et Français, qui n'était rien de plus que le heurt de deux orgueils. Gonzalve de Cordoue avait un avantage sur le duc de Nemours, il avait imposé son autorité à ses lieutenants. Au contraire, les généraux français, notamment Stuart d'Aubigny, supportaient malaisément d'être sous les ordres du jeune Nemours. Les conférences entre les deux chefs n'aboutirent à rien, l'un réclamant l'esprit du traité ce qui prêtait à l'arbitraire, l'autre s'appuyant sur la lettre, qui était insuffisante. Elles permirent toutefois à Gonzalve de Cordoue de constater la désunion des généraux français. Gonzalve voulait annexer la Capitanate et la Basilicate au nom de son maître. Nemours prétendait que ces deux provinces appartenaient au sien. Ni l'un ni l'autre n'étaient disposés à transiger. Au printemps de 1502, Gonzalve envahit massivement la Capitanate et chassa les Français des quelques forteresses où ils s'étaient installés. S'ensuivit une guerre incohérente, ou plutôt une succession de coups de main, de combats individuels, de sièges, de représailles dont le compte rendu serait fastidieux, car ils ne répondaient à aucun plan d'ensemble. Espagnols et Français se défiaient à la façon de leurs aïeux du Moyen Age, ignorant la stratégie et la tactique, mais rivalisant d'intrépidité et surtout avides d'exploits. Certains acquirent une gloire « immortelle » puisque leurs noms ont survécu dans nos mémoires : l'illustre chevalier Bayard, La Palisse, Pierre d'Urfé, Louis d'Ars, Yves d'Allègre, et quelques autres. Il en fut de même chez les Espagnols. L'intérêt de cette période se limite aux épisodes. J'en relaterai, brièvement, trois, car ils témoignent de l'esprit de l'époque.

Louis d'Ars occupait la ville de Biscaglia, mais les Espagnols tenaient le château. Il l'attaque, est refoulé jusqu'à la porte et, pendant six heures, soutient l'assaut des Espagnols. Ce qu'apprenant, Bayard accourt avec une poignée d'hommes, le dégage. Le château, à nouveau « échellé [1] », est emporté ; toute la garnison périt.

Il y eut aussi « le combat des onze », à la suite d'un défi lancé par Pierre d'Urfé, et que les Espagnols se firent un devoir de relever. Bayard était parmi les champions. Dix mille personnes assistaient au spectacle du haut des murailles de Trani. La règle chevaleresque voulait qu'on ne blessât pas les chevaux. Les Espagnols l'enfreignirent. Les chevaux de neuf Français s'abattirent. Mais d'Urfé et Bayard étaient restés montés. Ils désarmèrent un à un leurs adversaires. Il n'y eut ni vainqueurs ni vaincus. Ce n'était qu'un tournoi. Beaucoup plus grave fût le duel entre Bayard et Alonzo de Sotomayor. Ce dernier

1. On avait à nouveau dressé les échelles contre les murs.

accusa le « chevalier sans peur » de lâcheté. Gage de bataille ! On convint d'une lutte à pied, sans merci, en armure mais le visage découvert. Frappé à la gorge, Sotomayor succomba et Bayard le traîna par les jambes hors de la lice.

Ces exploits ne servaient à rien. Cependant, en dépit des discordes entre leurs chefs, les Français progressaient dans les Pouilles et la Calabre. Ce fut alors que Louis XII repassa une nouvelle fois les monts. Le 15 juillet, il était à Asti. Le but de ce voyage n'était pas Naples, où sa présence eût probablement rétabli la situation, mais Milan. Les nouvelles qu'il avait reçues de Nemours ne l'inquiétaient nullement. Il croyait celui-ci capable de rogner les griffes de son adversaire. C'étaient César Borgia et son père qui étaient au centre de ses préoccupations. César, allié de la France, avait participé à la campagne de Naples, en se signalant par ses forfaits. Après la capitulation du roi Frédéric, il était rentré à Rome. Alexandre VI était malade : ses excès avaient eu raison de sa robuste constitution. César, qui portait le titre de gonfalonier de l'Eglise, décida de mettre les bouchées doubles. Non content d'avoir persécuté et spolié les nobles romains, il s'en prenait à Bologne, menaçait Florence, nouait des relations suspectes avec Pise. Il voulait, à partir des territoires de l'Eglise et des fiefs confisqués, fonder un Etat qui eût dominé l'Italie. Les princes, les républiques citadines, Venise elle-même, s'émurent. On s'étonnait que le roi très-chrétien couvrît les agissements de ce criminel, restât l'allié d'un pape indigne. Dès qu'il fut arrivé à Asti, les ambassadeurs florentins, vénitiens et autres l'assaillirent de leurs plaintes. Il en fut de même des nobles romains chassés de leurs palais. Eut-il connaissance du pamphlet anonyme qui circulait alors à Rome, sous le manteau ? C'était une lettre supposée destinée à Silvio Savelli, une des victimes de César Borgia. Après avoir énuméré les crimes de celui-ci, l'auteur fustigeait son complice et les cardinaux de la Curie : « Bien loin d'entraver ou de punir de tels crimes, Alexandre VI les encourage publiquement, il les stimule ; les bannis, les adversaires, ceux qui sont attachés au parti de l'Empereur et de l'Empire germanique, voient leurs biens injustement confisqués, mis à l'encan. La propriété de leurs domaines est confirmée au fils incestueux. Les cardinaux se taisent, en admettant qu'il s'en trouve parmi eux pénétrés de meilleurs sentiments ; car les plus puissants du Sacré Collège étant qui bannis qui opprimés, ce qui reste de bien-pensants n'osent ouvrir la bouche ; les autres, intronisés criminellement, ignominieusement, cherchent à garantir par leur courtisanerie une dignité acquise à prix d'or ou par de mauvaises actions... Que les princes se hâtent au soutien de la religion défaillante, et conduisent au port le navire de saint Pierre secoué par l'ouragan ! Qu'ils rendent à la ville de Rome justice et tranquillité ! Qu'ils extirpent cette peste née au sein de cet Etat pour sa ruine et le rétablissent dans ses conditions premières !... »

On contait comment César avait capturé par ruse et fait étrangler Paul des Ursins et ses partisans. Comment Alexandre VI, s'associant aux crimes de son fils, avait attiré au Vatican et fait empoisonner le cardinal des Ursins. On rappelait aussi par quel stratagème odieux César s'était emparé du duché d'Urbin qu'il convoitait depuis longtemps. Ce duché était possédé par Gui Ubald de Montefeltro. César lui emprunta son artillerie sous le prétexte fallacieux de soumettre Varano, seigneur de Camerino. Montefeltro n'osa pas refuser. Quand il eut les canons, César s'empara d'Urbin, puis de Camerino, où il fit étrangler le seigneur Varano et son fils aîné.

A Asti, le duc de Ferrare, le marquis de Mantoue, le seigneur de Bologne se pressaient autour de Louis XII et joignaient leurs doléances à celles du duc d'Urbin et du dernier fils de Varano, épargné par César. Louis XII se devait de sévir, à peine de passer lui-même pour complice de la scélératesse des Borgia. Il consentit pourtant, à l'instigation du cardinal d'Amboise, à recevoir un nommé Trocci, envoyé secret de César. Trocci était insinuant et adroit. Il ne nia pas les griefs que s'était attirés son maître et reconnut volontiers qu'en plusieurs circonstances il avait excédé les bornes de son devoir, par exemple en ouvrant les hostilités contre les Florentins qui étaient alliés de la France.

— « Mais, disait-il, il a cessé depuis l'arrivée du Roi. Il est gonfalonier de l'Eglise : en cette qualité, pouvait-il se dispenser de faire rentrer dans l'ordre des vassaux qui affectaient l'indépendance ? Dans toutes ses expéditions, il n'a rien entrepris sans l'aveu et même le commandement du Sacré Collège et, presque toujours, excepté les Florentins, contre les ennemis du Roi. Encore les Florentins étaient-ils partisans secrets de Frédéric, et intérieurement mal disposés pour la France. Au contraire, l'armée de César a toujours été et est encore sous les ordres du Roi, comme s'il la soldait de ses propres deniers, et Sa Majesté peut l'employer partout où elle voudra... »

Après ce discours, où le vrai et le faux se mêlaient, par lequel César faisait en même temps sa soumission et ses offres de service, Trocci se fit plus discret. Et, s'adressant à Georges d'Amboise :

— « ... Ce César qu'on vous a peint si odieux a des partisans nombreux dans le Sacré Collège. Son père est vieux et infirme ; s'il vient à mourir, on ne peut douter que son fils n'ait une grande influence sur le choix de son successeur. Vous êtes légat *a latere* par la munificence d'Alexandre. Cette dignité, qui n'est que pour un temps, va expirer, il est essentiel d'agir avec le fils du pape de manière à vous faire continuer cette prééminence si importante dans l'événement d'un conclave. »

L'allusion était claire et le coup porta. Le cardinal d'Amboise convoitait la tiare. Le roi la souhaitait pour son fidèle ami. On passa l'éponge sur les méfaits du gonfalonier. Il fut autorisé à venir présenter ses excuses. Il confirma ses propositions. Alexandre VI s'engagea, secrètement, à se prononcer en faveur du roi dans le conflit napolitain et prorogea les pouvoirs du légat *a latere.*

Louis XII poursuivit son voyage. Le 25 juillet, il était à Milan. La ville était en fête, fleurie de lys et d'hermines. Les cloches sonnaient à la volée. Les vivats fusaient de toutes les fenêtres. La foule applaudissait. Le roi vécut dix belles journées. Il voulait bien croire à la sincérité des Milanais, bien qu'il n'eût pas oublié leur attitude ambiguë de 1500. De Milan il gagna Pavie, où les maîtres de l'université balancèrent à nouveau leurs encensoirs : leurs discours cicéroniens brillaient par la longueur et il n'en comprenait pas toujours le sens, mais les éloges s'entendent à demi-mot. Il partit ensuite pour Gênes, cité naguère indépendante, mais rattachée au duché depuis cinq ans. On se souvient qu'il y avait commandé une escadre, pendant la campagne de Charles VIII en Italie. Son entrée, triomphale, comme à l'habitude, se déroula le 26 août. L'enthousiasme des Génois surpassa celui des Milanais, de nature, il est vrai, moins expansive. A tout hasard, Louis XII était escorté de deux ou trois mille hommes. Ce fut un magnifique défilé, comme on les aimait en ces temps naïfs. Le roi revit avec délices les palais, les monuments et les jardins qu'il avait visités pendant son premier séjour. On lui offrit des fêtes et des festins, auxquels assistaient les dames de la ville. Les Génoises étaient célèbres pour leur beauté, la grâce de leur accueil et leur ardeur amoureuse. Or les notables avaient quelques faveurs à demander au roi. Ils se souvenaient fort bien de sa gaillardise d'antan. On devine la suite... Elle s'appelait Tommasina Spinola. Elle était fort jeune et se sacrifia, ou non, pour ses compatriotes. Car cette liaison, qui fit couler beaucoup d'encre, passe pour avoir été platonique. Le roi, tout à fait assagi, fût resté fidèle à sa Brette. Les poètes inventèrent une mirifique histoire, selon laquelle la chaste Tommasina serait morte de chagrin en apprenant la mort de son royal amant : comble de dérision, la nouvelle était fausse ! Quoi qu'il en soit, Louis XII se montra assez prudent pour ne pas s'exposer, à son retour, aux foudres de son épouse.

Il y avait deux mois qu'il était en Italie. Il ne pouvait prolonger davantage son séjour. Il partit pour la France, en septembre 1502, persuadé d'avoir rétabli une situation un moment compromise par César Borgia. Les nouvelles qui lui parvenaient du royaume de Naples étaient excellentes. Les Français, peut-être stimulés par sa présence en Italie, avaient repris l'offensive, refoulé les Espagnols vers la Calabre. Gonzalve de Cordoue s'était laissé enfermer dans la petite place de Barletta (sur l'Adriatique), avec un millier de cavaliers et quatre mille fantassins, sans vivres et sans poudre à canon. Sa position paraissait désespérée. Le duc de Nemours ne sut pas exploiter la situation. Il laissa le siège s'éterniser, alors qu'il aurait pu emporter la ville d'assaut après l'avoir canonnée. Il crut réduire la garnison par la famine. Mais, faute d'une escadre croisant dans les parages, il ne put empêcher des galères vénitiennes de débarquer du ravitaillement, de la poudre et des munitions. Il s'agissait bien entendu de trafiquants clandestins, puisque Venise était officiellement notre alliée ! L'armée de Nemours restait inactive. L'indiscipline la gagnait. Les chefs, en contestant l'autorité de leur général, ajoutaient au désordre. Nemours s'efforçait en vain d'apaiser les disputes. On perdit ainsi plusieurs mois à ne rien faire d'utile. Dans Barletta, Gonzalve de Cordoue tenait toujours ; il attendait les renforts que les émissaires du roi d'Aragon lui avaient promis. Ils arrivèrent juste à temps. Dix mille Espagnols débarquèrent en Calabre. Deux mille cinq cents lansquenets allemands arrivèrent de Trieste. Gonzalve de Cordoue reprit l'initiative des opérations. Le 21 avril 1503, Stuart d'Aubigny se fit écraser à Seminara, avec son corps d'armée. Gonzalve battit Nemours à Cérignoles, le 28 avril. A propos de cette défaite, Brantôme raconte une anecdote significative. Nemours, estimant la position désavantageuse, voulait différer la bataille. D'Allègre lui reprocha d'être « par trop froid et peu entendu au devoir d'un général ». Furieux, Nemours lui mit son épée sur la gorge. Il l'eût tué, si Louis d'Ars ne s'était interposé.

— « Oui, vraiment, dit-il quand il se fût calmé, vous aurez la bataille, puisque vous la voulez tant, et je combattrai non comme froid, mais tel que je suis, brave, bon et fidèle serviteur de mon maître, et nullement poltron. Mais j'ai belle peur que ce brave, qui crie tant bataille, se fie plus à la vitesse de son cheval qu'au fer de sa lance. »

On le retrouva parmi les morts. Le royaume de Naples n'avait plus de vice-roi. Au lieu de réunir leurs corps d'armée, les autres généraux partirent à l'aventure : Louis d'Ars se réfugia à Venosa, Yves d'Allègre à Melfi, le reste s'enferma dans Gaète. Gonzalve de Cordoue entra à Naples le 6 mai. Les garnisons du Castel Nuovo et du château de l'Œuf résistèrent vaillamment, mais finirent par capituler. En fait de partage, le roi d'Aragon s'adjugeait la totalité du royaume de Naples.

VIII

L’élection de Jules II

La riposte de Louis XII fût d’une ampleur exceptionnelle. Il mit sur pied deux armées : l’une devant attaquer en Roussillon de manière à fixer les forces espagnoles, l’autre destinée au royaume de Naples. Une escadre fut en outre envoyée à Savone sous le commandement de Prégent de Bidoux : elle comprenait cinq galères et six caraques munies d’une forte artillerie et devait se porter au secours de Gaète. Les informations que détenait Louis XII étaient fragmentaires et confuses.

L’armée des Pyrénées se divisait en deux corps, le premier commandé par le vieil Alain d’Albret (naguère prétendant à la main d’Anne de Bretagne), le second, par le maréchal de Rieux. Alain d’Albret devait envahir l’Espagne par Fontarabie, Rieux attaquer le Roussillon. Or le sire d’Albret, dont la troupe était essentiellement composée de ses vassaux, ne jugea pas à propos de les exposer à une défaite qui eût été lourde de conséquences pour ses Etats. De plus, il ne voulait pas s’attirer le ressentiment de l’Espagne sur la Navarre dont son fils était roi. Il se contenta donc de promener ses bandes à travers monts et vallées sans engager le combat et sans entrer en territoire ennemi. Mal ravitaillée et errant sans but, son armée se dispersa peu à peu. Elle n’avait même pas inquiété les Espagnols. Quant à Rieux, il avait convoqué le ban, l’arrière-ban et même les milices bourgeoises du Languedoc. Il envahit le Roussillon, mais fut arrêté par la garnison de Salses. Ferdinand d'Aragon avait fait fortifier cette ville en prévision d'une attaque des Français. Le siège commença, mais Rieux tomba malade et fut remplacé par le comte de Dunois. Le roi d'Aragon rassembla quarante mille hommes. Dunois retraita avec tant de bravoure et d'ordre qu'il se réfugia à Narbonne sans pertes sévères. Les Espagnols pillèrent et ravagèrent quatre villages. Dunois les harcela de telle sorte qu'ils furent obligés de se retirer.

On avait fait porter le principal effort sur l'armée d'Italie. Elle comptait un millier de lances (six mille cavaliers cuirassés), un corps de cavalerie légère, huit mille fantassins et une artillerie nombreuse. Louis de La Trémouille, notre meilleur général, en reçut le commandement. Elle passa les Alpes en juillet 1503. Après avoir traversé le Milanais, elle marcha sur Rome. Or le pape Alexandre VI mourut le matin du 12 août. Ce fut une explosion de joie dans la Ville éternelle. On racontait qu'Alexandre s'était empoisonné par erreur, ayant bu la coupe qu'il destinait à l'un de ses cardinaux. En réalité, comme on l'a indiqué plus haut, il était malade depuis des mois et s'affaiblissait à vue d'œil. La nouvelle de sa mort parvint rapidement à la cour de France. Aussitôt, Louis XII envoya à La Trémouille l'ordre de s'arrêter aux portes de Rome. Décision incroyable, mais qui s'explique par l'insistance du cardinal d'Amboise. Georges avait la certitude d'être élu pape, se fiant aux promesses de César Borgia, de Julien della Rovere, légat en France, et de plusieurs membres du Sacré Collège, amis de ce dernier. Il fit miroiter à Louis XII que son élévation au pontificat servirait grandement sa politique en Italie et en Europe. Louis XII estima qu'en effet l'élection de son favori fortifierait sa propre autorité dans la péninsule et permettrait une réformation de l'Eglise réclamée par tous les chrétiens et différée par Alexandre VI. Le cardinal della Rovere le confortait perfidement dans cette illusion : il ne cessait d'affirmer son amour pour la France et personne ne doutait alors de sa bonne foi ; il ne quittait plus la cour, s'étant glissé dans la familiarité du roi et entretenant avec Georges d'Amboise des relations quasi fraternelles. Louis XII et Georges avaient un fond de loyauté qui les empêchait de suspecter la sincérité de della Rovere. Plus ou moins menacé par Alexandre VI et chassé de Rome, celui-ci appréciait surtout la sécurité que la France lui offrait mais, en son for intérieur, il détestait les Français. Il avait autant de mépris pour Louis XII que pour Georges d'Amboise, et attendait son heure. Elle avait sonné !

Plein de confiance, le roi écrivait au marquis de Mantoue, notre allié : « Je vous requiers de faire entièrement tout ce que, par mon cousin le Légat, vous sera dit et écrit ou commandé de faire. Vous entendez assez quel bien pourrait m'advenir, à moi et à mon royaume, s'il y avait au Saint-Siège un bon et notable Pape, mon ami, et gardant raison à chacun. » Georges d'Amboise cheminait vers Rome, avec deux cents archers de la garde royale, une suite et des bagages dignes d'un pontife. Il entra dans la ville en cet appareil. Nul ne doutait de son élection, et lui moins que quiconque. Les troupes de La Trémouille campaient aux portes. César Borgia, en sa qualité de gonfalonier de l'Eglise, avait fait occuper par ses troupes le Vatican et les points stratégiques. Les cardinaux, à l'instigation de della Rovere, déclarèrent qu'ils ne délibéreraient pas sous la menace d'une armée, qu'elle fût romaine ou française. Della Rovere se chargea de signifier lui-même cette résolution à César Borgia et à La Trémouille. Tout laissait présager qu'il jouerait le premier rôle. Cependant, par ses paroles mielleuses, il entretenait Georges d'Amboise dans une fausse sécurité. Il lui cachait notamment l'opposition irréductible des cardinaux espagnols et allemands, de certains membres du Sacré Collège résolument francophobes. Georges entra au conclave avec la certitude d'être élu dès le premier tour. Les débats durèrent une semaine. Il ne put obtenir que treize voix et désespérait d'atteindre la majorité. Alors, comme *le deus ex machina* des Anciens, Julien della Rovere trouva la solution miracle et Georges d'Amboise se laissa manœuvrer. Le 21 septembre, on élut un pape dont les jours étaient comptés : Francisco Todeschini-Piccolomini, archevêque de Sienne, qui prit le nom de

Pie III. Della Rovere persuada Georges de ne pas désespérer : le nouveau pontife était fort mal en point; il mourrait à bref délai; l'élection qui suivrait sa mort serait nécessairement favorable à l'ami du puissant roi de France, etc. Pie III rendit son âme à Dieu le 19 octobre et l'on procéda immédiatement à l'élection de son successeur. Les débats furent très courts. L'unanimité des voix (ou presque) se porta sur Julien della Rovere qui prit le nom de Jules II. Il avait mis à profit les vingt-huit jours de règne de Pie III pour réaliser ce tour de force. Les cardinaux ne lui vouaient pas une affection particulière, mais il exerçait sur eux une espèce de fascination. L'autorité qui se dégageait de sa personne, les promesses qu'il répandit, la volonté déterminée qu'il afficha de rendre à l'Eglise de Rome son antique splendeur désarmèrent les plus réticents. Tous sentaient la nécessité d'une rupture avec le pontificat d'Alexandre VI. On reprochait au cardinal d'Amboise sa complaisance appuyée envers le pape indigne et son fils.

Jules II avait soixante ans. Il ressemblait au Moïse de Michel-Ange. Ludwig Pastor, historien des papes, le présentait ainsi : « A un extérieur plein de noblesse et de dignité, il joignait quelque chose d'étrange. Les yeux profondément enfoncés, au regard de feu, les lèvres serrées, le nez très fort, la tête large, point belle, mais remarquable par ses lignes sculpturales, dénotaient une personnalité originale et puissante. La chevelure clairsemée était déjà presque blanche, mais sous les neiges de l'âge courait une ardeur toute juvénile. A voir son visage fortement coloré et la fermeté de sa démarche, on n'eût pas pu supposer qu'il touchait au seuil de la vieillesse. Dans ses allures surtout, rien ne trahissait le poids de l'âge. Toujours agité, toujours en mouvement, d'une activité dévorante, roulant constamment dans sa tête de vastes projets, d'une opiniâtreté et d'une violence extrêmes, il mettait souvent au désespoir les personnes qui avaient affaire à lui. Le Pape, écrivaient les ambassadeurs vénitiens, est remarquablement intelligent, mais d'une violence inouïe et très difficile à manier. Il n'a pas la patience d'écouter tranquillement ce qu'on a à lui dire et de prendre les gens tels qu'ils sont ; mais quand on sait le manier et quand, une fois, on a conquis sa confiance, on est toujours assuré de le trouver de bonne volonté, personne n'a d'influence sur lui ; il consulte peu ; à vrai dire il ne prend conseil de personne ; avec lui on ne peut jamais compter sur quelque chose ; il change de résolution d'une heure à l'autre ; quand il a médité une chose pendant la nuit, il faut qu'elle s'exécute dès le lendemain matin ; il veut tout faire par lui-même ; il est si pétulant, si emporté, si difficile à manier qu'on peut à peine décrire son caractère, physiquement et moralement, il a une nature de géant ; tout en lui, ardeur passionnée, vastes conceptions, dépasse la nature commune. Par sa fougue, par ses emportements, il blessait son entourage, et pourtant, s'il inspirait la crainte, il ne s'y mêlait point de haine ; car on ne découvrait en lui ni petitesse ni vil égoïsme. L'énergie de sa volonté forçait tout à plier, tout jusqu'à la douleur physique que lui infligeaient de fréquents accès de goutte. Il ne connaissait de mesure ni dans l'affirmation ni dans la négation ; un projet s'était-il emparé de sa pensée, il fallait qu'il aboutît dût-il lui-même succomber à la peine. L'impression produite par la trempe vigoureuse de ce type de la Renaissance italienne se résume en un mot : ses contemporains et ses compatriotes le qualifiaient de l'épithète *terribile*, qu'on ne peut traduire que par les adjectifs extraordinaire, puissant, grandiose, dominateur... Il avait plutôt l'étoffé d'un roi ou d'un général d'armée que d'un prêtre... »

Mais l'impétueux pontife était aussi capable de diplomatie, voire de courtisanerie. Quand il paraissait à la cour de Louis XII, quand il suivait ce roi dans ses voyages ou poursuivait avec Georges d'Amboise d'interminables conciliabules, il savait faire bon visage, juguler son impatience et ses colères. Lors de son élection, il avait pareillement su montrer patte blanche pour ne pas effrayer ses confrères. Il commença même par tenir une partie des promesses qu'il leur avait faites. César Borgia garda provisoirement sa place de gonfalonier de l'Eglise. Georges d'Amboise se vit décerner le titre de légat à perpétuité et son neveu, François de Castelnau, reçut le chapeau de cardinal. Puis, la tiare pontificale le transforma radicalement, plus exactement il jeta le masque et révéla sa vraie nature.

Ayant enfin compris qu'il avait été joué et se réjouissant peut-être de n'avoir pas à affronter quotidiennement les membres du Sacré Collège, Georges d'Amboise quitta Rome le 8 décembre. Jules II l'avait assuré de son amitié pour le roi de France. L'armée de La Trémouille avait été immobilisée trois mois pour une élection manquée ! L'inaction avait produit ses effets habituels. Louis de La Trémouille, gravement malade, incapable de suivre ses hommes, avait été remplacé par le marquis de Mantoue, puis par le marquis de Saluces. Il déplaisait aux Français d'être commandés par des Italiens, même alliés de leur roi. Ils arrivèrent en vue de Gaète à la fin d'octobre et se retranchèrent sur la rive droite du Garigliano, dans une zone marécageuse et malsaine. Gonzalve de Cordoue campait en face sur les hauteurs. Les deux armées s'observèrent pendant quelques semaines. Les pluies aggravèrent la situation des Français. Les vivres n'arrivaient pas, car le mauvais temps persistait, empêchant les navires d'accoster. Les Français avaient pourtant l'avantage de l'artillerie : neuf gros canons, dix couleuvrines, dix fauconniers. Ils bâtirent un pont de bateaux reliant les deux rives. Quinze chevaliers, dont Bayard, s'élancèrent sur ce pont, suivis par trois ou quatre cents fantassins et soutenus par une canonnade nourrie. Ils se heurtèrent à trois cents chevaliers espagnols et à douze cents fantassins sortant des tranchées qu'ils avaient creusées. La tête de pont resta aux Français. Les Espagnols chassés par les boulets regagnèrent leur camp. Deux généraux (Hédouville et Sully) avaient arrêté le combat, ne voulant pas engager une bataille générale. Il n'y eut pas de contre-offensive espagnole. Gonzalve de Cordoue se contenta de maintenir le blocus. Bientôt, les Français furent décimés par la maladie et la famine : on mangea quatre chevaux sur cinq. La colère grondait contre les chefs qui partageaient pourtant la misère générale. Ils décidèrent de se replier sur Gaète, le 29 décembre. Lamentable retraite de cavaliers démontés, de fantassins affamés, d'éclopés, de malades ! On avait embarqué l'artillerie sur les galères de Prégent de Bidoux, qui avait profité d'une accalmie pour les rapprocher de la côte. Une tempête s'éleva brusquement, dispersant l'escadre et envoyant plusieurs unités par le fond. Le marquis de Saluces, Stuart d'Aubigny, Bayard et son ami Bellabre, deux cents cavaliers couvrirent la retraite, assaillis par une nuée d'Espagnols. Lorsque Bayard atteignit Gaète, son cheval percé de coups tomba mort sous lui. Cette charge héroïque ne fit que retarder la capitulation. Gonzalve de Cordoue préférait négocier plutôt que de tenter un assaut contre de tels soldats. Sans doute avaient-ils forcé son admiration, car il tint ses engagements, contrairement à ses habitudes. Il libéra les prisonniers, laissa sortir l'armée et ses bagages, épargna les habitants. Parmi les Français, certains furent rapatriés par mer ; les autres entreprirent une longue marche vers la France ; beaucoup moururent au bord de la route, d'épuisement.

« Hélas ! écrivait Brantôme, j'ai vu ces lieux-là derniers et même le Garillan [1], et c'était sur le tard à soleil couchant, que les ombres et les mânes commencent à se paraître comme fantômes plutôt qu'aux autres heures du jour, où il me semblait que ces âmes généreuses de nos braves Français là morts s'élevaient sur la terre et me parlaient, et quasi me répondaient sur mes plaintes que je leur faisais de leur combat et de leur mort, eux accusant et maugréant par million de fois les endroits de là, couverts de marais, mal avantageux pour la cavalerie et la gendarmerie française, qui ne peut là aussi bien combattre comme elle eût fait ailleurs ; ainsi que je l'ai ouï dire à feu mon père, qui fut blessé à mort, combattant avec M. de Bayard... »

Lorsque Louis XII apprit la reddition de Gaète, il entra en fureur contre les généraux et les soldats qu'il taxa de lâcheté et donna l'ordre à Chaumont d'Amboise, gouverneur du Mila-

1. Le Garigliano.

nais, de les empêcher de rentrer en France. Puis, cherchant les responsables de la défaite, il se retourna contre les munitionnaires et trésoriers prévaricateurs. Ils furent accusés d'avoir détourné plus d'un million de livres et jetés en pâture à l'opinion. Les uns furent exposés au pilori, les autres perdirent leurs biens ; deux trésoriers furent pendus. Sa colère apaisée, le roi dut admettre que la responsabilité de l'échec n'incombait point aux soldats, en dépit de certaines erreurs commises au niveau du commandement, mais à lui-même et, plus encore, à Georges d'Amboise. N'était-ce pas pour soutenir sa candidature à la tiare que l'armée de La Trémouille avait été maintenue dans l'inaction pendant trois mois ? Cependant, partageant l'opinion de Georges, n'avait-il pas lui-même donné l'ordre à La Trémouille de s'arrêter aux portes de Rome ? Les concussionnaires avaient simplement aggravé une situation déjà très compromise. Le 31 mars 1504, il signa avec les souverains espagnols une trêve de trois ans.

Il ignorait alors un fait d'armes assez exceptionnel pour qu'on ne le passe pas sous silence. Il permet d'ailleurs de comprendre quelle sorte d'hommes étaient les gentilshommes de ce temps-là. Louis d'Ars, blessé à la bataille de Cérignoles, s'était retiré en Fouille avec une petite bande de soldats. Il était vassal du comte de Ligny, de la maison de Luxembourg. Ligny possédait en Fouille plusieurs fiefs, dont Venouse ; il les tenait de sa femme, Eléonore des Baux, princesse d'Altimore. Louis d'Ars étant son homme lige, se fit un devoir de défendre les biens de son seigneur : la féodalité n'était pas morte ! Il rameuta les soldats errants et se retrancha dans Venouse. Il réunit de la sorte deux cents cavaliers et six cents fantassins. Avec une artillerie réduite à une grande couleuvrine et deux canons, il s'empara de la ville, d'Andria : comme elle appartenait à Ligny, il interdit le pillage. Il avait organisé un système de guet pour observer les mouvements de l'ennemi. Quand les Espagnols vinrent l'attaquer, il les attendait. Après une brève canonnade, il les chargea avec tant de vigueur qu'il rompit leurs rangs. Ils se débandèrent et s'enfuirent, croyant avoir affaire à une véritable armée. Louis d'Ars, avec sa poignée de cavaliers, les poursuivit sur deux milles. Par la suite, il ne cessa de lancer de petites expéditions, de surprendre des groupes isolés ou des convois de vivres, de razzier dans les villages occupés par les Espagnols. Gonzalve de Cordoue, pour en finir avec lui, l'inclut dans la capitulation de Gaète. Louis d'Ars refusa de se rendre. Il déclara fièrement qu'il n'avait pas été « à l'exécution du fait[1], que, si les Français s'en allaient en terre de sûreté, pour vivre à leur aise, il demeurait en pays de guerre, pour peine endurer ». Et il continua la résistance, forçant l'admiration du général espagnol, qui aurait certainement pu l'abattre, mais patienta. Comme il était prévisible, Louis d'Ars reçut l'ordre du roi de rentrer en France.

Il traversa l'Italie, du sud au nord, avec quatre cents hommes, bannières éployées, accueilli partout en triomphateur, bel exemple de la versatilité des Italiens. Mais je laisse à nouveau la parole à Brantôme :

« Il en part, il s'en retourne, passe par le mitan[2] de tout le royaume de Naples et de toute l'Italie, lui et tous ses gens, la lance sur la cuisse, armé de toutes pièces ; tient les champs, vit à discrétion et de gré à gré partout où il loge ; marche toujours en forme de guerre ; rapporte sa vie et son honneur de lui et de ses compagnons, leurs bagages et butins sauvés ; rentre ainsi en France, avec grande admiration de tout le monde ; vient jusqu'à Blois, en tel ordre, faire la révérence au Roi son maître et à la Reine sa maîtresse, qui lui firent tel honneur de le voir arriver en si bel arroi, qu'après lui avoir fait bonne chère et grand honneur, et à ses compagnons, ne purent se soûler[3] de louer sa valeur et sa vertu, et de lui et d'eux, et la récompenser... »

Et il ajoute ce détail savoureux :

« Je l'ai ainsi ouï raconter à feue madame la sénéchale de

1. Présent à la signature de la capitulation.
2. Milieu.
3. Se contenter, s'arrêter.

Poitou ma grand-mère, qui était alors à la cour, et à qui M. Louis d'Ars, comme son bon parent, fit présent d'un grand linceul de rezear de soie cramoisie, tout œuvré d'or et d'argent, en personnages et petites bestioles, la chose aussi travaillée qu'on saurait voir, et estimée à quatre cents écus. Il est bien encore assez en son entier dans notre maison ; et M. Louis d'Ars le lui donna sur son partage de butin qu'il avait fait vers Naples. »

Comme on le voit, la guerre avait ses bons côtés... Louis XII était assez chevaleresque pour admirer sincèrement la loyauté et le courage de Louis d'Ars. Mais il avait aussi un sens de la publicité assez développé pour donner à cet exploit l'éclat qui convenait. Louis d'Ars et ses compagnons furent en effet fêtés et largement récompensés. Notre histoire est jalonnée de ces faits d'héroïsme qui masquent les défaites et mettent du baume au cœur des Français. Car le retour glorieux de Louis d'Ars ne changeait rien à la réalité. Malgré tant d'efforts, tant de souffrances, tant d'actes de dévouement, le royaume de Naples, si facilement conquis, était perdu. La trêve signée avec Ferdinand d'Aragon équivalait à une renonciation pure et simple de Louis XII. Etait-elle définitive ?

IX

L'investiture du Milanais

En apprenant la capitulation de Gaète, Louis était tombé malade, si gravement que les médecins désespéraient, une fois de plus, de le sauver. Il avait une sensibilité aiguë, occultée par un optimisme apparent. Le 20 février 1504, il signa un engagement secret, relatif au mariage de sa fille Claude et de François de Valois-Angoulême. Cet engagement confirmait celui qu'il avait souscrit en 1501 sur le même objet.

Il convient ici, afin d'éclairer un jeu diplomatique très complexe, de remonter le temps de quelques années, précisément jusqu'à 1501. C'est en effet le moment où les affaires d'Italie prennent l'aspect d'un conflit réellement européen, que se heurtent les intérêts respectifs de l'Empire, de l'Espagne et de la France et se concrétisent les ambitions des principaux souverains. Il s'ensuit qu'une intense activité diplomatique double et parfois contrarie les événements militaires de cette période. Elle en explique aussi les succès comme les échecs, et témoigne par ailleurs d'une duplicité dont l'Histoire a la naïveté de créditer Machiavel. Ce dernier n'a guère fait plus qu'observer, prendre des notes et les agencer talentueusement !

La politique de Maximilien 1er, maître du Saint-Empire romain germanique, répondait simultanément à trois objectifs. En sa qualité d'empereur, il prétendait exercer un contrôle sur l'Italie, et plus spécialement sur le duché de Milan considéré comme un fief impérial. Ayant épousé Marie de

Bourgogne, fille de Charles le Téméraire, il affirmait détenir un droit d'usufruit sur les biens hérités (du chef de sa mère) par Philippe le Beau. Comme chef de la maison autrichienne des Habsbourg, il avait l'ambition de réunir en une seule domination l'Empire, l'Italie, les Flandres, la Bourgogne et l'Espagne. L'indocilité, les initiatives, le tempérament même de son fils le gênaient. Il l'avait pourtant marié à son gré avec Jeanne (la Folle), fille de Ferdinand d'Aragon et d'Isabelle de Castille. Ce mariage avait été sa grande réussite. Il portait en germe les conflits implacables qui allaient opposer les Valois aux Habsbourg. Philippe le Beau, souverain des Pays-Bas et seigneur de la Franche-Comté, n'avait pas les coudées franches. Il essaya pourtant de mener une politique personnelle. Vassal de Louis XII pour l'Artois, la Flandre et le Charolais, il avait obligation de le ménager. Gendre de Ferdinand d'Aragon, il se défiait de lui, le soupçonnant de vouloir capter l'héritage de Jeanne, quand mourrait Isabelle de Castille. Il supportait de plus en plus difficilement la tutelle de Maximilien dont le caractère ondoyant dérangeait ses plans. Il se sentait aussi plus proche de la France, n'oubliant pas que par sa mère il avait du sang capétien.

La position de Ferdinand d'Aragon n'était pas absolument celle qu'attendait Maximilien. Ils avaient cependant un objectif commun : empêcher la France de s'implanter en Italie. Ferdinand d'Aragon avait d'autant plus de raisons de souhaiter l'éviction de Louis XII que l'Italie du Sud était déjà aragonaise. Mais un autre problème le préoccupait. Selon la coutume espagnole, le royaume de Castille devait appartenir à Jeanne et à son mari Philippe le Beau, quand Isabelle décéderait. Prévoyant cette éventualité, il s'était fait attribuer le gouvernement de la Castille par Isabelle. Mais celle-ci pouvait à tout moment résilier cet usufruit. De plus, la noblesse castillane le haïssait. Il pouvait donc s'attendre à de sérieuses complications, sinon même à une guerre civile, quand Isabelle disparaîtrait. Maximilien n'accepterait certainement pas que son fils fût frustré de l'héritage auquel il pouvait prétendre. L'alliance entre le souverain espagnol et l'empereur était donc aléatoire.

Quant à Louis XII, il semble très probable qu'il attachait moins de prix à la possession du royaume de Naples qu'à celle du duché de Milan. S'il avait revendiqué les droits de l'ancienne dynastie d'Anjou, c'était en qualité d'héritier de la couronne de France, de successeur de Charles VIII. En revanche, s'il avait conquis le duché de Milan, c'était comme héritier de Valentine Visconti. Il considérait le Milanais comme un bien personnel, dont ses aïeux avaient été dépouillés par les Sforza. Sur ce point le prince prévalait sur le roi : il se comportait en féodal. Mais on aura remarqué que les autres souverains confondaient pareillement leur intérêt personnel et l'intérêt de leur nation. Ferdinand d'Aragon manœuvrait pour régner sur l'Espagne entière, au mépris des aspirations des peuples qui la composaient. Maximilien négligeait les poussées de l'Islam quasi sur ses frontières de l'Est pour assurer la grandeur des Habsbourg. Notre époque juge ces attitudes avec sévérité, encore que, dans l'histoire de l'humanité, elle ne puisse se poser en modèle. C'est oublier qu'au temps de Louis XII, de Maximilien et de Ferdinand, les souverains étaient l'incarnation même des peuples, qu'ils étaient ces peuples, persuadés qu'ils agissaient pour le bien commun, ne dissociant pas l'intérêt public des ambitions particulières de leur dynastie. Personne ne contestait alors les droits du sang. Il nous faut admettre que les mentalités n'étaient pas les nôtres. Les Français, en dépit de leur esprit porté à la critique, ne contestaient pas la volonté de Louis XII de joindre à son titre de roi de France celui de duc de Milan, et même cette prétention somme toute fondée flattait-elle leur vanité. Dans un premier temps, l'Europe avait paru accepter l'installation des Français en Lombardie. Puis elle avait commencé à réagir. Il manquait à la possession du duché de Milan la sanction de l'empereur. Fief impérial, le duché appartenait en droit à celui qui recevrait l'investiture de Maximilien. Ce dernier l'avait octroyée — vendue serait le mot exact — à Ludovic Sforza. En sorte que Louis XII était assimilable à un occupant sans titre. Or, il voulait la propriété pleine et entière. Dans son esprit, l'annexion de la Lombardie et de sa capitale était définitive. Il poursuivit donc avec acharnement l'obtention de cette investiture ; elle fut le pivot de sa politique.

Le 14 octobre 1499, Anne de Bretagne avait donné le jour à Claude de France. L'année suivante, elle avait accouché d'un fils qui mourut en quelques jours. Louis XII et certains de ses fidèles, dont le maréchal de Gié, craignirent que la reine ne fût dans l'incapacité d'avoir un dauphin. La couronne reviendrait alors à François de Valois alors âge de six ans. Il était donc logique de prévoir ses fiançailles avec la petite princesse Claude, de manière à réunir les deux branches de la dynastie. Le maréchal de Gié fut chargé d'informer discrètement Louise de Savoie de ce projet. La mère du jeune prince ne manifesta pas un grand enthousiasme, réaction pour le moins surprenante de la part de cette ambitieuse. Peu après, on parla d'un projet de fiançailles entre Claude de France et Charles de Gand, petit-fils de Maximilien. Les ambassadeurs de Louis XII furent bien accueillis par l'empereur. Charles de Gand (le futur Charles Quint) avait un an. C'était un magnifique parti. De son père Philippe le Beau, il hériterait des Pays-Bas et de la Franche-Comté. De ses grands-parents Ferdinand et Isabelle, il aurait l'Espagne, la Sicile et les futures colonies d'Amérique. De son grand-père Maximilien, les possessions autrichiennes des Habsbourg et le titre d'empereur. Inutile de dire que ce projet enthousiasmait Anne de Bretagne, ex-fiancée de Maximilien, et qu'elle se lança corps et âme dans sa réalisation. En août 1501, elle se trouvait aux côtés du roi, quand les ambassadeurs de Maximilien arrivèrent à Lyon, porteurs d'un protocole d'accord. Un traité fut signé, fiançant les deux enfants dont le mariage serait célébré quand ils seraient pubères. La dot de Claude de France serait le duché de Milan, le comté d'Asti, le royaume de Naples (que Louis XII venait alors de conquérir !), le duché de Bretagne, le duché de Bourgogne et le comté de Blois. Après les amputations pratiquées par

Charles VIII, un tel mariage eût totalement ruiné l'œuvre capétienne, ce qui révèle assez bien les sentiments de la reine à l'égard de la France, tout au moins de ses rois. La volte-face de Louis XII est plus difficilement explicable. Elle serait même incompréhensible, si l'on ne savait que, le 30 avril précédent, il avait signé une déclaration, restée secrète, par laquelle il proclamait nul tout accord matrimonial ne prévoyant pas l'union de Claude avec François de Valois. En signant le traité de Lyon, il pensait faire admettre la conquête du royaume de Naples par l'empereur et le roi d'Aragon et, bien entendu, obtenir l'investiture du duché de Milan. Maximilien, Ferdinand et la reine étaient ses dupes. On se demande d'ailleurs comment ils purent tomber dans ce piège ! Mais l'empereur voulait récupérer la Bourgogne et n'avait pas oublié ses fiançailles avec « la Bretagne ». Ferdinand convoitait le royaume de Naples. La diminution du royaume capétien, rival redoutable, leur offrait des perspectives délicieuses. Passons sur les réjouissances qui suivirent la signature du traité. En octobre 1501, Louis XII envoya Georges d'Amboise à Trente, avec une double mission : obtenir l'investiture du duché de Milan et négocier une paix générale. Georges avait le goût de la mise en scène. Sa suite nombreuse et rutilante impressionna les habitants de Trente, non l'empereur. Certes, il se montra d'une extrême courtoisie et accepta volontiers d'entamer les négociations. Le cardinal ne manquait ni d'habileté ni d'arguments, mais il ne put obtenir que de vagues promesses. Un projet de traité fût néanmoins signé le 13 octobre, mais l'investiture resta en suspens.

En novembre, Philippe le Beau et Jeanne d'Espagne firent un voyage en France. Louis XII avait fait en sorte qu'ils fussent accueillis solennellement dans toutes les villes où ils firent étape. Il les avait invités au château de Blois. Philippe et Jeanne furent reçus comme des parents très chers, en toute simplicité, ce qui n'empêcha ni les festins ni les fêtes. On parla de la paix. Philippe la voulait sincèrement. Il était persuadé que son père accorderait l'investiture du Milanais à bref délai. On leur montra leur future belle-fille, la petite Claude encore dans ses langes. On se sépara à regret, après cinq jours d'amitié. La paix semblait faite. La reine exultait. Le poète de service, qui signait Faustus Andrelinus, célébra l'événement en hexamètres latins d'une médiocre facture.

Fort des promesses de Philippe le Beau, et battant le fer quand il était chaud, Louis XII envoya une ambassade à Mayence. Maximilien prétendit que la demande d'investiture devait être examinée au préalable par le Reichstag. Cette assemblée devait, déclarait-il, se réunir à Francfort. Les envoyés royaux s'y transportèrent : aucune réunion n'était prévue. Ce qu'apprenant, Louis XII rappela fermement à l'empereur les engagements souscrits. Il donna l'ordre à ses envoyés de se rendre immédiatement à Innsbruck. Maximilien s'en tira une fois de plus en promettant l'investiture, qui serait accordée « secrètement en sa chambre », afin de ménager les susceptibilités lombardes. Il oublia ses promesses.

L'année 1502 fut peu fertile en événements. Le 20 janvier, la reine accoucha d'un second fils qui mourut aussi vite que le précédent. En juillet, les hostilités commencèrent entre les Espagnols et les Français dans le royaume de Naples. Louis XII résida en Italie jusqu'en septembre. En 1503, Philippe le Beau revint en France. Il se prétendait mandaté par Ferdinand d'Aragon et Isabelle de Castille pour traiter de la paix. On signa un accord en bonne et due forme, modifiant le traité de Lyon. Il prévoyait que Louis XII et Ferdinand céderaient chacun leur part du royaume de Naples à Charles de Gand et à Claude. Les autres clauses (cession des duchés de Milan, de Bourgogne, de Bretagne, des comtés d'Asti et de Blois) étaient annulées. Comme il était à prévoir, Maximilien et Ferdinand dénoncèrent cet accord, le jugeant trop avantageux pour la France.

Au début de 1504, après la chute du royaume de Naples, Louis XII tomba malade et Gié lui fit signer la confirmation de son engagement de 1501 sur le mariage de Claude et du futur François Ier, comme il est indiqué au début de ce chapitre. Il se remit lentement de sa maladie. Au mois de juillet, il reçut une ambassade de Maximilien. L'empereur proposait une conférence visant à rétablir la paix générale en Europe. Après deux mois de négociations, on signa, le 22 septembre 1504, trois traités connus sous le nom de traités de Blois.

Le premier prévoyait une alliance perpétuelle entre l'empereur, Louis XII et Philippe le Beau. Le roi d'Aragon remettrait le royaume de Naples à Philippe le Beau, jusqu'au mariage de Charles de Gand et de Claude de France, mais ratifierait-il cette clause ? Par contre, Louis XII s'engageait fermement à renoncer à ses droits sur le royaume de Naples. On lui verserait en dédommagement neuf cent mille florins. Il recevrait, sous trois mois, l'investiture du duché de Milan en versant toutefois cent vingt mille florins à l'empereur.

Le second traité instaurait une ligue contre la Sérénissime république de Venise, que Maximilien voulait châtier, avec la bénédiction très intéressée du pape Jules II. L'adhésion de Louis XII était une erreur, quand bien même les Vénitiens s'étaient comportés à son égard comme des alliés douteux.

Le troisième traité reprenait, en l'aggravant, celui de Lyon, relatif au mariage de François et de Claude. La dot de celle-ci était les duchés de Milan, de Bourgogne, de Bretagne, les comtés d'Asti et de Blois, la vicomté d'Auxonne, le Mâconnais, Bar-sur-Seine.

La reine et ses partisans, dont Georges d'Amboise, triomphaient. Elle croyait soustraire sa chère Bretagne à l'autorité royale par le biais de ce mariage et, si elle n'avait pas d'enfant mâle, restreindre la puissance de François de Valois, héritier du trône. Si l'on aperçoit assez bien le mécanisme de son raisonnement, il n'en est pas de même des motifs de Georges d'Amboise. Par quel aveuglement avait-il adhéré au parti de la reine si dommageable pour la France ? Qu'espérait-il ? Il avait déjà commis de lourdes fautes en politique extérieure, mais cette dernière passait les bornes de l'acceptable. On peut supposer toutefois, sans en apporter la preuve, qu'il menait un double jeu avec l'assentiment du roi. Certes, il avait desservi Louis XII en plusieurs circonstances, confondant lui aussi son

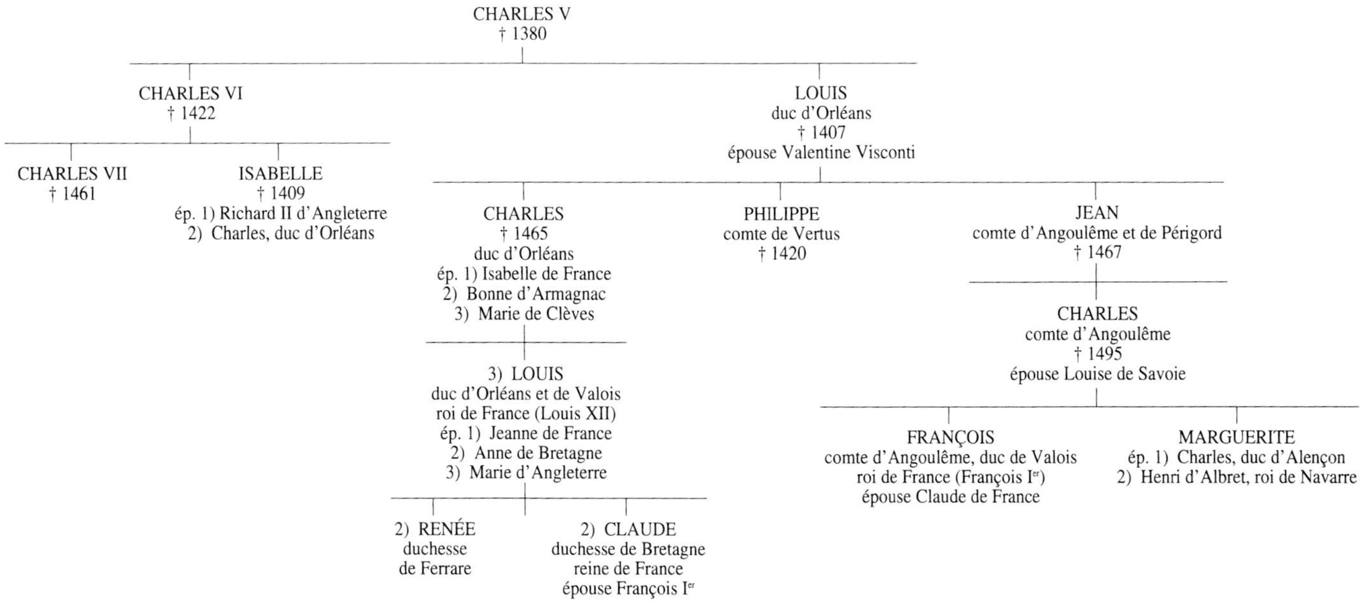

Ascendance de Louis XII

Charles d'Orléans et Marie de Clèves (père et mère de Louis XII).
(tapisserie d'Arras, XVe siècle
Musée des Arts Décoratifs, Pa

Le sacre de Louis XII.
(détail d'une peinture sur bois,
vers 1501, Musée de Cluny)

Anne de Bretagne.

L'hermine, attribut d'Anne de Bretagne.

Le porc-épic, attribut de Louis XII.

Le cygne percé d'une flèche, attribut de Claude de France.

Maximilien Ier (Empereur César Divin Maximilien Pieux Heureux Auguste). (Gravure de Durer)

Ludovic Sforza, dit le More, duc de Milan. (Peinture de Léonard de Vinci)

Alexandre VI. (Fresque de Pinturicchio)

César Borgia. (peinture de Giorgione)

Louis XII à cheval, en costume de guerre.

Tombeau de Gaston de Foix, tué à ravenne. (Musée Brera, Milan)

L'Italie à la fin du Moyen-Age.

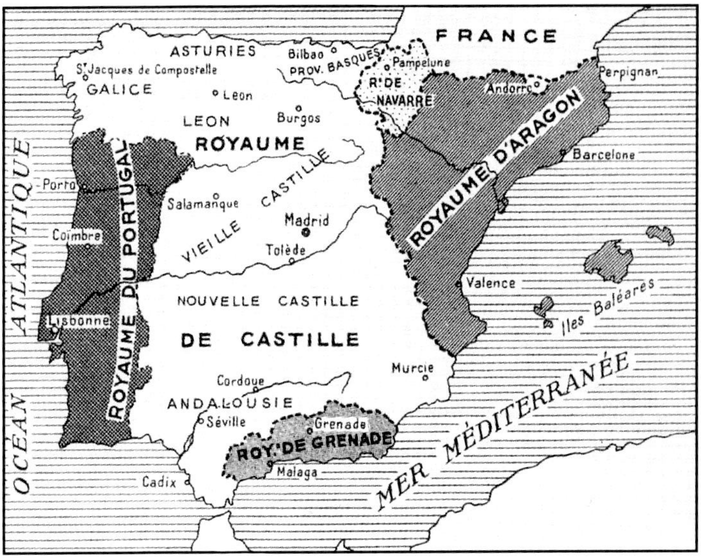

L'Espagne avant la reconquête du royaume de Grenade en 1492.

Le Saint Empire romain germanique et les possessions des Habsbourg à la fin du Moyen-Age.

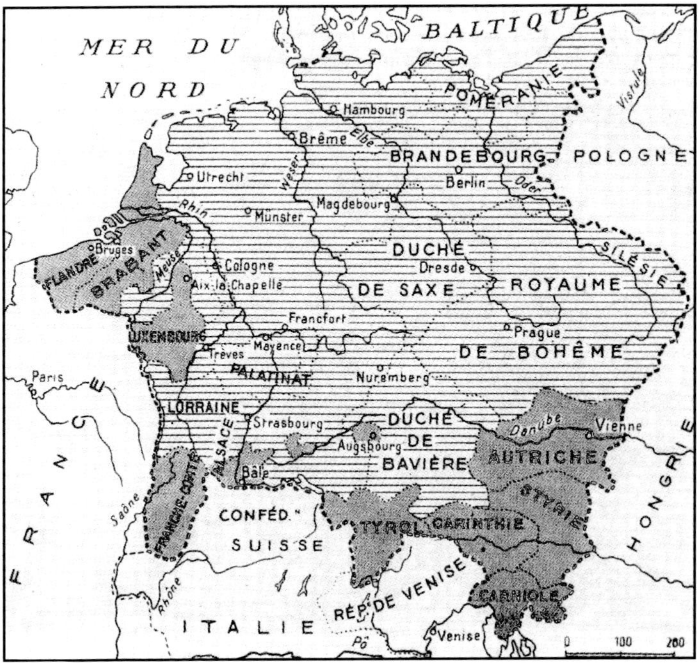

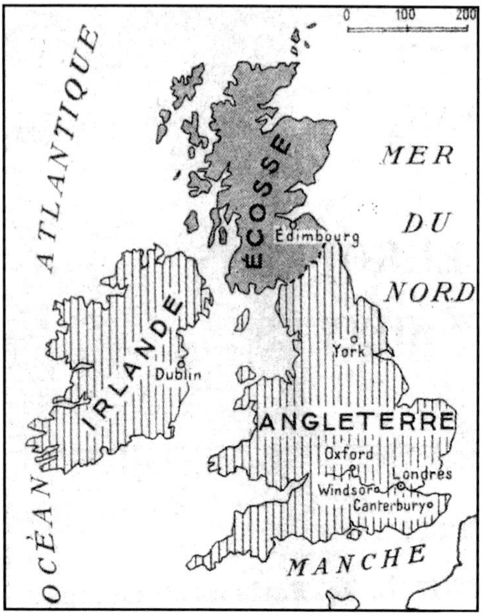

L'Angleterre à la fin du Moyen-Age (l'Ecosse est un royaume indépendant).

Tombeau de Louis XII et d'Anne de Bretagne, sculpté par Jean Juste et sa famille, à la basilique de Saint-Denis.

Illustrations du hors-texte : D.R.

intérêt particulier avec l'intérêt du royaume, mais il était de bonne foi ; il avait agi par suite d'un manque de jugement et de prévision. Jamais ses adversaires politiques n'avaient suspecté son loyalisme. C'est pourquoi on incline à penser que Louis XII lui avait donné son assentiment pour soutenir les démarches de la reine, tout en les contrôlant.

Louis XII ne s'opposa pas davantage à ce qu'elle fît son entrée à Paris et fût, pour la seconde fois, couronnée dans la basilique de Saint-Denis. Quel était le but d'Anne de Bretagne ? Croyait-elle par ce second couronnement conforter sa qualité de reine et son droit à exercer la régence si elle avait un fils ? Le bruit courait qu'elle était à nouveau enceinte. Dans l'éventualité contraire, redoutait-elle un règlement de comptes avec la mère de François de Valois, la perte des avantages que Louis XII lui avait consentis, ou son éviction pure et simple de la cour ? Elle était trop calculatrice pour qu'il s'agît de gloriole ou de coquetterie féminine. Le roi donna des ordres pour l'organisation de la cérémonie. Les Parisiens aimaient modérément la reine, mais ils firent bien les choses, avec ce goût de la fête et du spectacle qui les caractérise. Ils offrirent à Anne un magnifique cadeau et un grand festin. Ce fut Georges d'Amboise qui la couronna, le 18 novembre, à Saint-Denis, devant un parterre de princes, de dignitaires et d'ambassadeurs.

Louis XII ne soufflait mot. Il estimait sans aucun doute que les satisfactions d'amour-propre de sa femme coûtaient un peu trop cher. Mais il avait d'autres soucis en tête. Isabelle de Castille venait de mourir. Le roi veuf entendait gouverner toute l'Espagne. Philippe le Beau lui contestait ce droit ; il avait pris le titre de roi de Castille dès la mort de sa belle-mère. Un conflit semblait inévitable entre le beau-père et le gendre, dont Louis XII se promettait de tirer parti. Toutefois, sa préoccupation majeure restait l'investiture du Milanais. Comme il avait accoutumé, Maximilien ne se hâtait pas de tenir ses engagements. Il donna enfin son accord : avec deux mois de retard.

Le 6 avril 1505, à Haguenau, Georges d'Amboise et sa suite

furent reçus par Maximilien. Les vingt-quatre archers de la garde du cardinal portaient chacun quatre mille écus dans leurs hoquetons : c'était le prix de l'investiture. L'empereur daigna ratifier les traités de Blois et se déclara prêt à recevoir le serment de Georges. Celui-ci, parlant au nom du roi, prêta hommage et foi à Maximilien. Le roi de France, en tant que duc de Milan, se reconnaissait vassal de l'empereur, promettait de le servir, de contribuer à sa gloire et prospérité, de détourner de lui les malheurs, selon la vieille formule du droit féodal. Le lendemain, « en chambre secrète » et non pas en public, Maximilien accordait l'investiture si longtemps convoitée. Elle était transmissible aux descendants du roi, garçons ou filles, donc éventuellement à Claude de France, future épouse de Charles de Gand.

X

Le maréchal de Gié

Le mariage autrichien, corollaire de l'investiture du Milanais, provoqua la chute du maréchal de Gié, rival de Georges d'Amboise. C'était un Breton, issu de la maison de Rohan, né en 1453. Sa mère ayant assassiné son père, il fut élevé par Jean de Montauban, son grand-père. Il embrassa très jeune la carrière des armes et devint maréchal de France à vingt-cinq ans, en raison de ses éminents services et de son loyalisme sans faille. Il épousa ensuite une riche héritière bretonne, Françoise de Penhoët. Ayant servi Louis XI et Charles VIII, s'étant couvert de gloire à la bataille de Fornoue, il était naturel qu'il poursuivît sa carrière sous le règne de Louis XII, auquel il était d'ailleurs apparenté. De fait, il partagea les faveurs de ce roi avec Georges d'Amboise et remplit, sans en avoir le titre, les fonctions de ministre de la Guerre. Conscient de sa valeur, ambitieux, il avait bénéficié des largesses de Louis XII qui lui avait octroyé des fiefs dans le duché de Milan et l'archevêché de Lyon pour l'un de ses fils. Il s'était remarié, en 1503, avec Marguerite de Nemours, grâce à l'appui du roi, et il avait pris le titre de duc de Nemours. Ce parcours sans faute, cette réussite éclatante et cette fortune considérable suscitaient des jalousies. Mais personne n'eût osé s'en prendre à un personnage aussi important. De surcroît, Louis XII lui avait confié l'éducation du jeune François de Valois. Il prit cette charge très à cœur et se heurta parfois à Louise de Savoie, dont l'indulgence envers son fils était excessive. Gié voulait préparer le petit prince à son métier de roi. Fidèle serviteur de la couronne et plus « français » que « breton », il déplorait la complaisance de Louis XII à l'égard d'Anne de Bretagne et surveillait discrètement les agissements de celle-ci. Il avait désapprouvé le contrat de mariage signé à Nantes en 1498, surtout ses clauses exorbitantes. Il suspectait la reine de manœuvrer en douceur pour préserver à tout prix l'indépendance de la Bretagne, fût-ce au détriment du royaume des lys. Il n'ignorait pas non plus l'exécration qu'elle nourrissait à l'encontre de François de Valois et de Louise de Savoie. Il s'inquiétait aussi de l'état de santé du roi, de son vieillissement précoce. Par ailleurs, la reine lui paraissait inapte à enfanter un dauphin. Il joua donc la carte de François de Valois et prit en main ses intérêts, avec l'approbation tacite du roi. C'est dire qu'il était partisan du mariage de François avec Claude de France, et par suite furieusement opposé à ce que la Bretagne tombât aux mains des Habsbourg. La reine ne l'aimait pas ; elle se défiait de lui, jalouse de l'influence qu'il exerçait sur le roi. Le seul fait qu'il remplît avec tant d'exactitude ses fonctions de gouverneur de François de Valois l'irritait. La complaisance de Georges d'Amboise lui plaisait davantage. Il lui fut aisé de le gagner à sa cause : du moins en eut-elle l'illusion.

On a vu plus haut dans quelles circonstances le maréchal de Gié avait fait signer à Louis XII une déclaration secrète annulant par avance le mariage de Claude de France avec un autre prince que François de Valois. En 1502, il fit un pas de plus. Il devait accompagner le roi en Italie. Craignant que celui-ci ne mourût au cours du voyage et que la reine ne profitât de cet événement pour emmener sa fille en Bretagne ou n'enlevât François de Valois, il ordonna aux frères Pontbriant (Pierre et François) de conduire sous bonne escorte François et Claude au château d'Angers, s'ils apprenaient la mort du roi. En 1504, pendant la maladie de Louis XII, il lui fit signer une nouvelle déclaration secrète confirmant la déclaration de 1501. En même temps, il donnait l'ordre à ses séides de contrôler sévèrement le trafic des bateaux sur la Loire et les routes en direction de la Bretagne, afin d'empêcher la reine d'emmener sa fille à Nantes. La convalescence du roi fut longue et difficile. Amaigri, affaibli, il réduisait ses activités au minimum, ne montait plus à cheval et semblait diminué intellectuellement. La reine en profita pour prendre sa revanche. Quinze jours avant Pâques, Pierre de Pontbriant demanda audience à Louis XII : il avait des révélations importantes à lui faire. Précisons qu'il était sous-gouverneur de François de Valois et devait sa fortune au maréchal de Gié. Son frère, François de Pontbriant, était capitaine du château de Loches, où la princesse Claude était élevée. Pierre de Pontbriant porta contre le maréchal des accusations très graves mais passablement confuses et contradictoires. Fatigué, le roi l'écouta distraitement; il ne pouvait croire à la culpabilité de Gié. Il renvoya Pontbriant au cardinal d'Amboise, pour avoir l'avis de ce dernier. Amboise feignit de prendre au sérieux les accusations de Pontbriant. Il décida de s'en servir pour évincer son rival et gagner les bonnes grâces de la reine. Il rédigea un acte d'accusation dans lequel les « machinations » de Gié contre Anne de Bretagne étaient dénoncées. Il savait fort bien que Gié n'était pas coupable ; que jamais il n'avait donné l'ordre d'arrêter Anne de Bretagne en cas de décès du roi. L'acte fut soumis au roi et l'on imagine la comédie que lui joua la reine, ses clameurs indignées, ses larmes et le reste ! Pour avoir la paix et pour se faire une opinion par lui-même, il convoqua le maréchal et lui donna connaissance de l'acte d'accusation. Le vieux soldat clama son innocence, rappela ses services et son attachement indéfectible à la couronne. Les jours suivants, plein de rancœur, il quitta brusquement la cour. Il eut tort. Son départ fut interprété comme une fuite. Il laissait le champ libre à ses adversaires.

Georges d'Amboise voulait, hypocritement, faire toute la lumière sur le prétendu complot contre la reine. Il chargea Gui de Rochefort, chancelier de France, de procéder aux interrogatoires Le chancelier était trop habile pour se compromettre. Il se déroba et suggéra au cardinal de désigner deux magistrats pour le remplacer. Ce furent comme par hasard un protégé de la reine et un affidé de Georges d'Amboise. On leur traça la marche à suivre. Il s'agissait tout simplement d'étoffer un dossier à peu près vide. Les deux magistrats devaient interroger de prétendus témoins sur le point de savoir si le maréchal avait réellement projeté l'arrestation de la reine et de sa fille, la séquestration de François de Valois au château d'Angers, et cela dans le dessein de s'emparer du duché de Bretagne, voire de la couronne. Les témoins ne furent pas difficiles à découvrir : Gié ne manquait pas d'ennemis, ni la cour d'ambitieux. Le principal d'entre eux était évidemment Pontbriant. Or, saisi de remords ou redoutant quelque vengeance, il se rétracta. Louise de Savoie fut entendue. On croyait qu'elle défendrait le gouverneur de son fils. Mais, craignant d'être compromise ou dans le dessein de se rapprocher d'Anne de Bretagne, elle le chargea. A vrai dire, elle ne révéla pas autre chose que des propos de table, des réflexions ironiques ou imprudentes, mais dont l'ambiguïté permettait toutes les interprétations. Les autres témoins ne rapportèrent que des ragots, laissant percer la haine qu'ils vouaient à l'accusé. Un aussi piètre résultat devait aboutir normalement à la clôture du dossier. Il tombait sous le sens que Gié n'avait eu d'autre intention que de préserver les droits de la couronne, en prescrivant les mesures qui lui paraissaient nécessaires. Il n'avait projeté ni d'attenter aux personnes royales ni de s'approprier la Bretagne. Or, on voulait l'accuser du crime de lèse-majesté !

La décision appartenait au roi. Il céda aux injonctions de la reine, impatiente de se venger. Sans doute pensait-il que le maréchal se disculperait aisément ; il n'empêche que cette lâcheté conjugale jette une tache sur sa réputation de justicier. Le 24 juillet 1504, il signa des lettres patentes instituant une commission d'enquête. Parmi les magistrats désignés, plusieurs étaient suspectés de corruption. On leur avait adjoint un certain Antoine Duprat, tout nouveau maître des requêtes, l'un des protégés de la reine. Ce fut là le point de départ d'une carrière fulgurante : Duprat sera chancelier de France sous le règne de François Ier.

Quelle que fût l'issue du procès — qui devenait une affaire d'Etat —, la reine avait désormais les mains libres. Elle ne rencontrerait plus d'obstacles à sa politique personnelle. Les traités de Blois (22 septembre) consacrèrent sa fausse victoire.

La commission d'enquête désignée par le roi poursuivait sa mission avec docilité. Elle recueillit de nouveaux témoignages, fouilla le passé de l'accusé et parvint, laborieusement, à établir un questionnaire comportant quelque cent cinquante rubriques. La reine, que les commissaires tenaient informée de leurs travaux, se réjouissait par avance de la condamnation de Gié, celle des criminels de lèse-majesté : décapitation (sinon pis), confiscation des biens, déshonneur pour les Rohan. Sa science juridique était toutefois assez courte. Mais elle imaginait que l'accusé serait accablé par les inculpations portées contre lui et serait incapable de se défendre. C'était mal le connaître.

Il comparut devant le Grand Conseil, institution récente émanant du Conseil royal et plus spécialement chargée des affaires judiciaires. Anomalie, Antoine Duprat siégeait à ce tribunal, alors qu'il avait participé à l'instruction. Du 15 au 23 octobre, le vieux soldat répondit avec fermeté aux questions. Il s'était donné l'honneur de servir son roi depuis sa jeunesse ; il n'avait en vue que la grandeur du royaume ; cet aréopage de magistrats acharnés à le perdre ne l'impressionna nullement. Droit comme une épée, il réfuta avec calme tous les chefs d'accusation, en dépit de l'indignation qu'il éprouvait. Désorientés, les magistrats reculèrent devant la responsabilité que la reine leur demandait d'assumer. Ils prescrivirent une contre-enquête, assortie d'une nouvelle audition des témoins. La plupart se rétractèrent, dont Louise de Savoie et Pontbriant. Quelques-uns maintinrent, en tout ou partie, leurs dépositions, mais se montrèrent peu crédibles. Cet échec n'empêcha pas le procureur de se lancer dans un réquisitoire prétentieux et grotesque dont la véhémence recouvrait le vide.

Car il fut incapable de produire une preuve quelconque, mais il osa comparer l'accusé à un pourceau qui s'engraisse tellement de l'arbre qui le nourrit qu'il l'épuise et finit par le ruiner. Il le traita de parjure et d'infâme, indigne d'appartenir à la chevalerie, et conclut sans hésiter au crime de lèse-majesté. Il ne convainquit nullement les juges. Par arrêt du 30 décembre, ils rendirent sa liberté à Gié et l'ajournèrent à comparaître le 1er avril 1505, afin de présenter sa défense.

En mars 1505, nouveau coup de théâtre ! La reine, vaincue sur le plan politique et furieuse de l'être [1], voulait au moins ne pas perdre la face, c'est-à-dire assouvir sa vindicte contre Gié. Dans son entêtement, elle le tenait pour responsable de son échec. Elle obtint du roi, affaibli par une nouvelle crise, le dessaisissement du Grand Conseil. L'indulgence qu'avaient montrée les juges à l'égard de Gié l'offensait. Elle exigeait réparation. Il y allait de son honneur de duchesse-reine ! Accablé de cris et de larmes, le roi signa, le 14 mars, des lettres patentes portant l'affaire devant le Parlement de Toulouse. La reine avait choisi elle-même cette juridiction qui lui paraissait plus malléable. Le roi, une fois de plus, laissa faire. Elle combla les magistrats d'argent et de cadeaux. Mais l'opinion prit le parti de Gié et le Parlement de Toulouse, retrouvant le sens du devoir, n'osa le condamner. Pour être précis, il prit tout son temps pour se prononcer. L'arrêt ne fut rendu que le 9 février 1506. Le crime de lèse-majesté ne fut pas retenu. Cependant, « pour certaines grandes causes et considérations », Gié fut condamné en réparation à perdre le gouvernement de François de Valois, les capitaineries d'Amboise et d'Angers et sa compagnie de cent lances. Il était en outre suspendu de sa dignité de maréchal et exilé à dix lieues de la cour pendant cinq ans. Les juges n'osèrent pas le condamner aux frais de procédure qui s'élevaient à trente-six mille écus. La reine s'était portée partie civile. Elle dut payer sur ses deniers personnels, mais enfin elle était débarrassée du maréchal pour un

1. Voir chapitre suivant.

bout de temps ! Il se retira dans son beau château du Verger. Il y mourut en 1513, sans avoir reparu à la cour.

Après le procès, un littérateur de service fit représenter à Paris une farce où l'on voyait un maréchal tenter de ferrer un âne (Anne), recevoir un grand coup de pied qui le jeta par-dessus le mur de la cour jusque dans le verger. La reine toléra cette ignominie. Il ne lui déplaisait pas que le fier maréchal fût humilié devant le peuple.

Elle avait la rancune tenace. Brantôme en donne un exemple patent. La reine poursuivit de sa vindicte Anne de Rohan, une de ses demoiselles d'honneur. Elle apprit que celle-ci, âgée de trente ans, avait épousé clandestinement un bâtard de Bourbon. Elle la renvoya chez son père, avec ordre de la tenir enfermée. Elle dressa Louis XII contre le bâtard de Bourbon qui fut chassé de la cour et mourut sans avoir revu sa femme. Ce ne fut qu'après la mort de la reine qu'Anne de Rohan put se remarier. Elle épousa l'un des fils du maréchal de Gié. Elle avait quarante ans.

XI

« Père du peuple »

A la fin de février 1505, le roi retomba malade. Il était à Paris. Les médecins mirent cette rechute — car il s'agissait probablement d'une affection chronique — sur le compte de la froideur et de l'humidité de l'air. Ils lui conseillèrent de quitter la capitale. Il se rendit à Saint-Cloud puis, par Chartres, Châteaudun et Bonneval, il arriva à Blois. Il semblait rétabli et fêta joyeusement Pâques avec sa femme et sa fille. Il rechuta à nouveau en avril ; son état s'aggrava rapidement. Les médecins avouèrent leur impuissance. Le bruit de sa mort prochaine se répandit comme un trait de poudre. La reine ne quittait pas son chevet, abîmée dans ses prières. Il se confessa, puis sombra dans un état de somnolence, dont il émergeait pour délirer. On ordonna les prières publiques, on multiplia les vœux de pèlerinage. On vit alors combien, il était aimé, surtout par les humbles. C'était le cœur du peuple qui battait pour lui. Soudain le moribond reprit connaissance. La reine s'était absentée un moment. Il fit appeler Georges d'Amboise et Florimond Robertet. En hâte, il dicta son testament. Mystère du cerveau humain ! A demi léthargique et brûlant de fièvre, brusquement la menace du démembrement de la France par le mariage autrichien lui rendit sa lucidité. Sur le seuil du tombeau, il trouva la force d'affirmer solennellement ce qu'il n'avait cessé de vouloir en secret. Annulant les traités avec Maximilien et Philippe le Beau, il ordonna que le mariage de

François de Valois et de Claude fût célébré dès que celle-ci serait nubile. Il ordonna aussi que sa fille ne quittât le royaume sous aucun prétexte. Il institua un conseil de régence, dont la reine et Louise de Savoie faisaient partie, la réalité du pouvoir devant être assurée par La Trémouille, Robertet, le comte de Nevers, Rochefort et autres personnages d'une rectitude éprouvée. Ainsi, dans l'éventualité de sa mort, il serait impossible à la reine d'emmener sa fille en Bretagne et, bien qu'elle appartînt au conseil de régence, elle ne pourrait prendre aucune décision. A partir de cette journée, la fièvre régressa et le roi s'achemina vers la guérison. Il fit appeler François de Valois et lui parla comme un père à son fils, comme un roi à son futur successeur. La reine subit cette humiliation sans trop récriminer ; elle avait eu peur de perdre son époux. Etait-ce la perspective d'un second veuvage qu'elle appréhendait et pleurait-elle en réalité sur elle-même ? Ou lui restait-il un fond de tendresse pour le roi ? Elle espérait encore que ce dernier, recouvrant peu à peu ses forces, changerait d'avis. Elle tenta de gagner l'appui de Georges d'Amboise. N'avait-il pas été son complice dans l'affaire de Gié ? Mais il était alors partie prenante dans le procès : l'acharnement de la reine contre le maréchal servait ses intérêts personnels. Il n'en avait aucun à s'opposer au roi, dont il savait la décision irrévocable. La reine rencontra la même attitude auprès des autres conseillers. Elle essaya pourtant de convaincre le roi. Ses larmes et ses reproches furent inutiles. Il ne voulait pas avoir le futur Charles Quint pour gendre. A moins que naquît un dauphin, François de Valois serait le mari de Claude et le prochain roi de France. Elle parut accepter l'inévitable, rengainant sa colère et sa réprobation. La décision royale reçut un caractère officiel par sa transcription en lettres patentes datées du 31 mai 1505.

Louis XII n'était pas complètement guéri, quand la reine annonça son intention de partir pour la Bretagne. Elle s'estimait offensée. Puisque le roi l'avait jouée, au nom d'une raison d'Etat qu'elle récusait dans la mesure où elle contrecarrait sa propre volonté, elle préférait s'éloigner. Ses partisans les plus assidus se détournaient d'elle, par opportunisme. Elle ne pouvait plus supporter les paroles sucrées de Georges d'Amboise. Bref, il fallait que le roi regrettât sa duplicité. En Bretagne, elle serait chez elle, au milieu de ses fidèles sujets ; elle exercerait ses pouvoirs de duchesse souveraine, sans être obligée de rendre compte à quiconque... Mais, comme elle avait l'usage du monde, elle prit prétexte de pèlerinages pour remercier le Ciel de la guérison du roi. Le 1er juin, elle quitta le château de Blois, avec une suite magnifique. Le roi n'essaya point de la retenir ; il avait besoin de paix et il croyait que le voyage durerait peu. Anne fit son entrée à Nantes. Les Bretons ne ménagèrent pas leur enthousiasme : la bonne duchesse rentrait dans sa vraie patrie, retrouvait le château de son père et ses amis d'autrefois. Elle réunit les états de Bretagne, ce qui était un moyen d'affirmer son indépendance. Elle donna des fêtes. Certes, elle accomplit plusieurs pèlerinages, mais elle éprouva le besoin de séjourner à Blain, Vannes, Hennebont, Quimper, Brest, Le Folgoët, Saint-Pol, Morlaix, Tréguier, Guingamp, Saint-Brieuc, Lamballe, Dinan et Vitré, c'est-à-dire de faire le tour complet de son duché. Partout, elle reçut le même accueil chaleureux de la part des notables et du peuple, et partout, elle se comporta en princesse souveraine, recevant les doléances, réparant les torts, rectifiant la gestion des agents ducaux. On se demande dans quelle langue elle s'exprimait, car elle n'avait jamais parlé breton ; sans doute avait-elle un interprète, à moins que le français n'eût fait de rapides progrès. Sa dévotion ostentatoire ajoutait à sa popularité.

A mesure que le voyage se prolongeait, l'impatience du roi se changeait en irritation. Il avait cependant profité de l'absence d'Anne pour convoquer François de Valois au Plessis-les-Tours, à la mi-juillet. Il avait également convoqué les dignitaires de la couronne et les capitaines des forteresses royales. Lecture publique fut faite des lettres patentes du 31 mai. De plus, Louis XII exigea des capitaines le serment d'empêcher la princesse Claude de sortir du royaume sous quelque prétexte que ce fût. Les semaines passèrent. La reine ne se décidait pas à revenir. Elle se tenait informée de la santé de son époux, mais il était clair qu'en cas de rechute elle resterait dans son duché. Elle se préoccupait alors davantage du procès de Gié devant le Parlement de Toulouse. Les courtisans, les ambassadeurs se demandaient pourquoi la dévote reine éprouvait le besoin de pèleriner dans toutes les villes bretonnes. On insinuait que ce pèlerinage cachait une rupture. Georges d'Amboise jouait les bons offices; il tâchait de raccommoder les époux. Ses lettres se firent pressantes; elles reflétaient le courroux du roi. Il laissait entendre que certains courtisans travaillaient contre elle et l'informait, à tout hasard, que le roi s'en retournait à Blois avec Claude, François et Mme d'Angoulême (Louise de Savoie). Ce détail la piqua au vif, car elle haïssait plus que jamais celle-ci. Cependant, elle ne reparut à la cour qu'à la fin de septembre. Le roi n'était plus le même à son égard. Guindé dans sa volonté, il ne supportait plus les criailleries. Les larmes n'avaient plus d'effet sur lui. Elle connaissait son obstination, pourtant elle gardait espoir de le faire changer d'avis, de façon ou d'autre. Or, dès qu'elle abordait la question du mariage, il se montrait inflexible. Sans doute lui pardonnait-il cette fugue de quatre mois déguisée en pèlerinage, mais il continuait à se défier d'elle. Elle découvrait avec stupeur un autre aspect de son caractère. Certes, ils retrouvèrent leur intimité, mais chacun restait sur son quant-à-soi. Elle avait perdu son influence sur lui : plus exactement, elle constatait que son influence n'avait été que de surface, le roi décidant seul quand bien même il feignait de suivre son avis. Son action politique était nulle. Son chantage avait échoué. Les juges de Toulouse l'avaient indirectement condamnée en absolvant le maréchal de Gié du crime de lèse-majesté. Elle réalisait soudain qu'elle avait privé son époux d'un ami fidèle et d'un serviteur utile, et qu'il lui en voulait. Les clauses de son testament coïncidaient avec les mesures que l'on reprochait à Gié d'avoir prises. C'était un camouflet de plus pour elle. Elle allait en recevoir un autre, et de taille!

Afin de se prémunir contre les réactions prévisibles de l'empereur Maximilien et de couper court aux intrigues de la reine, Louis XII suscita et orchestra un vaste mouvement d'opinion. Ce n'était qu'un stratagème, mais il montre la modernité de ce roi. Se servir de l'opinion comme instrument politique, après l'avoir savamment manipulée, est aujourd'hui une pratique courante, mais c'était alors une nouveauté. Une rumeur hostile au mariage autrichien se répandit soudain dans le royaume. On ne voulait pas de Charles de Gand. C'était François de Valois que l'on réclamait pour la fille du roi. Depuis quelques mois, des agents semaient la bonne parole dans la capitale, dans les villes de province, les cabarets et les carrefours. Bien qu'il n'y eût alors ni télévision ni radio, la propagation des nouvelles et des idées allait plus vite qu'on ne le croit. La rumeur prit de telles proportions qu'elle atteignit bientôt les hautes sphères du royaume et la personne du roi. Brave homme et soucieux de satisfaire son peuple, il ne vit d'autre solution que de réunir une grande assemblée, à raison de deux délégués par ville : un noble et un bourgeois. Ces délégués — dont on ne saurait dire s'ils avaient été nommés ou élus — arrivèrent à Tours au début de mai 1506. Il ne s'agissait point d'états généraux comme en 1484, mais de ce qu'on pourrait appeler une assemblée consultative ; elle ne représentait pas toute la nation, mais elle en était quand même l'émanation. Les députés se réunirent le 10 mai, arrêtèrent leur programme, désignèrent leur orateur et demandèrent audience au roi. Louis XII résidait au Plessis-les-Tours. Il reçut la délégation, siégeant sur son trône, entre François de Valois et le cardinal d'Amboise, en présence de nombreux prélats, des princes du sang et de grands seigneurs. L'orateur choisi par les députés prit la parole. C'était Thomas Brico, chanoine de Notre-Dame de Paris, un théologien de grand renom. Au lieu de formuler des « remontrances », comme il était d'usage pour les états généraux, il commença par couvrir le roi d'éloges, énuméra ses bienfaits (notamment la tranquillité intérieure du royaume, la diminution de la taille, le respect des personnes et des biens, la réforme de la justice), puis il ajouta : « ... Pour ces causes et autres qui seraient trop longues à réciter, il devait appeler le Roi Louis douzième, Père du peuple. »

A ces mots les acclamations retentirent, l'émotion fut générale et gagna le roi, qui ne put retenir des larmes de joie en s'entendant décerner le plus beau titre qu'un monarque pût recevoir.

Ensuite les députés s'agenouillèrent, et l'orateur déclara :

— « Sire, nous sommes venus ici sous votre bon plaisir, pour vous faire une requête pour le bien général de votre royaume, qui est telle que vos très humbles sujets vous supplient qu'il vous plaise de donner Madame Claude de France, votre fille unique, en mariage à Monsieur François, duc de Valois, ici présent, qui est tout français. »

Le roi conféra quelques instants avec le cardinal d'Amboise et le chancelier. Puis, il répondit aux députés qu'il avait bien compris leur requête. Que, s'il avait bien fait, il désirait faire mieux encore pour le bien du royaume. Quant au mariage, il n'en avait jamais ouï parler, mais il allait consulter les princes du sang. On le voit, il en remettait un peu, mais il ne fallait pas décevoir les députés !

Le lendemain, il eut une bonne surprise, tout à fait inattendue. Les députés de Bretagne venaient, avec un peu de retard, joindre leurs prières à la requête générale. Eux aussi, c'était Monsieur François qu'ils voulaient pour duc, et non le petit-fils de l'Autrichien.

Le 18 mai, le roi réunit son Conseil. La requête des députés sur le mariage de Claude et de François fut approuvée à l'unanimité ; le contraire eût été surprenant !

Le 19, le roi tint une séance solennelle. Il fit lire par le chancelier de France un discours habilement dosé, dont les premières lignes méritent la citation : « Messieurs, le Roi, notre souverain seigneur, a profondément pensé à la requête que vous lui fîtes jeudi dernier passé. Sur quoi il vous fait dire qu'ainsi qu'il a accoutumé de faire ses affaires, mêmement en ceux qui touchent le bien et utilité de son royaume et de ses sujets, lesquels il a fort à cœur, tellement que bien souvent il veille quand les autres dorment, pourquoi vous l'avez justement baptisé Père du peuple... »

Le chancelier déclara ensuite que le roi avait soumis la requête des députés aux princes du sang, aux principaux seigneurs et conseillers du royaume, « aussi de la Duché de Bretagne », qui prièrent le roi de consentir au mariage.

« ... Et parce que le Roi, notre souverain seigneur, a toujours désiré et désire sur toutes choses le bien et utilité de sesdits royaume et sujets, et de faire chose qui soit agréable à Dieu et à la Chrétienté, après mûre délibération s'est condescendu et condescend à votredite demande et requête, et veut que le mariage se fasse de Madame Claude, sa fille, et de Monsieur de Valois ici présent... »

Bien plus, le roi ordonnait que les fiançailles fussent célébrées le surlendemain et que le mariage fût consommé dès que les fiancés seraient en âge. « Et parce que nous sommes tous mortels et qu'il n'y a chose plus certaine que la mort, ni plus incertaine que l'heure de celle-ci », le roi voulait, au cas où il mourrait sans laisser de fils, que les députés et les villes qu'ils représentaient fissent le serment « de faire accomplir et consommer ledit mariage » et, le cas échéant, de reconnaître François de Valois comme vrai roi et souverain seigneur. Un formulaire fut remis à cette fin à chaque député. Il appartenait à Thomas Brico de remercier le roi. Il eut une touchante formule pour conclure son discours :

« ... Toutes les cités et villes par lesquelles nous sommes envoyés sont et seront prêtes à vous obéir, car il n'y a ni ville ni cité qui n'ait un fouet à trois cordons : le premier cordon est le cœur de vos sujets qui vous aiment parfaitement ; le second est force, car tous en général et en particulier sont délibérés de mettre corps et biens en danger pour vous ; le troisième cordon est muniment de prières et oraisons que vos sujets font tous les jours pour votre bonne santé et prospérité, disant Vive, Vive le Roi ! et après son règne, lui donne Dieu le royaume de Paradis. »

Après quoi, les députés prononcèrent leur serment sur les saints Evangiles.

Cette réunion était pour Louis XII un grand succès. Outre le gain d'un surnom que ratifierait la postérité, il avait resserré les liens qui unissaient les diverses parties du royaume, fortifié le principe de l'hérédité monarchique et fait approuver par les représentants de la nation la décision qu'il avait prise de marier sa fille à François de Valois. Le serment qu'il avait fait prêter aux députés engageait la France entière. De surcroît, il pourrait invoquer cette unanimité pour justifier auprès de l'empereur la rupture du mariage avec Charles de Gand.

Le 21 mai, le contrat de mariage fut signé. Le roi donnait en dot à sa fille les comtés d'Asti et de Blois, l'apanage d'Orléans. Au cas où il aurait un fils, elle recevrait vingt mille livres de rente à la place de la dot initialement prévue. La reine donnait cent mille écus d'or. Toutefois elle avait obtenu que, si elle avait un fils, elle disposerait du duché de Bretagne et le léguerait à son gré, ce qui ne signifiait rien. Elle était furieuse. Le serment des députés bretons mettait le comble à son mécontentement. Elle dut pourtant assister aux fiançailles de Claude et de François, célébrées le même jour par le cardinal d'Amboise. Le fiancé avait douze ans et la fiancée, six.

XII

Le réformateur

Lorsque Louis XII se rendit à Troyes, en 1510, la foule se pressait autour de lui. Comme un gentilhomme s'étonnait de cet enthousiasme populaire, un vieux laboureur lui dit : « Il est si sage, il maintient justice et nous fait vivre en paix et a ôté la pillerie des gens d'armes, et gouverne mieux que jamais Roi ne fit. » Méritait-il cet éloge ? Oui, dans la mesure où ce que voulait le peuple était un bon gouvernement, l'ordre, la justice et une fiscalité pondérée. Il s'efforça d'atteindre ce but tout au long de son règne et, au plan de la politique intérieure, sa réussite est incontestable.

Ce n'était pas un roi de parade, laissant à ses ministres le poids du gouvernement. Il faisait consciencieusement son métier. D'ailleurs, il n'avait pas de Premier ministre, bien que certains historiens, par commodité ou par anachronisme, décorent Georges d'Amboise de ce titre. Il n'avait que des conseillers dont plusieurs avaient toute sa confiance dans les domaines qui leur étaient impartis. Ce qui lui laissait la plus large part dans les initiatives et les décisions qui étaient prises. Ces conseillers, il les choisissait lui-même et leur confiait les missions pour lesquelles il avait distingué leurs aptitudes particulières. Le Conseil royal était l'organe même du gouvernement, mais il ne formait pas un corps constitué, selon notre acception. Ses membres n'avaient ni statut ni quota. On pouvait être conseiller pendant une période donnée et appartenir par exemple au Parlement de Paris. On pouvait ne plus l'être, parce que le roi en jugeait ainsi. C'était une position en réalité plus brillante que solide. Les princes du sang, les nobles titrés ou d'ancienne chevalerie siégeaient à côté des roturiers, gens de finances ou de justice, et des prélats. On mettait en commun expérience et savoir. L'honneur de servir le roi atténuait les clivages sociaux. Au début de son règne, Louis XII avait trois principaux conseillers : son ami Georges d'Amboise, Pierre de Rohan, maréchal de Gié, et Florimond Robertet, chef de son secrétariat. Georges d'Amboise, évêque de Montauban à vingt-trois ans, avait adhéré au parti du duc d'Orléans pendant la Guerre Folle, goûté de la prison. Sa fidélité ne s'était jamais démentie. Devenu roi, Louis XII le combla de faveurs et lui assigna un rôle de premier plan. On ne saurait nier qu'Amboise — fait cardinal par Alexandre VI Borgia — ait exercé une influence prépondérante aussi bien en politique extérieure que dans les affaires intérieures du royaume. Il était en quelque sorte chef de notre diplomatie. « Laissez faire Georges », disait souvent le roi, mais enfin Georges ne faisait que ce que voulait son maître. Cependant, son ambition personnelle l'emportait parfois sur son dévouement inconditionnel au roi, encore que ses intentions fussent pures.

Le maréchal de Gié avait la responsabilité des questions militaires et du maintien de l'ordre. Son autorité, sa tranquille assurance, son charisme portaient parfois ombrage au cardinal d'Amboise. Lorsque ce dernier se trouvait dans l'obligation de s'absenter pendant une période assez longue, il redoutait d'être supplanté par le maréchal. Leurs tempéraments s'opposaient. L'un était un gros homme dont la voix douce et l'onction disaient assez l'état ecclésiastique ; l'autre avait la roideur et le ton cassant d'un soldat. On a vu comment l'astucieux cardinal s'était débarrassé de lui, tout en faisant sa cour à Anne de Bretagne ! Florimond Robertet appartenait à une famille de la basoche, laquelle, d'une génération à l'autre, s'était lentement élevée au service des ducs de Bourbon. Il était né vers 1460 à Montbrison. La régence de Pierre et d'Anne de

Beaujeu fut la chance de sa vie. Il passa au service de Charles VIII et, pendant la première campagne d'Italie, goûta à la diplomatie. Il parlait quatre langues : l'allemand, l'anglais, l'espagnol et l'italien, ce qui était rarissime. Ses connaissances en matière de droit et de finances n'étaient pas moins étendues. Il avait une extraordinaire puissance de travail. Après avoir occupé divers postes, il fut nommé trésorier de France pour la Normandie, non-résident. Il avait épousé Michèle Gaillard, fille d'un riche financier, ce qui lui assura une large aisance. Suppléant le cardinal d'Amboise, il prit de l'importance après l'éviction du maréchal de Gié. Après la mort d'Amboise, il devint le principal conseiller du roi.

La tâche à accomplir était vaste et diverse. Les réformes, amorcées sous le règne de Charles VIII après les états généraux de 1484, étaient restées pour la plupart à l'état d'ébauches par suite de la mort accidentelle du jeune monarque. Ce dernier montrait peu d'application aux affaires et peu d'aptitudes malgré sa bonne volonté. Louis XII était au contraire assidu aux séances du Conseil. Il avait acquis des connaissances assez poussées pendant son emprisonnement, et surtout il avait réfléchi sur l'art de gouverner et sur les « remontrances » exprimées par les députés de 1484. Dans les périodes sédentaires de son règne, il se levait à six heures du matin, entendait la messe et travaillait jusqu'à onze heures. Après le déjeuner, il passait un moment avec sa femme et avec sa fille. Puis, selon la saison, il travaillait ou chassait. Après le souper, il reprenait le travail et se couchait à huit ou neuf heures. Cet emploi du temps très strict se trouvait modifié lors des déplacements ou à l'occasion des réjouissances et cérémonies de la cour, qui étaient peu nombreuses. Le gouvernement ne siégeait point à Blois de façon permanente. Il suivait le roi dans les villes d'étape, avec tous les inconvénients que présentait cette itinérance quasi continuelle. Louis XII aimait se déplacer, bien que sa santé fût fragile, visiter les villes, prendre des bains de foule, interroger les humbles, se faire une opinion par lui-même. Il avait le contact facile, savait écouter, s'exprimait aisément, en termes imagés, accessibles à tous. Les plaisanteries un peu lestes ne lui déplaisaient pas : à cet égard, il était lui aussi « tout français ». Vis-à-vis des femmes, il avait gardé de sa jeunesse un ton de courtoisie mi-narquois, mi-galant auquel elles n'étaient pas insensibles. Il aimait rire. Sa gentilhommerie sans apprêt contrastait avec la majesté un peu guindée de la reine. Son optimisme communicatif occultait assez bien ses soucis et ses problèmes de santé. Sa résidence préférée restait bien sûr son château de Blois, auquel il avait fait ajouter une aile. Les affaires d'Italie l'appelaient fréquemment à Lyon ou à Grenoble.

Dès son avènement, il annonça des réformes. Elles furent si nombreuses au cours de son règne qu'il est impossible de les évoquer en respectant la chronologie, d'autant qu'elles touchent à toutes les parties de l'administration et se complètent les unes les autres.

Il s'attaqua d'abord à la justice dont il voulait améliorer le fonctionnement et supprimer les abus. Préalablement, il réorganisa le Grand Conseil, par lettres patentes du 13 juillet 1498, étendit ses attributions à tout le royaume et l'érigea en cour souveraine. Le Grand Conseil, composé de vingt membres, d'une science juridique éprouvée, traitait les affaires portant sur les fiefs et les bénéfices ecclésiastiques. Mais le roi pouvait déférer devant cette instance les nobles accusés de crimes d'Etat, comme ce fut le cas du maréchal de Gié. L'ordonnance la plus célèbre est celle de Blois (mars 1499) qui intéresse l'ensemble de la judicature. Elle comprenait cent soixante-deux articles et visait essentiellement à l'abréviation des procès et au soulagement des justiciables. Des textes subséquents l'étoffèrent et précisèrent certains points. Je me bornerai, pour ne pas lasser l'attention du lecteur, à en indiquer les principales dispositions. L'ordonnance réglementait le recrutement des magistrats, afin d'éviter que les justiciables aient affaire à des juges sans connaissances suffisantes et sans moralité. Tous devaient être docteurs ou licenciés en droit, y compris les lieutenants des baillis et des sénéchaux qui faisaient fonction de juges de première instance. Les prévôts, les magistrats du Parlement devaient être élus et subir un examen probatoire. La vénalité des offices était interdite, de même que le népotisme. Les affaires criminelles devaient être jugées promptement. La question (la torture) était maintenue, mais ne pouvait être infligée que sur l'avis de « gens notables et non suspects ». Elle ne pouvait être réitérée que dans les cas exceptionnels et devait être décrite avec précision dans les procès-verbaux, mentionnant en outre les noms de ceux qui l'avaient administrée et des personnes présentes. Les magistrats avaient l'obligation d'interroger eux-mêmes les accusés ; ils ne pouvaient déléguer leurs pouvoirs à de simples greffiers. Les amendes comme les condamnations devaient être enregistrées. L'absentéisme était réglementé : aucun magistrat ne pouvait prendre un congé sans autorisation. Les heures et les jours de présence étaient fixés. Obligation était faite aux tribunaux d'avoir le recueil des ordonnances royales, présentes et passées. Tout le personnel judiciaire, du haut en bas de la hiérarchie, devait s'engager par serment à appliquer les ordonnances, précaution élémentaire de tout gouvernement raisonnable : les juges devaient lire la loi, non la dire ! L'ordonnance promulguée à Lyon en 1510 ajoutait diverses dispositions : interdiction d'« allonger le parchemin » en transcrivant des pièces inutiles au procès pour augmenter son coût ; condamnation sévère des usuriers ; diminution du nombre des notaires, obligation pour ceux-ci d'enregistrer la totalité de leurs actes, etc.

Le Languedoc était de droit écrit, héritage d'une romanisation plus poussée que dans les autres provinces. Ailleurs, on appliquait le droit coutumier, mais avec beaucoup de difficultés et sans base juridique solide. En effet, les coutumes variaient extrêmement d'une province à l'autre, d'une ville à l'autre, parfois d'un village à l'autre. En outre, la coutume restait orale, subjective et mouvante. L'idée d'en établir des recueils, en la clarifiant, n'était pas nouvelle ; elle remontait à Charles VII et avait été reprise par Louis XI. Louis XII donna l'impulsion nécessaire. Des commissaires de haute réputation furent désignés pour diriger les débats entre les baillis (ou les sénéchaux) et les représentants des trois ordres dans chaque province. Antoine Duprat contribua de la sorte à la rédaction de la coutume d'Auvergne en 1510. Lorsque le texte était au point, le commissaire du roi le promulguait. L'imprimerie, toute nouvelle invention, permettait une large diffusion. Il ne s'agissait point, dans l'esprit de Louis XII, d'unifier le droit français, mais c'était la première phase de cette unification. Les commissaires élaguaient les coutumes obsolètes ou d'intérêt tellement infime qu'elles paraissaient inutiles. Ces travaux se prolongèrent pendant tout le règne. Les dernières coutumes furent publiées sous François Ier.

Louis XII réorganisa aussi les parlements. Celui de Bourgogne, supprimé par Charles VIII, fut rétabli et siégea à Dijon. Celui de Provence fut créé en 1501. L'Echiquier de Normandie fut érigé en Parlement et devint permanent. Non seulement ces cours de justice jugeaient en appel, mais elles publiaient, par voie d'enregistrement, les décisions du roi, qu'il s'agît de lettres patentes ou d'ordonnances. L'initiative la plus significative de Louis XII touchait au Parlement de Bretagne. Le duché bénéficiait d'une semi-indépendance puisque la reine en était souveraine. Le roi respecta cette indépendance. Il était entendu que les Bretons seraient jugés chez eux, par leur propre Parlement. Mais Louis XII « infiltra » cette juridiction de conseillers provenant du Parlement de Paris. Il agit de même à l'égard des Normands.

Les gens de guerre, inoccupés en temps de paix, causaient de graves sévices dans les campagnes isolées, sur les personnes et sur les biens. Plusieurs ordonnances avaient été prises pour réprimer ces abus. Celle de 1493 avait interdit aux soldats errants de s'assembler à plus de six et enjoint aux baillis de constituer une force supplétive pour intervenir à tout moment. Louis XII reprit l'ensemble de ces dispositions et les étendit « aux comtes, barons, chevaliers, gentilshommes et autres, ayant terres, hommes et sujets, qui se travaillaient journellement à lever sur lesdits hommes et sujets plusieurs sommes de deniers, grains, vins, tant par remontrances de les garder de gens d'armes, menaces, qu'autres voies indues». Il veilla surtout à leur stricte exécution. On imagine combien les laboureurs et petites gens, incapables de se défendre contre ces prédateurs, lui en surent gré !

Les «écoliers» de l'Université et de la Sorbonne provoquaient de regrettables désordres, sinon pis. Ils relevaient non des juridictions civiles mais des tribunaux ecclésiastiques. Le corps universitaire défendait ce privilège du bec et de l'ongle. Nombre de faux écoliers se soustrayaient ainsi à la justice du roi. Une ordonnance de 1498 mit fin à cet abus. Ne pourraient prétendre à la qualité d'écolier (d'étudiant) que les vrais écoliers, inscrits depuis six mois dans une université et suivant régulièrement les cours. L'exemption se limitait à quatre ans pour la faculté des arts (lettres), à huit pour la médecine, à quatorze pour la théologie. Les étudiants et leurs professeurs se mirent en grève. Des placards injurieux furent affichés. L'agitation fût telle que la capitale fut mise en état de siège. Louis XII vint à Paris, avec une force armée, tint un lit de justice au Parlement et rétablit l'ordre.

Il savait que, dans le domaine de la fiscalité, les promesses non tenues se retournent immanquablement contre leurs auteurs et sont le plus court chemin vers l'impopularité. La compensation d'une diminution d'impôts par l'augmentation discrète de taxes parallèles était à ses yeux un facteur aggravant, une escroquerie morale. Or, sa sollicitude envers son peuple, on l'a dit et on le répète, partait du cœur. Les mesures démagogiques répugnaient à sa nature foncièrement loyale ; elles étaient, dans son opinion, une offense à la dignité, une marque éclatante d'irrespect des contribuables. Pour lui, la raison d'Etat et ses entorses à la vérité n'étaient pas applicables à ses compatriotes. Conceptions périmées, certes, mais il en était ainsi !

Dès son avènement, il avait résolu de diminuer la taille afin de soulager le peuple. Il s'y efforça avec une constance qui doit être soulignée. A la mort de Louis XI, la taille rapportait à l'Etat quatre millions et demi de livres. Anne de Beaujeu l'avait ramenée à trois millions trois cent soixante-quinze livres. Sous le règne de Charles VIII, la moyenne dépassait deux millions cent mille livres. Elle fut, pendant les neuf premières années du règne de Louis XII, d'un peu plus d'un million neuf cent mille livres. De 1511 à 1514, par suite de la guerre en Italie, puis en France, elle dépassa pendant une brève période deux millions de livres. La moyenne générale du règne donne un chiffre inférieur à l'impôt perçu sous Charles VIII. Si on le rapproche de celui de Louis XI, on constate une diminution de deux millions quatre cent mille livres, soit plus de cinquante pour cent. Ces chiffres parlent d'eux-mêmes.

Louis XII était économe. Il rognait sur les dépenses de sa maison, sur sa garde-robe personnelle. Ce qui était un peu ridicule, sur les pensions, en sorte que ses courtisans le taxaient d'avarice. Mais la guerre coûtait cher, engendrait des gaspillages et des concussions qu'il était difficile d'empêcher. Les lourdes amendes, les contributions qu'il infligeait aux princes et aux cités d'Italie lui permettaient d'éviter une Grue de la taille. Il aurait pu tirer de grandes ressources de la fertile Lombardie, mais il diminua les impôts de ses nouveaux sujets. Ce ne fut qu'à la fin de son règne qu'il recourut aux emprunts et à la vénalité des offices, toutefois, et malgré les difficultés de trésorerie qu'il rencontrait, dans des proportions raisonnables.

Ses voyages étaient assez fréquents, ses contacts avec la population assez directs, pour qu'il eût une opinion sur les agissements des agents fiscaux. Il ordonna que les élus, receveurs, greffiers, grènetiers, contrôleurs et mesureurs de sel fussent soumis à l'obligation de résidence, alors qu'ils se faisaient remplacer trop souvent par des employés ignares ou cupides. Que les collecteurs d'impôts fussent soumis à une adjudication franche et ouverte sous le contrôle des représentants du roi. Il interdit que des impôts fussent levés sans son ordre. Il soumit les contrôleurs et les collecteurs à une surveillance étroite et vigilante. Toutes ces mesures visaient à préserver le peuple des exactions dont il était la victime. Dans la même perspective, il réglementa avec précision la vente du sel et la gabelle (lettres patentes du 15 mai 1500, ordonnance du 11 novembre 1508). Il redéfinit les attributions et le fonctionnement des Chambres des comptes (14 juin 1499, 20 mars 1500, décembre 1511), des trésoreries de France (ordonnance du 20 octobre 1508). Il contraignit les receveurs des aides et tailles à rendre des comptes « sous peine du quadruple » et, de façon générale, les comptables du trésor à tenir leurs registres à jour.

Il n'y avait point à cette époque d'indices de croissance, mais le redressement économique était évident, dont profitaient toutes les classes sociales. L'un de ses facteurs principaux était ce qu'on appelait la « marchandise », c'est-à-dire les échanges commerciaux et l'industrie. Louis XII en comprit toute l'importance et prit une série de mesures visant à faciliter le trafic. Le 23 décembre 1499, il prescrivit aux prévôts de rechercher si des seigneurs laïcs ou ecclésiastiques levaient des péages sur leurs terres et étaient tenus à ce titre d'entretenir les routes et les ponts et, dans ce cas, de les contraindre à effectuer les travaux nécessaires, sous peine de saisie. Il chargeait en outre les prévôts de faire procéder à la démolition des constructions, écluses et autres ouvrages gênant la navigation ou embarrassant la chaussée. Par ordonnance du 16 juillet 1498, il abolit les péages levés par les seigneurs riverains de la Loire sur les bateliers qui descendaient ou remontaient le fleuve, ne laissant subsister que les droits payés par les compagnies de marchands sous forme de redevance annuelle. L'intensification du trafic fluvial montrant le bien-fondé de cette mesure, il l'étendit à tout le royaume. L'ordonnance du 27 mai 1505 prescrivit une révision générale des péages de toute nature établis en France. Les péagers avaient un délai de six semaines pour adresser au Parlement de Paris les titres établissant leurs droits. La levée des péages était suspendue jusqu'à l'arrêt confirmatif. Les péages établis depuis cent ans étaient systématiquement abolis. Il en était de même des pêcheries, écluses et moulins qui, faute de titres suffisants, devaient être démolis dans l'année. Le Parlement de Paris était la seule juridiction compétente. Ainsi Louis XII mit-il fin à d'innombrables abus et surtout aux exactions des seigneurs dont certains n'hésitaient pas à jeter les marchands en prison et à saisir leurs marchandises. L'une de ses décisions les plus importantes, et quasi révolutionnaire, fut celle d'autoriser l'exportation des grains de province à province (lettres patentes du 30 mars 1502), transitant par le Rhône et ses affluents. Il réglementa l'exportation du blé (12 février 1507) et du vin (9 août 1514), l'exploitation des mines d'argent, de cuivre et autres. Il accorda des privilèges à diverses corporations dont bénéficièrent notamment les fabricants de drap d'or et de soie tourangeaux.

Pour sa part, le cardinal d'Amboise s'employa, avec l'accord du roi, à mettre fin au laxisme de certains ordres religieux. Il avait le titre de légat du pape et les pouvoirs subséquents. L'idée était dans l'air de réformer les ordres monastiques, dont les règles étaient désuètes ou mal observées. Dans la plupart des cas, les réformes intervinrent à l'instigation des abbés ou des abbesses qui dirigeaient les communautés. Ailleurs, les habitudes se maintenaient sous la pression du plus grand nombre. Le légat réforma plusieurs couvents Sans rencontrer de difficultés, mais il se heurta à la résistance acharnée des jacobins et des cordeliers. Les jacobins de Paris étaient environ quatre cents, moines ou « écoliers ». Amboise leur envoya des séculiers pour les rappeler à leur règle et spécialement pour leur interdire les sorties du couvent. Certains menaient une vie dissolue et perturbaient l'ordre public. Ils objectèrent qu'étant étudiants ils devaient assister aux cours de la Sorbonne. Des étudiants laïcs, « armés sous leurs robes longues », se joignirent à eux, s'enfermèrent dans le couvent de la rue Saint-Jacques. Le Parlement intervint. Il fallut une centaine d'archers pour déloger les moines et faux moines rebelles. L'opposition fut aussi forte chez les cordeliers, mais elle prit une forme différente. Pour empêcher la lecture de l'ordonnance de réforme, les moines, rassemblés dans la chapelle du couvent, chantèrent des cantiques pendant quatre heures ! Le gouverneur et le prévôt de Paris durent intervenir avec la force armée pour les contraindre à l'obéissance. Ces réformes conventuelles s'échelonnèrent jusqu'en 1512. Elles répondaient à une aspiration, confuse encore, d'assainissement de l'Eglise, de spiritualité plus affinée et plus authentique. En ce domaine aussi, c'était une époque de transition entre le Moyen Age et les temps modernes.

Cette évocation des réformes intervenues sous le règne de Louis XII appelle deux observations. Elle atteste la sollicitude constante de ce roi à l'égard de son peuple, qu'il s'agît des laboureurs ou des marchands, son respect pour la classe laborieuse, son souci de protéger les faibles en moralisant la fonction publique. Elle révèle ses méthodes empreintes de sagesse et de prudence. Il ne réformait pas pour le plaisir de réformer. Il ne changeait pas la société de son temps, mais accompagnait et soutenait les changements qui s'opéraient spontanément. Il n'abolissait point les mesures prises par ses prédécesseurs, mais les reprenait à son compte en les améliorant ou en les complétant. Ses innovations n'étaient point fracassantes, mais échelonnées, dosées avec soin, expérimentales. Elles n'étaient point le fruit de la démagogie, mais concrétisaient des besoins réels. Plusieurs d'entre elles, et non des moindres, trouvaient leur origine dans les cahiers de doléances de 1484. En supposant que Louis XII n'ait eu que du bon sens — comme certains de ses biographes l'ont écrit dans une intention péjorative —, cela montre tout simplement que le bon sens est la règle d'or d'un bon gouvernement.

QUATRIÈME PARTIE

VICTOIRES ET REVERS

1507-1515

Les papes n'ont cessé d'attirer en Italie les étrangers et de susciter de nouvelles guerres. Dès qu'ils avaient élevé un prince, ils méditaient de nouvelles guerres, ne voulant pas qu'un autre possédât la contrée qu'ils ne pouvaient posséder eux-mêmes, car ils n'ont jamais été assez forts pour soumettre l'Italie entière, ni assez faibles pour n'avoir pas le moyen de l'empêcher d'être réunie sous un seul souverain.

Machiavel.

I

La révolte de Gênes

La rupture du mariage franco-autrichien déplut fort à Maximilien et à Philippe le Beau. Louis XII eut beau déclarer à leurs ambassadeurs que « les rois de France, quand ils viennent à la couronne, font un serment si fort et si inviolable que tout ce qu'ils accordent ou promettent après n'est de nulle valeur, pour peu que ce soit chose qui puisse toucher le bien et l'utilité du royaume », l'excuse fut mal reçue. Les ambassadeurs répondirent que c'était « une merveilleuse nouvelle, vu les traités faits et passés, jurés et promis par le Roi ». Philippe le Beau, qui s'opposait à son beau-père pour le royaume de Castille et faisait fond sur l'alliance française, se réconcilia soudain avec lui. Louis XII voulait éviter une rupture. Le 25 mai 1506, il envoya dans ce but une ambassade à l'empereur. Elle était conduite par le comte de Rochechouart, avec Antoine Duprat comme porte-parole. Maximilien se livra à son petit jeu habituel qui était de promener les ambassadeurs. Rochechouart se fâcha, menaça de quitter l'Allemagne. Finalement, l'entrevue eut lieu à Leoben. Duprat prononça un beau discours en latin, puis on conversa. Rochechouart n'obtint pas de réponse précise ; il ne put déceler les véritables intentions de Maximilien L'empereur était un maître dans l'art de dissimuler. Sa chevalerie hautaine s'accommodait fort bien du mensonge et de l'hypocrisie. Ses nobles propos voilaient un réalisme politique fort proche du cynisme. C'était un fauve royal dont les ripostes étaient imprévisibles. Mais, en même temps, il avait le goût du secret et rien ne lui plaisait tant que les menées souterraines. Le seul point fixe de ses actes et de ses pensées était une ambition illimitée. L'hostilité larvée des princes allemands, leur inertie calculée et leur égoïsme la jugulaient. Louis XII pouvait être sûr que Maximilien lui ferait payer très cher la rupture du mariage de Charles de Gand, mais en prenant le temps d'attendre la conjoncture propice.

Tout d'abord, la chance servit le roi de France. Philippe le Beau mourut d'une pleurésie, le 25 septembre 1506, à vingt-huit ans. Il laissait une veuve (Jeanne la Folle) et deux fils, Charles et Ferdinand. Le roi d'Aragon regretta peu son gendre, mais il avait à redouter que Maximilien revendiquât la Castille au nom de son petit-fils. Cette crainte l'incita à se rapprocher de la France. L'empereur laissa Ferdinand gouverner paisiblement les deux royaumes d'Espagne. C'était à Louis XII qu'il s'intéressait, cherchant à le mettre dans l'embarras. Des rumeurs alarmantes parvenaient de Gênes. Le roi de France ne tarderait pas à intervenir. Ses agents avaient reçu l'ordre de recruter quatre mille Suisses. Or Gênes, qui s'était donnée spontanément à la France en 1499, était terre d'Empire et les Suisses s'étaient engagés à ne jamais combattre contre l'empereur. Les agents de Maximilien contrebattaient l'influence des Français. Il intervint lui-même en ces termes auprès de la Confédération : «Vous, confédérés, parents immédiats du Saint-Empire et de la nation allemande, voici que, par votre faute, le Roi de France est sur le point de réussir dans ses desseins!» Les cantons étaient divisés. Ordres et contrordres se succédaient. La France offrit double solde; la cupidité l'emporta sur la fraternité allemande.

L'empereur avait un allié plus sûr en la personne de Jules II della Rovere. Ce pape, oubliant le passé, était désormais partie prenante dans tout ce qui pouvait nuire aux Français. L'année précédente, il avait ordonné des messes pour la guérison de Louis XII, mais il ne l'exécrait pas moins. Après son élévation au pontificat, il avait commencé petitement et ménagé la chèvre et le chou. Sans hommes et sans argent, il s'était débarrassé par ruse de César Borgia, l'avait plus ou moins livré aux Espagnols. César s'en était allé mourir à Pampelune, d'une flèche bien placée. Depuis lors, cachant son jeu, le pape avait progressivement rétabli son autorité sur les Etats de l'Eglise. Il en avait chassé les seigneurs indociles et calmé le prurit d'indépendance des principales cités. Il en voulait mortellement aux Vénitiens d'avoir mis la main sur plusieurs territoires, aux Français d'occuper le Milanais et Gênes. Cela ne l'empêcha pas de demander à Louis XII de l'aider à faire rentrer Bologne dans l'obéissance. Le roi croyait que le pape était encore son allié. Il s'empressa d'envoyer à Chaumont d'Amboise, gouverneur de Milan, l'ordre de mettre des troupes à la disposition de Jules II. Bologne capitula et dut verser une lourde amende. Le pape entra dans la ville comme un général vainqueur. On comprit alors que le souverain temporel l'emportait en lui sur le chef de la chrétienté. Il dédommagea généreusement Chaumont d'Amboise et accorda au roi deux chapeaux de cardinal.

Mais, dans le même temps, ses agents suscitaient des troubles dans le Milanais et surtout à Gênes, et montaient l'opinion contre le roi de France. Son but secret était en effet de libérer l'Italie de tous les étrangers qui l'occupaient, d'unifier son territoire et d'instaurer une théocratie dont il se voyait déjà le maître. Avec un tel homme, c'eût été un terrible régime, analogue à la dictature du moine Savonarole à Florence. Jules II croyait ainsi doter l'Eglise d'une puissance redoutable et dominer les rois. Ce rêve grandiose avait été celui d'Innocent III. Mais ce dernier brandissait les foudres spirituelles, alors que Jules II voulait la puissance temporelle ; la différence était grande et la prétention inacceptable. Après avoir chassé les Français de Milan, d'Asti et de Gênes, il se serait débarrassé de la tutelle (toute relative) de l'empereur en supprimant les fiefs d'Empire. Après Venise, le tour des Espagnols serait venu dans le royaume de Naples. Il mit dans la réalisation de ce projet toute la puissance de son imagination et de son énergie, et le génie tumultueux qui l'animait.

Gênes était un merveilleux terreau pour ses espions. Cette superbe ville, qui avait jadis dominé le trafic méditerranéen, se consolait mal de son abaissement. La tension y était extrême entre le peuple et les riches, entre le négoce et la noblesse. Des incidents éclataient sous des prétextes futiles. La violence était endémique. Les poignards se dégainaient vite. Les rixes étaient fréquentes. Le gouverneur, Philippe de Clèves (seigneur de Ravenstein), tapi dans la citadelle avec ses gardes, maintenait difficilement un semblant d'ordre. Homme du Nord, il comprenait mal la mentalité génoise, explosive et fière. Le 15 juin 1506, un noble eut la maladresse de souffleter un homme du peuple. Incident mineur, mais qui suffit à rameuter une foule ivre de fureur. Les maisons aristocratiques furent mises à sac. Des familles furent massacrées, d'autres trouvèrent leur salut dans la fuite. Ravenstein fut incapable d'arrêter le pillage et les tueries. L'émeute s'apaisa d'elle-même, mais l'atmosphère restait tendue.

Les nobles s'étaient réfugiés dans leurs maisons de campagne, bâties sur les hauteurs dominant la ville. Ils envoyèrent une délégation à Louis XII pour le supplier d'intervenir. Ravenstein se joignit à eux. Trompé par ses informateurs, il ignorait la cause réelle de l'émeute. Sur ces entrefaites, le roi reçut la visite des députés du peuple génois, protestant de leur fidélité à sa personne et accusant les nobles d'être les fauteurs de troubles. Louis XII hésitait sur la conduite à tenir. Ses sympathies allaient instinctivement au peuple, mais il ne pouvait tolérer que l'autorité du gouverneur fût bafouée. Il renvoya Ravenstein à son poste avec une troupe de fantassins et de cavaliers. Cette décision, mal interprétée, exacerba la colère des Génois. Quand le gouverneur arriva à Gênes, il se heurta à un gouvernement insurrectionnel composé de huit tribuns élus. Des milices bourgeoises solidement encadrées et bien armées le refoulèrent dans la citadelle avec son escorte. Pendant son absence, les espions de Jules II, répandant de fausses rumeurs contre le roi de France, avaient incité le peuple à se doter d'un nouveau gouvernement. Informé de cet événement, Louis XII agit avec modération. Il espérait que le temps et de bonnes paroles apaiseraient la querelle. Il envoya à Gênes un habile négociateur qui prêcha la réconciliation. Les agents du pape annulèrent le bon effet de ce discours. D'ailleurs, les Génois étaient tellement montés contre les Français qu'il suffisait de souffler sur les braises. De surcroît, leur rébellion faisait tache d'huile. Des villes du Milanais commençaient à s'agiter, envoyaient des volontaires pour soutenir leurs frères génois. Les tribuns de Gênes firent soudain abattre les fleurs de lys et élurent un doge : Paul de Novi, teinturier de son état. Le 12 mars 1507, des forcenés massacrèrent des Français réfugiés dans un fortin, crucifiant les hommes et leur arrachant le cœur, éventrant les femmes après les avoir violées.

Ces événements décidèrent Louis XII à intervenir en personne. Il envoya Georges d'Amboise à Asti et nomma La Trémouille lieutenant général du royaume. Maximilien et Jules II faisaient courir le bruit que le roi de France se préparait, non seulement à châtier la révolte de Gênes, mais à conquérir toute l'Italie et à mettre le Saint-Siège en tutelle. L'empereur se disait résolu à le combattre. Le roi répondit qu'il livrerait bataille à quiconque essaierait de lui barrer la route. Henry VII d'Angleterre approuva l'expédition contre Gênes. Il en fût de même de Ferdinand d'Aragon qui prêta quatre galères. L'armée de Louis XII était forte de neuf cents lances, de quatorze mille fantassins, et dotée d'une puissante artillerie. Etant en bonne santé, il avait retrouvé l'ardeur de sa jeunesse. Cependant, la reine, qui l'avait accompagné jusqu'à Lyon, ne laissait pas d'être inquiète : elle avait fini par admettre la rupture du mariage autrichien, et par revenir à de meilleurs sentiments envers son époux. Elle approuvait d'ailleurs le châtiment de la ville rebelle. De nombreux gentilshommes avides de gloire et d'aventures s'étaient joints à l'armée en qualité de volontaires. L'Italie faisait encore recette ! L'armée arriva en vue de Gênes dans la dernière semaine d'avril. Le doge Paul de Novi et son conseil l'attendaient de pied ferme. Leurs soldats occupaient les hauteurs. Un fort bien pourvu de canons défendait le passage principal. L'assaut commença le 24 avril. En deux jours, toutes les positions des Génois furent emportées, y compris le fort sur lequel ils fondaient leurs espoirs. Les monts, le pourtour de la ville étaient jonchés de morts, car on ne faisait pas de quartier. La ville se rendit à discrétion. Le 28 avril, une députation se présenta au roi. Il refusa de la recevoir, mais l'envoya au cardinal d'Amboise. Les députés demandaient grâce à Sa Majesté. Ils offraient de verser une amende en réparation des méfaits commis par « des mutins désordonnés » et suppliaient le roi d'épargner leurs vies et leurs biens. Le cardinal répondit qu'ils devaient se résigner à subir la loi du vainqueur. La victoire avait été si rapide qu'elle prenait Louis XII et ses lieutenants au dépourvu. On disputa fort au Conseil sur le point de savoir si on laisserait entrer dans la ville les Suisses, les Picards et les Gascons : c'eût été le pillage assuré, sinon pis. Le roi s'y opposa; il ne voulait pas la ruine de cette cité qui était la seule ouverture du Milanais sur la mer.

Le 28 avril, il fit son entrée, armé de toutes pièces, « l'armet sur la tête, tout empanaché de plumes blanches », l'épée nue à la main, monté sur un destrier noir, caparaçonné à ses couleurs qui étaient rouge et or. Sa cotte portait cette devise : « *Non cetitur aculeo Rex cui ponemus* » (le Roi que nous servons ne fait pas usage de son aiguillon) sous une broderie représentant le roi des abeilles et son essaim : le goût des emblèmes persistait ! Les Gascons, les Picards et les Suisses restèrent aux portes de la ville. Trois cents lances et quinze cents arbalétriers suivaient le roi. Une foule énorme et silencieuse accueillit les vainqueurs. Pour les amadouer, on avait décoré les fenêtres de draps d'or et de tapis. Des échafaudages avaient été dressés, sur lesquels les plus belles Génoises avaient pris place; elles criaient : « Miséricorde ! » au passage du roi, remuaient des palmes. Trente notables, le crâne rasé, en habits de deuil, se jetèrent à genoux. Le roi ne daigna pas les entendre. Il s'arrêta à la cathédrale pour rendre grâces de sa victoire, puis se retira dans le palais-forteresse du gouverneur. Des hérauts précédés de trompettes parcoururent les différents quartiers. Ils ordonnèrent aux habitants d'apporter leurs armes sur la place du palais. On en fit des faisceaux qu'on jeta aux Suisses par-dessus les murailles. Les jours suivants, des potences furent dressées. Les mutins les plus compromis et leurs chefs furent conduits devant une cour martiale. Une soixantaine d'entre eux furent exécutés. Les interrogatoires révélèrent le rôle pernicieux des agents du pape. Le doge Paul de Novi s'était enfui en Corse. Il fut livré, ramené à Gênes par des marins, et pendu. Pendant une semaine, qui parut interminable, les Génois attendirent d'être fixés sur leur sort. La délation, les vengeances personnelles ajoutaient aux craintes de ceux qui avaient pactisé avec les mutins. Le roi, siégeant en majesté, fit enfin connaître sa sentence. Un maître des requêtes lut, en son nom, un arrêt par lequel il déclarait les Génois convaincus des crimes de rébellion et de lèse-majesté. Par suite, ils étaient condamnés, en expiation de leurs forfaits, à la perte de leurs vies et de leurs biens, et déchus de leurs franchises et privilèges. Toutefois, le roi leur faisait grâce de la vie et de la confiscation de leurs biens, à condition qu'une amende de trois cent mille ducats lui fût versée, dont une partie servirait à construire une seconde forteresse. La plupart des anciens magistrats furent destitués. Une nouvelle municipalité fut mise en place. Philippe de Ravenstein perdit sa charge. Le nouveau gouverneur fut Raoul de Lannoy. Gênes et ses dépendances, notamment la Corse, perdirent leur autonomie et furent rattachées à la couronne de France.

La nouvelle de cette victoire provoqua en France une explosion de joie. Ailleurs, elle suscita plutôt la crainte ou la colère. Jules II, apprenant la chute de Gênes, s'enferma dans sa chambre et n'en sortit pas de trois jours, cuvant sa rage. Ferdinand d'Aragon, qui se trouvait à Naples, et Gonzalve de Cordoue, étaient abasourdis. A Constance, où la Diète s'était réunie, Maximilien clamait : « Le Roi de France veut ravir la couronne impériale à la nation allemande ! J'ai l'intention de conduire une armée en Italie et d'y ceindre la couronne impériale ; ensuite, je ferai tous mes efforts pour anéantir les espérances des Français et les chasser de l'Italie. J'en appelle à votre grandeur d'âme, à votre courage, vertus qui ont toujours été les qualités essentielles des Allemands. » Tout ce qu'il voulait, c'était obtenir des subsides et des volontaires.

Louis XII faisait une tournée triomphale dans le Milanais. Le châtiment des Génois portait ses fruits : ce n'étaient que démonstrations d'amour, festins et fêtes. On baisait la main qu'on n'avait pu couper. A Milan, les ambassadeurs de toutes les principautés et républiques se pressaient autour du vainqueur, l'abreuvaient de leurs compliments et de leurs protestations de fidélité, y compris les envoyés de Jules II ! L'irascible pontife congratulait celui qu'il voulait perdre. Il faisait fond sur la venue annoncée de Maximilien. Tout ce qu'il espérait, c'était que les « Barbares » s'exterminassent entre eux et que l'Italie fût enfin délivrée de leur présence ! La victoire de Louis XII servait indirectement ses plans. Il était résolu à exploiter au maximum l'effet de stupeur qu'elle avait produit, mais il lui fallait agir avec prudence, car Rome n'était pas si éloignée de Milan et les forces pontificales ne permettraient pas de résister longtemps à une invasion ou à un siège.

Ferdinand d'Aragon se demandait quelles étaient les intentions de Louis XII. Il était en difficulté avec Jules II qui prétendait à la suzeraineté du Saint-Siège sur le royaume de Naples. Il proposa donc une entrevue à son bon frère de France. Ce dernier s'empressa d'accepter. Les deux rois se rencontrèrent à Savone et passèrent cinq jours ensemble (24 au 28 juin 1507). Louis XII se réjouissait de retrouver la reine Germaine de Foix, qui était sa nièce. Elle lui devait son mariage avec Ferdinand d'Aragon. Cependant, soit qu'elle fût devenue tout « aragonaise », soit que son époux l'eût chapitrée, elle se montra fort réticente envers son oncle et peu courtoise avec les gentilshommes de sa suite. Gonzalve de Cordoue accompagnait son maître. Il semblait soucieux : on ignorait que Ferdinand d'Aragon, prenant ombrage de sa popularité auprès des Napolitains, venait de lui fendre l'oreille et le renvoyer en Espagne. Malgré la chaleur de l'accueil, l'éclat des réceptions, la bonne humeur affichée, les entretiens furent assez décevants. Leur seul résultat fut le maintien de l'état de paix entre les deux souverains, sur la base du *statu quo*, c'est-à-dire de la renonciation de Louis XII au royaume de Naples. Cependant, le roi d'Aragon lui promit l'envoi de troupes auxiliaires en cas de besoin. Il prenait ainsi position contre l'empereur.

Pendant ce temps, Maximilien se démenait pour rassembler une armée. Il tenta en vain de recruter des Suisses. Les agents de Louis XII avaient un argument qui annihilait la propagande des envoyés de Maximilien : ils distribuaient des pièces d'or. Maximilien réclama l'aide de Venise. Le doge rejeta ses propositions. Il passa néanmoins en Italie (février 1508). Dans la cathédrale de Trente, il prit le titre d'empereur sans pour autant demander à Jules II de le couronner. C'était un geste ridicule, puisqu'il était empereur depuis 1493, mais il croyait impressionner les Vénitiens. La réaction du doge fut d'envoyer une armée contre les Allemands. Louis XII lui avait prêté sept mille hommes commandés par le maréchal Trivulce. Les Allemands furent battus à plate couture. Maximilien n'avait pas attendu l'issue de la bataille pour déguerpir. Il expédia peu après ses émissaires à Venise. Une trêve fut signée, sans que le doge ait cru bon de consulter Louis XII, ni même de l'informer. Cette attitude offensa le roi. Ce n'était pas la première fois que la Sérénissime lui jouait un mauvais tour. Sa politique ondoyante avait souvent frôlé la trahison.

II

La ligue contre Venise

Depuis longtemps la puissance de Venise était suspecte aux yeux des souverains d'Europe. Elle leur portait ombrage. Les rapports commerciaux que les Vénitiens entretenaient avec les Turcs, les Egyptiens et les peuples d'Afrique du Nord offensaient les chrétiens et bien entendu la papauté, à une époque où l'on parlait encore de croisade, il est vrai sans y croire. Par ailleurs, on comprenait mal le fonctionnement de cette république qui se maintenait depuis des siècles sans sombrer dans l'anarchie ou la dictature. Le subtil Commynes lui-même, en mission diplomatique à Venise pendant plusieurs mois (en 1495), ne vit que l'extérieur des structures, n'eut affaire qu'au doge dont il paraît avoir surestimé le pouvoir : il ne démonta point les rouages de cette machine politique parfaitement rodée. Il s'extasia devant la grandeur de la Sérénissime, mais n'en perça pas le secret. Dans un ouvrage publié en 1544, le cardinal Contarini voyait le secret de cette grandeur dans la coexistence au sein de la cité des trois formes de gouvernement définies par Aristote : monarchie, oligarchie et démocratie. Le doge représentait pour lui la monarchie, bien qu'il fût élu. Le Sénat et le conseil des Dix, l'oligarchie. Le Grand Conseil, la démocratie. En fait, c'était un juste équilibre entre ces trois pouvoirs qui assurait la stabilité politique. Quant à la puissance de Venise, elle était essentiellement due à une richesse sans cesse accrue, reposant sur le trafic maritime.

Depuis qu'elle avait vaincu Gênes, sa rivale, elle régnait sur la Méditerranée. Sa flotte de commerce, protégée par une cinquantaine de galères de combat — les plus rapides et les mieux armées de l'époque —, franchissait le Bosphore, traversait la mer Noire, jusqu'au port de La Tana à l'embouchure du Don et à Trébizonde. Elle bordait toute la côte du Moyen-Orient (Tripoli, Beyrouth, Jaffa), de l'Egypte, de l'Afrique du Nord (de Tripoli à Melilla), les côtes de France (Aigues-Mortes et Marseille), d'Espagne (Barcelone et Valence), du Portugal (Lisbonne) et, remontant vers le nord et embouquant la Manche, relâchait à Southampton, Londres et Bruges. Venise comptait alors cent vingt mille habitants — dont trente mille marins. Toutes les marchandises précieuses transitaient par ses entrepôts. Elle fabriquait elle-même des soieries, des brocarts et les déjà célèbres verroteries de Murano. Il y avait dans la mentalité collective des Vénitiens plus que le mercantilisme, l'orgueil d'être citoyens de la Sérénissime. *Roma caput mundi, Venetiæ secundi*! L'Etat vénitien comprenait la ville elle-même, les îles qui l'entouraient, à peu près toutes peuplées et fortifiées, et un domaine de terre ferme qui n'avait cessé de s'étendre : vers l'Empire au nord et à l'est, vers le royaume de Naples au sud, vers les Etats du pape et le duché de Milan à l'ouest. Ces empiétements successifs étaient le fruit d'une diplomatie habile, d'alliances opportunes, de la discorde régnant entre les Etats voisins ou de leur affaiblissement. L'amitié de Venise n'était jamais désintéressée et presque toujours conditionnelle. Profitant de toutes les circonstances, accumulant les réussites au moindre coût, la Sérénissime s'était fait beaucoup d'ennemis; sa richesse éveillait les convoitises. Jules II voulait récupérer les territoires usurpés en Romagne; l'empereur, le Frioul; le roi d'Aragon, les ports des Fouilles, et surtout Otrante à l'ouvert de l'Adriatique; le roi de Hongrie, la Dalmatie; le roi de France, Crémone et diverses places du Milanais.

Jules II nourrissait à l'encontre de Venise une haine d'autant plus farouche qu'il était d'origine génoise. Il ne pardonnait pas à l'épiscopat vénitien son indépendance de fait, relativement aux bénéfices ecclésiastiques. La collusion de la ville avec les marchands turcs, sa tolérance à l'égard des Grecs orthodoxes, des juifs et des musulmans, frôlaient à ses yeux l'hérésie. Sa puissance contrariait ses plans. A vrai dire, tout ce qui touchait à la grandeur lui était insupportable, car c'était son domaine réservé. De plus, il ne pouvait tolérer la poussée vénitienne vers la Romagne, et encore moins une suprématie en Italie qui ne serait pas la sienne. Cependant, Venise n'était pour lui qu'un prétexte et un moyen d'assouvir son ambition. Ce violent pouvait être roué, pratiquer une politique tortueuse, bien que la patience ne fût pas sa qualité dominante. Il ne lui fut pas difficile d'exploiter la colère de Maximilien humilié et ridiculisé par sa récente défaite. Cependant, il était clair que celui-ci ne pouvait rien sans l'aide militaire du roi de France. Or, Louis XII était l'allié de Venise depuis 1499. Sans doute avait-il plus d'un sujet de mécontentement, reprochait-il à la Sérénissime de mal tenir son alliance, d'avoir eu notamment une attitude équivoque lors de la révolte de Gênes, d'occuper certaines places naguère incorporées au duché de Milan, en dernier lieu d'avoir signé la trêve que l'on sait avec l'empereur sans lui en référer. Cependant, dans la conjoncture, un nouveau traité d'alliance pouvait être négocié avec le doge, profitable aux deux parties. Mais Georges d'Amboise et Louis XII prêtaient alors l'oreille au chant mélodieux d'une sirène dont ils n'aperçurent pas la perfidie. Il s'agissait de Marguerite d'Autriche, fille de Maximilien.

L'ex-fiancée de Charles VIII avait alors vingt-huit ans et était deux fois veuve. En 1497, elle avait épousé l'infant Juan, fils de Ferdinand d'Aragon et d'Isabelle de Castille, qui mourut la même année. En 1501, elle s'était remariée avec Philibert de Savoie, qui mourut en 1504. Son père lui avait confié le gouvernement des Pays-Bas en 1506. Douée d'un véritable génie politique, il n'est pas excessif d'écrire qu'elle fut la cheville ouvrière de l'immense Empire dont héritera Charles Quint, son neveu. L'influence qu'elle exerça sur son père fut, plus d'une fois, déterminante. C'était une charmante jeune femme, d'autant plus dangereuse ! Elle n'avait jamais oublié qu'on l'avait jadis chassée de France pour laisser la place à la petite duchesse de Bretagne. Elle avait grandi à la cour sous l'aile d'Anne de Beaujeu. Elle connaissait bien la mentalité française, plus spécialement celle des princes et des grands seigneurs. Elle avait aussi une opinion clairvoyante sur Louis XII et son entourage. Son père la chargea d'opérer un rapprochement avec celui-ci, sans se douter le moins du monde que Jules II le manipulait. Ce pontife, dans un subit élan de piété, l'avait convaincu de se réconcilier avec le roi de France dans le but d'en finir avec Venise pour ensuite combattre les Turcs ! Michelet fausse les choses, quand il écrit de Marguerite d'Autriche qu'elle se fit « Margot la Flamande, la simple et bonne femme », et lui prête « le génie moyen » de sa race. Elle était au contraire la finesse même, savait parler à chacun le langage qui convenait et masquer ses sentiments personnels. Quand il fut question d'une rencontre diplomatique entre l'Empire et la France, elle écrivit à Louis XII : « Je mettrai peine à m'employer tellement à l'adresse des affaires que, avec l'aide de Notre Seigneur, il s'ensuivra une bonne fin au bien universel de toute la Chrétienté, comme j'ai toujours désiré et désire. » Cette colombe aux griffes de rapace était une étrange messagère de paix ! Son rôle consistait à rassurer Louis XII sur les intentions de Maximilien et à attiser son mécontentement contre Venise. Elle organisa une conférence à Cambrai. Georges d'Amboise conduisait la délégation française. Toujours superbe, il arriva dans cette ville le 22 novembre 1508, avec une suite de quatre cents cavaliers. Marguerite n'était pas moins bien accompagnée. Ferdinand d'Aragon avait également envoyé ses légats. Marguerite, de ses blanches mains, tirait les ficelles. Elle avait de fréquents entretiens privés avec Georges d'Amboise. Le vieux diplomate se croyait en position de force et manquait de prévision. Il ne sentit point que le ressentiment de la princesse à l'encontre de la France persistait et qu'il était même son principal ressort. Sans doute vieillissait-il.

D'ailleurs, il n'avait jamais pu se prémunir contre un fond de rectitude redoutable en diplomatie. A sa grande surprise, Marguerite lui tint tête. « Nous nous sommes cuidés prendre au poil[1] », écrivait-elle ironiquement. Elle lui rappelait que l'alliance contre Venise remontait, dans son principe, à 1501 et que l'un des traités signés à Blois en 1503 la prévoyait formellement. Il s'agissait donc simplement de la rendre effective. On ne voulait point détruire Venise, mais réduire son territoire aux îles de la lagune. Pourquoi ne pas profiter du nouveau traité pour liquider tous les différends entre l'Empire et la France, dont l'union donnerait la paix à l'Europe et permettrait, comme le souhaitait le pape, l'organisation d'une croisade contre les Turcs ? Perspectives alléchantes certes, mais trop belles pour être vraies. Le cardinal d'Amboise n'aimait pas beaucoup les Vénitiens dont les prélats l'avaient desservi lors de ses élections manquées au pontificat. Mais il savait aussi que le roi hésitait à rompre son alliance avec eux. L'Autrichienne demandait des sacrifices qu'il accepterait difficilement. Elle offrait en contrepartie des avantages appréciables. On se mit finalement d'accord et, le 10 décembre, on signa deux traités.

Le premier était de la poudre aux yeux. L'empereur et le roi de France concluaient une paix pour leur vie durant et même pour un an après la mort de l'un des deux souverains. Ils contractaient une alliance à laquelle leurs alliés respectifs étaient invités à adhérer, à savoir le pape, les rois d'Angleterre, d'Aragon, de Hongrie. A l'instigation de Jules II, ils s'engageaient à défendre la chrétienté contre les Ottomans et à conduire une expédition en Orient, après avoir lancé un appel à tous les souverains d'Europe.

C'était là le traité officiel, le seul qui fût publié. Car il existait un second traité, celui-ci tenu secret. La pseudo-croisade visait uniquement à conserver les droits du Saint-Siège et à faire rendre gorge aux Vénitiens dont les usurpations étaient

1. Nous avons cru nous prendre aux cheveux.

considérées comme des crimes contre la foi chrétienne ! Une ligue était donc constituée entre Maximilien, Louis XII, le pape et Ferdinand d'Aragon. Jules II userait en outre de ses armes spirituelles, l'interdit, l'excommunication, etc. Le partage des possessions terrestres de la Sérénissime était le point crucial : le Frioul, l'Istrie, Vérone, Trévise, Padoue, Vicence pour l'empereur ; Brescia, Crémone et Bergame pour le roi de France ; Ravenne, Rimini, Faenza, Cervia pour le pape ; les ports des Pouilles, dont Otrante, pour le roi d'Aragon. Le roi de Hongrie, le duc de Ferrare, le marquis de Mantoue, la république de Florence auraient aussi leur part, toutefois proportionnée à leur aide effective. Louis XII envahirait le territoire vénitien à partir du 1er avril 1409. L'empereur suivrait avec l'ensemble de ses forces dans un délai de quarante jours. Les Français feraient donc la besogne et les Impériaux cueilleraient les lauriers ! Maximilien pouvait être fier de sa fille ; il l'avait bien dressée ! Maigre compensation pour le roi de France, il obtiendrait l'investiture pleine, entière et définitive du duché de Milan après son entrée en campagne. Tout le contentieux entre l'Empire et la France était effacé, y compris la rupture du mariage autrichien. En revanche, les revendications de Charles de Gand au royaume de Castille, la situation de Ferdinand son frère et de la reine Jeanne restaient en suspens : il fallait ménager la susceptibilité de Ferdinand d'Aragon pour obtenir son concours ! Même *statu quo* en ce qui concernait la querelle pour la Navarre entre les Albret soutenus par Maximilien et les Foix soutenus par Louis XII. Ce traité était un marché de dupes. Sous couleur de paix et de croisade, il offrait à l'empereur et au roi d'Aragon les moyens de s'agrandir en Italie. Il confortait la politique antifrançaise du pape. Il affaiblissait notre position dans la péninsule, jusque-là dominante. Louis XII ne pourrait dès lors prétendre au rôle d'arbitre. Jules II venait de remporter une victoire qui se retournerait en fin de compte contre lui-même : il appelait les étrangers qu'il voulait chasser d'Italie ! Sa patrie serait désormais, et pour des décennies, le champ de bataille et la proie des « Barbares du Nord ».

On avait essayé de faire croire aux Vénitiens que la conférence de Cambrai n'avait d'autre but que de régler les différends entre la France et les Pays-Bas dont Marguerite d'Autriche était régente. Mais la rumeur d'une ligue contre la Sérénissime ne tarda pas à filtrer. Son ambassadeur à la cour de France déplorait le changement d'attitude à son égard. Comme on lui demandait un jour de ses nouvelles, il répondit :

— « Je me porte assez bien, si ce n'est que j'ai grand mal aux oreilles, en entendant journellement ce qui se dit contre la république. »

Il essaya de montrer au roi le danger qu'il courait en renonçant à ses anciens alliés et en s'attachant à ses ennemis de la veille :

— « La république, insistait-il, a de grandes ressources, et c'est une entreprise bien périlleuse que de s'attaquer à une puissance gouvernée par tant de têtes sages. »

— « Monsieur l'ambassadeur, répondit Louis XII, tout ce que vous venez de me dire est fort bon ; mais j'opposerai tant de fous à vos sages qu'ils auront bien de la peine à la gouverner. Nos fous sont gens qui frappent à droite et à gauche, et qui n'entendent pas raison quand ils ont commencé. »

Le gouvernement de Venise ne s'était pas inquiété outre mesure de la conférence de Cambrai. Quelles que fussent les informations qui lui parvenaient, il refusait de croire à la défection du roi de France. Toutefois, lorsque Jules II offrit de négocier à l'amiable la rétrocession des territoires qu'il revendiquait (il n'en était pas à une ignominie près !), le doge Leonardo Loredan prit conscience du péril. Il réagit promptement. Cependant, les conseillers comme les sénateurs étaient partagés. La majorité d'entre eux préconisait la bonne vieille diplomatie à la vénitienne, c'est-à-dire d'entamer des négociations avec chacun des confédérés et de jouer les uns contre les autres. Cette méthode s'était toujours révélée payante. Mais le doge avait compris que la perte de Venise était résolue. L'un de ses affidés, Trevisiani, procurateur de Saint-Marc, déclara :

— « Montrer de la faiblesse, faire des offres à l'un des conjurés, c'est autoriser tous les autres à se mettre en droit de nous dicter des lois, et il n'en faut attendre que de très dures. Le meilleur moyen d'éviter notre ruine est de nous raidir contre le danger, de ne point désespérer de la patrie ; et quand nous ferons tout ce qui est en notre pouvoir, Dieu ne nous abandonnera pas. »

Ce que négligeaient les ennemis de Venise, ou ce qu'ils ignoraient, c'était précisément le patriotisme vénitien. Ceux qui exerçaient le pouvoir avaient toujours traité les Vénitiens de telle sorte qu'ils pouvaient compter sur le loyalisme actif de toute la population. Le danger stimulait son orgueil et son courage. Or les Coalisés croyaient avoir affaire à des marchands et à leurs commis dont la pugnacité semblait douteuse. Ils oubliaient que Venise était riche et pouvait s'offrir des mercenaires ; qu'elle fabriquait des canons et disposait d'une flotte redoutable. Ils ignoraient aussi l'énergie du doge Loredan, qui fut l'âme de la résistance. En quelques mois, il mit sur pied un corps d'infanterie de quarante mille hommes, une cavalerie lourde de trois mille chevaux, une cavalerie légère de cinq mille, un parc d'artillerie énorme. Il confia cette armée à deux généraux : Pittigliano et Alviano.

Comme à son habitude, Maximilien cherchait de l'argent pour recruter des mercenaires. Il se hâtait « lentement », puisque les Français devaient ouvrir le feu. Il se contenterait de donner le coup de grâce à la ville rebelle. Louis XII s'employait à réunir une grosse armée : il ne sous-estimait pas les difficultés de l'entreprise, mais elle l'enthousiasmait. Vaincre la Sérénissime, c'était acquérir une gloire sans précédent. Toutefois, il était économe et ne voulait pas accroître le poids fiscal. Les Suisses coûtant trop cher, il les remplaça par une infanterie nationale. Tel fut l'objet de l'ordonnance du 12 janvier 1509 qui décrétait la levée de gens de pied dans le royaume et en régularisait l'emploi. Louis XII reprenait, très exactement, l'idée du maréchal de Gié, lequel proposait de se servir des gens de pied et des nobles, selon le système du ban et de l'arrière-ban abandonné depuis la fin de la guerre de Cent Ans. Le roi serait à même de lever dans tout le royaume vingt mille fantassins : arbalétriers, archers et piquiers. Gié recommandait un recensement des fiefs de manière à évaluer le contingent militaire imputable à chacun d'eux. Il estimait spécialement aptes au service militaire les gens de Normandie, Picardie, Anjou, Maine, Champagne, Dauphiné et Guyenne. Le cardinal d'Amboise avait fait échouer le projet, par jalousie. Louis XII le reprit. Il appliqua à l'infanterie les règles régissant depuis le XIVe siècle la cavalerie. Il choisit avec soin les capitaines, qui prêtèrent serment dès le 15 janvier. Il leur revenait d'opérer un tri sévère, de ne retenir que les hommes en état de porter les armes, de les exercer, de leur imposer une discipline sévère, notamment de leur interdire le pillage. Ils s'engageaient à ne pas faire « de fausses montres », c'est-à-dire à ne pas gonfler fictivement leurs effectifs. L'ordonnance était trop récente pour qu'on l'appliquât à tout le royaume. Néanmoins, l'armée de 1509 comprenait un fort pourcentage de Picards, de Normands, de Limousins, de Manceaux et de Gascons.

III

La victoire d'Agnadel

Louis XII avait décidé d'assumer lui-même le commandement de son armée, bien que la reine eût essayé de le retenir : elle redoutait qu'il trouvât son « cimetière » à Venise. Mais le grand succès qu'il avait remporté à Gênes l'incitait à réitérer. La Trémouille était son lieutenant. Le cardinal d'Amboise était aussi du voyage en dépit de ses accès de goutte. Le 1er mai, le roi arriva à Milan. Il envoya son héraut d'armes à Venise, porter sa déclaration de guerre selon les formes traditionnelles :

— « Ecoutez, vous, doge de Venise, et vous, habitants de cette terre : Louis, Roi de France, m'a commandé de vous dénoncer la guerre comme à gens de mauvaise foi qui, par force, retenez les villes du Pape et autres princes, lesquelles possédez à tort, ayant toujours procuré par vos menées de mettre en vos mains le bien d'autrui : mais mon maître s'en vient à vous en armes pour vous ôter tout cela... »

Le doge Loredan rappela les anciennes alliances avec la France, rejeta fièrement les allégations du roi et conclut :

— « Nous avons encore confiance en Sa Sacrée Majesté, sinon nous espérons de nous défendre. Héraut, rapportez au Roi de France ce que vous venez d'entendre... »

Louis XII quitta Milan le 10 mai ; son armée comptait vingt mille fantassins et plus de deux mille lances. La grande nouveauté tenait au fait que les bataillons d'infanterie (cinq cents à mille hommes) étaient commandés par des chevaliers.

Bayard était l'un d'eux. Louis XII entendait ainsi relever le prestige des gens de pied jusque-là dédaignés, voire méprisés par les cavaliers. C'était une armée quasi nationale, car le pourcentage des mercenaires ne dépassait pas le cinquième des effectifs.

Dès qu'il eut envahi le territoire vénitien, Louis XII recourut aux méthodes pratiquées lors de la conquête du Milanais : les garnisons qui résistaient furent pendues, les villes et les villages razziés systématiquement, parfois incendiés. On espérait de la sorte terroriser les populations. Le seul résultat fut de stimuler le courage des Vénitiens. Des villes prises furent perdues. Alviano était un remarquable manœuvrier et il avait ses troupes bien en main. Il cherchait le combat, alors que son collègue et supérieur Pittigliano l'évitait. Le point faible de l'armée de Saint-Marc tenait à cette divergence de vues. Louis XII souhaitait une rencontre prompte et décisive ! Elle eut lieu le 14 mai. Alviano campait sur la rive de l'Adda, petite rivière proche du village d'Agnadel. Louis XII comptait y installer son propre camp. S'ensuivit ce dialogue :

— « Eh quoi, dit le roi, sont-ils déjà logés pour le sûr ?

— Oui, Sire.

— Or bien, il faut aller loger sur leur ventre. »

La cavalerie chargea, suivie par les fantassins. Mais les Vénitiens se défendirent avec acharnement. Leurs canons ouvraient des trouées sanglantes. Le roi payait de sa personne, donnait l'exemple. Les hommes tombaient autour de lui. « On lui dit qu'il s'ôtât de devant : Rien, rien, dit-il, je n'en ai point peur ; et quiconque aura peur, qu'il se mette derrière moi, il n'aura aucun mal[1]. » Cependant, la bataille restait indécise. Il ne fallait pas moins que la présence du roi pour ranimer le courage des combattants. Il se portait d'un point à un autre, l'épée levée et sanglante, avec une intrépidité qui frisait l'inconscience. La Trémouille ne le quittait pas. L'artillerie vénitienne continuait ses ravages, maniée par des servants supé-

1. Brantôme.

rieurement entraînés. On ne parvenait pas à enfoncer les bataillons ennemis. Un mouvement tournant, à travers les marais de l'Adda, décida de la journée. Soudain, un corps de cavalerie assaillit le flanc de l'armée vénitienne, provoquant une panique immédiate. Alviano s'efforça en vain de ramener ses cavaliers au combat : ils fuyaient à toutes brides pourchassés par les Français. L'infanterie se fit tuer sur place. Ce fut une horrible boucherie. Les Vénitiens perdirent dix mille hommes et les Français, quatre cents. L'artillerie et les bagages restaient entre nos mains. Une immense file de chariots chargés de butin prit la route de Milan.

Alviano, blessé, avait été capturé par Vandenesse, frère du maréchal de La Palisse. Après l'avoir pansé, on le conduisit à la tente du roi. Pendant que celui-ci s'entretenait avec le prisonnier, l'alarme fut sonnée. Louis XII en avait donné secrètement l'ordre aux trompettes, pour voir la réaction d'Alvano.

— « Là donc, seigneur Barthélémy, s'écria-t-il jovialement. Vos gens sont difficiles à contenter. Veulent-ils en tâter une seconde fois ?

— Sire, s'il y a combat, ce ne peut être qu'entre Français, car les nôtres, vous les avez si bien gouvernés que vous ne les verrez de quinze jours en face. »

De fait, Pittigliano sauva une partie de l'armée et se retira le plus loin possible. Qu'il agît par ordre ou de sa propre initiative, il n'essaya même pas d'empêcher les Français de s'emparer de Bergame, Brescia, Crémone et autres places de moindre importance. Louis XII conquit en deux semaines la partie du territoire vénitien qu'il revendiquait : elle représentait le tiers de la superficie du duché de Milan. Padoue, Vérone, Vicence se rendirent sans combat. Le doge les avait déliés de leur serment de fidélité pour éviter les pillages et les représailles. Ces trois villes étaient situées dans la zone dévolue à l'empereur. Louis XII, respectant le traité de Cambrai, lui fit remettre les clefs. Quelques places tenaient encore. Peschiara fut emportée en six heures. La garnison de Caravaggio fut pendue, ce qui inspira cette sinistre plaisanterie à Brantôme : « Quelques rustres de Caravaggio essayèrent si leur col pourrait par force emporter les créneaux; cela épouvanta fort ceux qui étaient aux autres places. »

C'était à Brescia que Louis XII et Maximilien devaient se concerter sur la suite des opérations. Le roi attendit l'empereur trois semaines et se décida à regagner Milan. Toutefois, avant son départ, il se rapprocha de la mer pour contempler Venise à son aise. Brantôme : « ... Et ne pouvant aller à elle à cause de son large fossé de mer, avant que de s'en retourner, fait braquer, en signe de triomphe et de trophée, six longues couleuvrines, dont trois étaient de leurs prises et les trois autres françaises, ainsi que je le tiens et d'Italiens et de Français, et fait tirer à coup perdu cinq à six cents volées dans la ville, afin qu'il fût dit pour l'avenir que le roi de France Louis XII avait canonné la ville inexpugnable de Venise. »

Etant donné la portée de canons, la ville ne courait pas grand risque. Il est même probable que ce feu d'artifice eût diverti les Vénitiens, s'ils avaient eu le cœur à rire, mais il ajoutait à leur humiliation. Marin Sanudo raconte que, depuis la défaite d'Agnadel, « tout le monde pleurait, on ne voyait personne dans les rues, même les Pères du collège, non plus que le doge, qui ne parlait pas et restait comme mort ». Pourtant Loredan cessa de désespérer. La partie n'était pas encore entièrement perdue. La ville était intacte; elle tenait ses cinquante galères prêtes dans l'arsenal; toute attaque par mer serait repoussée. Il pouvait donc entamer des négociations, faire prévaloir l'intelligence sur la force. Ses premières offres de paix furent repoussées brutalement, ce qui était prévisible et ne le découragea nullement. Il concentra ses forces dans les îles de la lagune et leurs forteresses. Il organisa des réseaux de résistance sur la terre ferme. Maximilien, dont l'imagination était fertile, projetait d'attaquer Venise par la mer, mais il n'avait point de navires de guerre. On le suppliait en vain de descendre en Italie. Quand il passa les Alpes, il était trop tard. Si les Italiens craignaient les Français, ils détestaient les Allemands. Les bourgeois de Trévise se révoltèrent. Les Padouans massacrèrent les six cents lansquenets de la garnison. Les paysans des environs de Vicence commencèrent une implacable guerre de partisans. Des « commandos » s'emparaient des convois, tendaient des embuscades. L'empereur était enfin à pied d'œuvre, avec une armée que l'on évaluait à cinquante mille hommes. Pour frapper un grand coup, il décida de reprendre Padoue. Mais, comme il était peu sûr de ses troupes, il appela les Français à l'aide. Padoue avait reçu des renforts. Elle était enfermée dans une triple enceinte. Les opérations furent si mal conduites par Maximilien que, dégoûté, il leva le siège et repassa les Alpes avec une partie de son armée. Il récriminait contre la mollesse des Français et rendait La Palisse responsable de son échec. Détail significatif : les Padouans avaient ostensiblement ménagé les Français. Quand ceux-ci tombaient entre les mains des partisans, ils étaient bien traités et promptement rendus à la liberté. Cette bienveillance n'était pas innocente. Le doge amorçait ainsi une manœuvre de grande envergure. Il cherchait à diviser ses adversaires, à les opposer les uns aux autres. La reddition spontanée des trois villes « impériales » à Louis XII s'inscrivait dans la même perspective.

Dès la fin de l'été, le ver était dans le fruit, la Ligue de Cambrai se lézardait ! Le doge avait envoyé des émissaires au Vatican, pour offrir au pape les villes et territoires qu'il convoitait. Jules II haïssait Venise, mais ne voulait pas sa perte ; il connaissait son importance dans le commerce international, son rôle de trait d'union entre l'Orient et l'Occident. Il ne voulait point la sacrifier à la convoitise des « Barbares du Nord ». Peu lui challait de jouer un mauvais tour à ses alliés et même d'avoir été l'instigateur de la Ligue. Les négociations avec les deux cardinaux de Venise, Cornaro et Grimani, furent cependant assez longues. Les cardinaux français qui se trouvaient à Rome rappelèrent en vain à Jules II les engagements qu'il avait souscrits envers le roi et l'empereur. Il passa outre et, en février 1510, accorda son pardon à la Sérénissime. Ce fut pour lui l'occasion d'affirmer spectaculairement son indépendance. Venise avait cessé d'être un obstacle à la croisade contre les Turcs ! Il est vrai que personne ne reparlait plus de ce projet ! Simultanément, les envoyés du doge offraient à Ferdinand d'Aragon les ports sur l'Adriatique dont il avait envie, notamment Otrante. Dès lors, Venise pouvait compter sur sa neutralité. Peu après, Jules II accordait à Ferdinand l'investiture du royaume de Naples sans se préoccuper des droits de Louis XII sur ce royaume. Ce n'était là que le début de ses provocations.

La France entière fêtait le vainqueur d'Agnadel. Il avait retrouvé la reine à Grenoble et, en sa compagnie, accompli un périple triomphal qui l'avait conduit à Paris, en Champagne, en Bourgogne. Les poètes, les chroniqueurs célébraient à l'envi son héroïsme. Jean Marot, père de Clément, taillait sa meilleure plume pour fustiger Venise, mère de tous les crimes et cause de la guerre :

« … ces mots finis, par étranges climats
Vit s'élever bruymes[1] *et frimas,*
Qui procédaient d'un vieux gouffre aquatique,
Prenant son cours de mer Adriatique,
Dessus, lequel, par hautaine devise,
Fondée fut la cité de Venise,
En qui trouva cinq très laides chimères,
Filles d'enfer, et de tous vices mères ;
Et sont leurs noms, Trahison, Injustice,
Rapine, Usure, et leur mère Avarice,
Avec lesquels elle vit clercs et lais[2]*,*
Qui d'autrui bien bâtissaient leurs palais ;
Mais, lorsque Paix se voulut approcher
Près de leurs corps, eussiez vu démarcher
Ces monstres faux criant parmi leur ville
Comme Lombards de qui la robe on pille.
Paix, ne voulant user de violence,
Se retira, sachant que résidence

1. Brumes.
2. Laïcs.

A telles gens ne lui est coutumière,
Car tout ainsi que l'ombre et la lumière
Ne se pourraient ensemble incorporer,
Avec vertu ne peut vice durer;
Par quoi en l'air ses ailes ébranla,
Laissa Venise, en France s'en alla,
Y prit séjour, y voyant sans feintise
Sa sœur Justice en trône d'or assise... »

En fait de paix, Louis XII et Maximilien venaient de renouveler leur alliance. Ils étaient convenus de redescendre en Italie l'année suivante et d'en finir avec Venise. Il ne leur suffisait pas que la Sérénissime eût perdu la totalité de ses possessions terrestres; c'était la ville elle-même qu'ils voulaient abattre. La volte-face de Jules II les déconcerta, mais ils n'en voyaient encore ni les effets ni la portée. Marguerite d'Autriche elle-même, en dépit de sa finesse politique et de son intuition féminine, ne savait que penser du comportement de cet étrange pape. Elle s'appliquait, non sans perfidie, à maintenir de bons rapports entre son père et le roi de France. A la vérité, l'époque était incertaine, la diplomatie en pleine confusion. On sut que le légat du pape faisait pression sur Henry VIII, le nouveau roi d'Angleterre. On apprit que les émissaires du Saint-Siège s'intéressaient brusquement aux Suisses, grande nouveauté ! Que Jules II s'était acquis un auxiliaire très utile en la personne de l'évêque de Sion, Matthieu Schinner. Que celui-ci avait fait savoir à ses ouailles que le Saint-Père, « voulant protéger l'Eglise contre ses perturbateurs, recherchait l'aide et le secours des seigneurs confédérés ». Bref, Jules II demandait l'envoi de six mille lansquenets, contre sa paternelle bénédiction et une solde appétissante ! La convention fut signée le 10 mars 1510. Schinner avait reçu la promesse du chapeau de cardinal, ce qui stimulait son zèle. Cependant, les Suisses avaient des principes d'honnêteté. Ils n'auraient pas signé avec le pape, si Louis XII, jusque-là leur meilleur client, ne les avait éconduits, ou plutôt si la solde qu'il leur proposait n'avait pas été insuffisante. Mais il était las de « se laisser tailler par de misérables paysans ». Il était en train de créer une armée nationale et croyait pouvoir se passer du service dispendieux, et souvent irrégulier, de ces mercenaires.

La Ligue de Cambrai se trouvait virtuellement dissoute, cependant que les signataires continuaient à se traiter en alliés. L'Espagne, l'Angleterre, Venise, plusieurs princes italiens adhéraient, directement ou non, au parti de Jules II. Il tenait entre ses mains la guerre et la paix. Il choisit impétueusement la première, au mépris de son état de chef de l'Eglise. Continuant à ménager l'empereur et Louis XII, il s'en prit au duc de Ferrare, ami de la France, tout en affirmant à notre ambassadeur que le Milanais serait respecté.

Louis XII ne désirait rien tant que de se rendre en Italie pour s'y couvrir à nouveau de gloire. Mais la reine était enceinte. Elle obtint qu'il restât près d'elle. Ils espéraient un dauphin. Ce fut une fille. Elle naquit le 25 octobre 1510. Ils l'appelèrent Renée.

IV

La Sainte Ligue

Jules II ne manquait pas d'astuce diplomatique, mais la colère l'emportait souvent en lui sur la prudence. Il suait la haine par tous les pores et ne pouvait refréner des excès de langage assurément indignes d'un prêtre. Se croyant désormais assez fort pour entamer la lutte contre la France, il était incapable de dissimuler ses intentions. Il déclarait par exemple, le 10 juin 1510, à l'ambassadeur de Venise :

— « Ces Français veulent faire de moi le chapelain de leur Roi ; mais j'entends être le Pape, et le leur montrer par des actes. »

Quelques jours après, le cardinal de Clermont tenta de s'enfuir de Rome pour se réfugier en France. Jules II le fit arrêter et emprisonner au château Saint-Ange. Les cardinaux Briçonnet, Louis d'Amboise, de Prie et San Severino osèrent demander sa grâce. Il les menaça du même sort. A l'ambassadeur de France qui lui reprochait les intrigues qu'il entretenait à Gênes, affirmant que Louis XII ne méritait pas cet affront, il répondit brutalement :

— « Je considère le Roi comme mon ennemi et je ne veux pas en entendre plus long. »

Sur quoi, il lui montra la porte. La rupture était consommée. Le plan grandiose qu'il avait conçu était d'attaquer les Français sur tous les points de l'Italie simultanément : à Gênes, à Vérone, à Milan, à Ferrare. Il avait chargé les Vénitiens de prendre Vérone par surprise, les Suisses de se jeter sur le Milanais, les Fregosi (le parti antifrançais de Gênes) de provoquer un soulèvement que soutiendraient les troupes pontificales, et son neveu, François Marie della Rovere, d'envahir le duché de Ferrare.

Le duc de Ferrare était sa bête noire. Théoriquement vassal de l'Eglise, il bravait l'autorité du pape. Ses refus d'obéissance, ses faux-fuyants s'aggravaient du fait qu'il usurpait les droits souverains et certains revenus de l'Eglise. Sa faute impardonnable était évidemment sa fidélité envers le roi de France. Par une bulle du 9 août, Jules II l'excommunia à titre de rebelle contre l'Eglise. L'un des considérants faisait état de ses relations coupables avec Georges d'Amboise, « personnage ambitieux, qui avait osé, du vivant du Pape légitime, viser à la tiare, et semé la discorde entre Rome et la France », ce qui était un comble !

Machiavel était alors ambassadeur de Florence à la cour de France. Dans une note datée du 21 juillet à Blois, il rend compte de l'état d'esprit de Louis XII et de son entourage : « ... Quant à ce qui est du Pape, on peut aisément s'imaginer ce qu'ils disent de lui : ils ne parlent de rien moins que de dénoncer le serment d'obédience et de lui jeter un concile à la tête. L'anéantissement de la puissance temporelle et spirituelle est la moindre de leurs menaces. Louis est résolu à sauver son honneur ou à perdre tout ce qu'il possède en Italie. » Machiavel haïssait la papauté et, singulièrement, Jules II. Il ne se faisait pas faute d'attiser la colère du roi. Il lui conseillait même de susciter une révolte des barons romains afin de mettre l'insupportable pontife en difficulté et de lui donner assez de tablature pour ne rien entreprendre contre la France. Louis XII ne suivit pas ce judicieux conseil. Il ne voulait pas inquiéter Jules II, mais l'abattre.

Le 30 juillet, il adressa une lettre circulaire aux évêques de son royaume. Il les convoquait à Orléans pour délibérer sur les privilèges et franchises de l'Eglise gallicane. Par ordonnance du 16 août, il interdit à tout Français de se rendre à la cour de

Rome. Les évêques, ou leurs représentants, se réunirent à Tours. Il assista à leurs délibérations. Le nonce apostolique avait reçu défense de l'accompagner. Les réponses de l'assemblée furent conformes aux souhaits du roi. Ils déclarèrent que le pape n'avait pas le droit de faire la guerre à un prince qui n'était pas son sujet : s'il la lui fait, celui-ci a toute liberté non seulement de lui opposer la force des armes, mais encore, au besoin, d'attaquer les Etats de l'Eglise et de dénoncer son serment d'obédience à l'égard de ce pontife. Dans cette éventualité, le royaume appliquerait les dispositions de la Pragmatique sanction. Les évêques confirmèrent en outre le droit du roi de protéger ses alliés, en tenant pour nulles et non avenues les censures ecclésiastiques. Toutefois, ils suggéraient à celui-ci d'envoyer à Rome une délégation de l'Eglise gallicane, chargée de faire comprendre à Jules II les dangers de la voie dans laquelle il s'engageait et de « l'interpeller au sujet de la convocation d'un concile général ». Enfin, ils accordaient au roi un don de deux cent quarante mille écus pour contribuer aux frais de guerre. Auraient-ils pris une position aussi tranchée si le cardinal d'Amboise n'était mort le 25 mai ? Une épidémie de coqueluche avait eu raison de son organisme affaibli par des accès de goutte de plus en plus fréquents et graves. Il laissait un vide. En apprenant sa mort, Jules II n'avait pu cacher sa joie ; il s'était écrié : « Loué soit Dieu de ce que je suis à présent le seul Pape ! » Il croyait que le roi serait dans l'impossibilité de gouverner son royaume et, privé de son *alter ego*, accumulerait les bévues.

Louis XII hésitait, malgré l'avis unanime de ses évêques, à prendre l'offensive contre le pape. Il cherchait un accommodement. Il le croyait encore possible. L'assemblée des évêques s'était ajournée à Lyon, le 11 mars de l'année suivante (1511). Certains prélats préconisaient la réunion d'un concile général dans le but de déposer Jules II. C'était porter la querelle sur le plan spirituel, terrain dangereux. Parfois, le roi parlait d'aller à Rome avec son armée et d'imposer par la force la déchéance du pape. Mais appartenait-il à un roi très-chrétien de provoquer un schisme ? Il n'avait ni l'audace ni le cynisme de Philippe le Bel. Il était incapable de renouveler l'attentat d'Anagni contre Boniface VIII. Par ailleurs, Anne de Bretagne, étroitement bigote et confite dans le respect de la hiérarchie, s'affolait devant de tels projets. Pour elle, tout ce qui portait la mitre ou la tiare était sacré ; il convenait d'honorer le ministère, fût-il dans des mains indignes, parce que l'indignité des ministres est humaine, alors que le ministère est de Dieu. Elle estimait que son époux compromettait son salut et celui du royaume en se rebellant contre l'autorité de Jules II, et l'exhortait à rentrer dans ses devoirs de bon chrétien. Détail significatif : elle empêcha les prélats bretons de s'associer aux délibérations de l'assemblée de Tours. Elle fit certainement davantage, car elle continua de correspondre avec Jules II. Bien plus, son cher clergé breton prit solennellement position contre les décisions de Tours. Cependant, ses plaintes, ses reproches, ses manœuvres souterraines ne servirent à rien.

Le pape avait déjà tiré l'épée. Il prenait ses désirs pour des réalités ; l'imagination égarait son jugement. Se rendant à Bologne, escorté par quatre cents hommes d'armes, il avait fait étape à Ancône. Dans cette ville, il éconduisit, avec sa brutalité habituelle, le cardinal Fieschi et l'ambassadeur Carpi qui l'engageaient pour la dernière fois, à négocier avec la France. Il arriva le 22 septembre à Bologne, sous une pluie battante. Les gens riaient au lieu de l'acclamer. De mauvaises nouvelles l'attendaient. La révolte de Gênes était manquée. Les Suisses qui devaient envahir le Milanais avaient repassé les Alpes, trahison qu'il imputa aux intrigues de Maximilien et de Louis XII. Pis encore : les cardinaux San Severino, Carvajal, François Borgia, Briçonnet et de Prie, qu'il avait convoqués à Bologne, avaient pris la route de Milan. Persuadés que Louis XII déposerait Jules II, à bref délai, ils préparaient l'avenir ; plusieurs d'entre eux convoitaient la tiare ! La menace d'un concile général se déroulant sous la protection des Français se précisait. Jules II tomba malade, mais se rétablit promptement et prit sur-le-champ deux décisions. Il nomma le marquis de Mantoue gonfalonier de l'Eglise et excommunia les généraux de Louis XII servant en Italie.

Ils étaient à sa poursuite. Chaumont d'Amboise, avec sept mille hommes, apparut soudain sous les remparts de Bologne. Les cardinaux s'affolèrent et Jules II lui-même perdit la tête ; il se voyait déjà livré pieds et poings liés à Louis XII ! Mais il se ressaisit, parlementa avec Chaumont d'Amboise, gagna du temps. Des renforts arrivèrent. Les Français durent se replier. La capture du pape eût changé le cours de l'Histoire. Mais, si les Français avaient accepté de le combattre comme prince temporel et ennemi du roi, sa personne imposait malgré tout le respect. Chaumont n'avait pas osé porter la main sur lui ! Jules II s'empressa de regagner Rome, d'autant plus assoiffé de vengeance qu'il avait eu peur. Est-ce à cette époque qu'il commanda la médaille qui le représente coiffé de la tiare, brandissant un fouet, chassant les Français et foulant aux pieds les fleurs de lys ?

Le 6 janvier 1511, il rejoignit l'armée assiégeant La Mirandole. L'ambassadeur de Venise, qui était de sa suite, notait : « A en juger sur les apparences, sa santé est complètement rétablie ; il va et il vient, regarde de son balcon les corvées qui enlèvent la neige, ne craint ni le vent ni la pluie : c'est un tempérament de fer. Hier et aujourd'hui il a neigé, sans interruption ; la neige est si haute que les chevaux y enfoncent à moitié et, malgré cela, le Pape est au camp. » Son entourage gémissait, le suppliait de rentrer à Rome, mais lui ne parlait que de La Mirandole. On le vit passer les troupes en revue. Il rudoyait les chefs, relevait la moindre négligence. Il s'était logé dans une maison de paysan, à portée des batteries des assiégés. On le persuada de changer de cantonnement. Il s'installa dans la cuisine d'un couvent encore plus rapproché des canons. Ses cardinaux se partageaient une écurie ouverte à tous les vents. Ne tenant pas en place, il sortait malgré les bourrasques de neige. Le 17 janvier, un boulet entra dans sa chambre pendant qu'il dormait, blessant deux de ses serviteurs. Il changea de logement, puis revint au premier.

L'acharnement des défenseurs de La Mirandole l'exaspérait. Il parlait de livrer la ville au pillage. Elle capitula le 20 janvier. Il était si impatient d'y entrer qu'il n'attendit pas qu'on déblayât les portes. Il fit dresser une échelle et passa par une brèche. Il parcourut ensuite les rues de la ville sur un cheval blanc, comme un général vainqueur. Mais son objectif restait Ferrare. Malgré son impétuosité, il gardait assez de lucidité pour mesurer la difficulté de l'entreprise. Alphonse d'Este [1] était un rude guerrier. Jules II tenta à nouveau de le détacher de son alliance avec Louis XII, non dans un esprit de conciliation mais pour lui retirer l'appui des troupes françaises. Le duc Alphonse repoussa ses propositions. Le pape essayait aussi de jeter la division entre Louis XII et Maximilien. Il offrit Modène aux Impériaux. Nouvel échec. Il avait quitté La Mirandole pour Bologne, où il comptait recruter de nouveaux contingents pour envahir le duché de Ferrare. Le 11 février, on lui signala que les Français approchaient de Bologne. Il partit aussitôt pour Imola, arriva à Ravenne le 18 février. Il se croyait hors d'atteinte. La menace d'un concile général se précisait. Pour s'assurer la majorité dans le Sacré Collège, il promut neuf cardinaux, dont le Suisse Matthieu Schinner et l'Anglais Bainbridge. A la stupéfaction générale, ce fut à cet Anglais qu'il confia le commandement des troupes pontificales. La facilité avec laquelle il faisait exécuter les supposés traîtres n'étonnait pas moins les bons croyants. Leur réprobation lui importait peu.

Au début de mai, les Français reprirent vigoureusement l'offensive sous l'impulsion de leur nouveau chef, Gaston de Foix. Il avait remplacé Chaumont d'Amboise, mort d'épuisement. Les habitants de Bologne se soulevèrent contre les troupes pontificales, abattirent la statue de Jules II. Son neveu della Rovere évacua la ville avec tant de hâte qu'il abandonna ses bagages et ses canons. Peu après, le maréchal Trivulce reprit La Mirandole. Le pape s'enfuit de Ravenne et se réfugia à Rome.

1. Duc de Ferrare.

Dans les villes qu'il avait traversées, l'avis de convocation du concile était affiché sur les portes des églises. Ce concile devait se tenir à Pise, le 1er septembre 1511, à la demande du roi très-chrétien et de l'empereur. Le pape était sommé de comparaître pour répondre de ses négligences et de la violation du serment qu'il avait prêté à la fin du conclave de son élection. Telle était la décision prise par l'Eglise gallicane au synode de Lyon, en mars 1511. La convocation était signée par cinq cardinaux, dont quatre Français. Le vieux lutteur, quoique miné par la fièvre, organisa sa défense. Il convoqua un contre-concile à Saint-Jean-de-Latran pour le 19 avril 1512, en menaçant de graves exactions les prélats qui se déroberaient. Il faisait fond sur le dévouement et la docilité du clergé d'Italie. Le clergé gallican apparaissait dès lors comme schismatique et le succès du concile de Pise sérieusement compromis. Jules II utilisa toutes les ressources de son esprit pour le faire échouer. Sa situation n'en restait pas moins problématique. Les revers militaires qu'il avait essuyés le préoccupaient cependant davantage que la menace des cardinaux français. De surcroît, la noblesse romaine lui était hostile, entraînant sa clientèle, c'est-à-dire une partie du peuple. Il était environné d'ennemis, mais cette position périlleuse convenait à sa nature belliqueuse. Si, dans sa correspondance avec les souverains, il jouait de son titre de Père des fidèles et prétendait appeler la paix de ses vœux, en réalité, il préparait la guerre à outrance et son obsession de chasser les Français d'Italie ne cessait d'inspirer ses actes.

Il était parvenu, à force d'adresse et d'insistance, à détacher Ferdinand d'Aragon de la Ligue de Cambrai. Ce dernier ne refusait point ouvertement d'envoyer des troupes à Louis XII et à Maximilien, ses alliés, mais en posant comme condition qu'elles n'attaqueraient pas les troupes pontificales ! Qui d'autre auraient-elles attaqué en Italie ? Ferdinand prétendait en outre qu'il préparait une descente en Afrique. Louis XII disait en riant :

— « Le Turc qu'il veut attaquer, c'est moi. »

Pouvait-il désormais compter sur l'aide effective de l'empe reur ? Ou même sur sa neutralité ? Les prélats de l'Empire et des Pays-Bas se rendraient-ils au concile de Pise ou s'abstiendraient-ils ? Maximilien condamnait les agissements du pape, mais du bout des lèvres. Il estimait quant à lui que Louis XII avait commis une grave imprudence en se posant en champion de la chrétienté et en s'en prenant au chef spirituel de l'Eglise, quand bien même celui-ci se comportait en prince temporel. Marguerite d'Autriche louvoyait, à la remorque de son père. Henry VIII d'Angleterre regardait du côté de l'Espagne et prêtait une oreille complaisante aux propos insidieux des ambassadeurs de Jules II. Le rusé pontife ne reculait devant rien. Il s'était mis en tête de ranimer la querelle dynastique entre la France et l'Angleterre. Il offrait le royaume des lys à Henry VIII. Les vies humaines lui coûtaient peu. Dans sa mégalomanie, il se prenait pour l'instrument de Dieu, quand il n'était que la victime de ses propres passions. En août 1511, il tomba si gravement malade qu'on le tint pour perdu. Déjà la populace romaine, manipulée par les nobles, s'agitait dangereusement. Les ennemis du mourant clamaient ses fautes à tous les carrefours. Il ressuscita, plus résolu que jamais à pourfendre les Français et leurs alliés.

Dans cette période cruciale, Louis XII commit plusieurs erreurs. Il projetait de se rendre en Italie, d'assurer lui-même le commandement de son armée — ce qui lui avait toujours réussi — et d'envahir les Etats de l'Eglise. La reine s'interposa. Elle était à nouveau enceinte. Elle avait même la certitude d'avoir un dauphin. Elle supplia son époux de ne pas la quitter. On a supposé que Jules II n'était pas étranger à ces supplications. Louis XII eut le tort de céder. Il aurait dû à tout le moins envoyer d'importants renforts en Italie, afin d'asséner un coup décisif à l'armée pontificale. Il lésina, non certes par avarice, mais pour ne pas charger son peuple d'un impôt supplémentaire. Cependant, les Suisses ne demandaient qu'à se vendre au plus offrant. Le concile de Pise s'annonçait difficile, en dépit d'une propagande habilement conduite : les poètes, les chroniqueurs s'étaient employés à tourner le pape en dérision. Leurs écrits ne touchaient que la France et ils n'avaient guère d'audience qu'à Paris et dans les milieux intellectuels. Louis XII lui-même ne prenait pas le concile au sérieux. Il disait que c'était un épouvantail pour effrayer Jules II. Il pouvait encore l'ajourner sans perdre la face, mais il s'entêta.

Or, prévoyant l'échec, déjà les Florentins essayaient de se dérober. Alliés de la France, ils avaient d'abord accepté que le concile se réunît à Pise, une de leurs cités vassales. Ils chargèrent Machiavel d'en dissuader les Pères conciliaires, et lui fournirent cet argumentaire : « Personne ne paraît se soucier d'aller au concile ; il ne sert par conséquent qu'à irriter le Pape contre nous et, pour ce motif, nous demandons qu'il ne se réunisse pas à Pise, ou, tout au moins, qu'il soit ajourné. On ne voit pas venir un seul prélat d'Allemagne ; de France, il n'en vient que très peu, et encore avec une lenteur extrême. On s'étonne aussi, en général, de ce que la convocation à un concile ne soit faite que par trois cardinaux et de ce que les quelques autres dont on prétend l'adhésion assurée se dérobent et évitent de se montrer... »

Louis XII déjoua cette manœuvre suscitée par les agents du pape. Cependant, lorsque les cardinaux et leur suite arrivèrent à Pise, toutes les églises et les auberges étaient fermées. La population ne cachait pas son hostilité à leur endroit. Ils trouvèrent difficilement à se loger. On leur refusa l'entrée de la cathédrale : les chanoines avaient obéi aux ordres de Jules II. Le concile tint sa séance inaugurale, le 1er novembre, dans une petite église. Les Pères n'y étaient cependant pas à l'étroit : quatre cardinaux, deux archevêques, quatorze évêques, cinq abbés, un groupuscule de théologiens, une assistance réduite à dix spectateurs ! Le 5 novembre, un décret venu de Florence obligea les chanoines à ouvrir la cathédrale. Le concile, après les cérémonies usuelles, put commencer ses travaux. L'hostilité du clergé et des habitants de Pise restait si menaçante que les bons Pères, n'ayant pas spécialement la vocation de martyre, décidèrent de se transporter à Milan, sous la protection de l'armée. L'accueil ne fut pas meilleur. Louis XII payant leurs frais de séjour, ils en profitèrent pour prolonger leurs travaux.

Jules II les bombardait de monitoires incendiaires. Il était en réalité sans inquiétude sur les conséquences du pseudo-concile. Le 5 octobre 1511, il avait promulgué l'acte fondateur de la Sainte Ligue, unissant Venise, l'Espagne, la Suisse autour du Saint-Siège « mis en péril par le roi de France ». Ses ambassadeurs pressaient Maximilien d'adhérer à cette coalition. Le 13 novembre, Henry VIII, qui ne songeait pas encore à se libérer de la tutelle du Vatican, donnait son adhésion. Il s'intéressait surtout à la Guyenne et aux anciennes possessions des Plantagenêts. Pour chasser les Français du Milanais, Jules II déclenchait une guerre générale. Cette Italie qu'il prétendait libérer, il en faisait un champ de bataille. Se demandait-il comment il se débarrasserait ensuite des Espagnols et des Allemands ? Il faisait en vérité le malheur de son peuple et compromettait le Saint-Siège. Il croyait peut-être appliquer l'antique théorie « des deux épées », invoquée jadis par Grégoire VII et Innocent III, mais on ne peut prétendre au rôle d'arbitre des nations, quand on se ravale au rang de combattant et qu'on réclame sa part du butin.

V

Ravenne

Le 21 janvier 1512, la reine mit au monde un fils qui mourut aussitôt. Ceux qui prophétisaient la naissance d'un dauphin n'avaient pas affirmé qu'il vivrait ! Elle n'avait que trente-cinq ans, mais cette dernière grossesse l'avait épuisée. Souffrant de gravelle, elle se remit très mal de cet accouchement. Le moral n'était pas moins atteint : elle désespérait de donner un héritier au royaume. Louis XII se fit un devoir de rester près d'elle. Il la consolait de son mieux, essayait de lui faire partager son optimisme. Il avait renoncé à passer les Alpes, bien que cette année 1512 s'annonçât décisive dans la lutte qui l'opposait à la Sainte Ligue. En son for intérieur, il rongeait son frein et attendait avec une impatience qu'il s'efforçait de dissimuler les nouvelles d'Italie.

Elles étaient prometteuses. Il avait eu la main heureuse en désignant Gaston de Foix pour succéder à Chaumont d'Amboise. Gaston de Foix avait vingt-deux ans. Il était le fils de Jean de Foix, vicomte de Narbonne, et de Marie, fille de Charles d'Orléans et de Marie de Clèves. Louis XII était donc son oncle. Il l'aimait beaucoup et venait de le nommer duc de Nemours. Sa sœur, Germaine, était reine d'Espagne, ayant épousé Ferdinand d'Aragon. L'affection que lui portait Louis XII se doublait d'un mobile politique : il pouvait opposer Gaston aux Albret et lui avait même fait prendre le titre de roi de Navarre. Gaston était aussi un obstacle aux revendications de Ferdinand d'Aragon sur la Navarre, du fait de Germaine de Foix. Il plaisait à Louis XII parce qu'il retrouvait en lui l'impétuosité et la gaieté de sa propre jeunesse.

Il était de haute taille, un peu mince, encore presque imberbe. Tous ceux qui le connurent vantent sa beauté. Si l'on en juge par son admirable statue tombale, c'était une sorte de Galaad tout droit sorti des romans de la Table ronde, un ange cuirassé. Il était accompagné de Bohier, général des finances, dont la mission exacte reste mal définie. Le loyalisme des cinq mille lansquenets allemands qui servaient dans l'armée royale et représentaient à peu près le quart des effectifs, donnait des inquiétudes. En contrepartie, la cohésion entre les Espagnols, les Vénitiens et les soldats du pape était incertaine. Or, Jules II voulait précisément que l'armée de la Ligue fît mouvement avec ensemble par le sud, l'est et le nord de la péninsule pour converger ensuite massivement vers le Milanais. Ce plan — digne d'un grand chef de guerre — fut mal exécuté par suite du décalage entre les corps d'armée.

Les Suisses furent prêts les premiers. Dès octobre 1511, Jules II leur avait envoyé un bref ordonnant le recrutement. L'un de leurs orateurs avait lancé cet appel, où l'on reconnaissait le style de Matthieu Schinner : « Au nom de Dieu Tout-Puissant, en présence du dédain que le Roi de France montre pour nos justes plaintes, nous avons résolu, comme l'eussent fait nos ancêtres, de déployer contre lui nos bannières et nos emblèmes nationaux. Nous allons partir pour Bellinzona, et de là nous pénétrerons par le plus court chemin dans le domaine royal. » Il y avait de l'or à gagner, un riche butin en perspective. Onze mille Suisses s'enrôlèrent dans l'armée de la Ligue. C'étaient de rudes montagnards. Ils franchirent le col du Saint-Gothard déjà couvert de neige. Un grand étendard rouge, sur lequel la Passion du Christ avait été peinte, flottait au-dessus de leurs bataillons. C'était une relique datant de la bataille de Nancy, où Charles le Téméraire avait péri. Le 9 décembre, pleins d'allant et de convoitise, ils atteignaient Varèse. Gaston de Foix n'essaya point de s'opposer à leur invasion. Il connaissait les objectifs réels des « meilleurs soldats du monde ». Il les laissa approcher de Milan, se contentant d'observer leur marche. Quand ils parvinrent sous les remparts de la ville, ils ne surent quel parti prendre. Ils n'avaient point d'artillerie de siège, ni de cavalerie pour s'opposer aux sorties éventuelles de la garnison. Gaston de Foix les attendait de pied ferme avec son armée et ses canons. Ils restèrent cinq jours, puis se retirèrent vers Monza et rentrèrent en Suisse, après avoir pillé et brûlé une vingtaine de villages. Gaston de Foix ne les poursuivit pas. Il avait mieux à faire.

On lui avait signalé que l'armée espagnole, commandée par don Ramone de Cardone et comprenant huit mille fantassins, mille cavaliers, mille cinq cents génetaires et vingt-deux canons, faisait mouvement vers la Romagne, où l'attendait un escadron de huit cents cavaliers appartenant au pape. Il apprit que celui-ci projetait de s'emparer de Bologne. Il envoya en hâte un renfort de trois cents lances dans cette ville. L'information était exacte, car l'armée hispano-papale vint assiéger celle-ci. Aussitôt, Gaston de Foix quitta Milan, fit sa jonction avec le duc de Ferrare et fonça vers Bologne. Les assiégeants avaient disposé la majeure partie de leurs troupes sur le mont Saint-Michel au sud de la ville. De cette hauteur, ils étaient à même de surveiller tout ce qui se passait. Leurs canons ouvrirent une brèche, mais les Bolonais repoussèrent le premier assaut. Néanmoins, leur situation laissait peu d'espoir. Le 5 février, profitant d'une tempête de neige, Gaston de Foix entra dans la ville avec vingt mille hommes. Pris au dépourvu, redoutant quelque piège, Cardone leva précipitamment le siège et se retira à Imola.

Cependant, le 10 février, les Vénitiens étaient entrés par surprise à Brescia, mais la citadelle restait aux Français. Ce qu'apprenant, Gaston de Foix laissa quatre mille hommes à Bologne et se dirigea vers Brescia. Il surprit un corps d'armée vénitien près de Villafranca et le disloqua en quelques heures. Le 19 février, après un furieux assaut, Brescia tomba entre ses mains. Les habitants ayant ouvert leurs portes aux Vénitiens furent châtiés en conséquence ; ils subirent un pillage en règle et nombre d'entre eux furent massacrés : c'était la dure loi de la guerre !

Gaston de Foix faisait l'admiration de ses soldats et de ses lieutenants : Trivulce, La Palisse, Bayard, tous combattants chevronnés. Il avait un coup d'œil infaillible, décelait le point faible de l'adversaire et décidait à l'instant. Il avait été le seul, lors du siège de Bologne, avoir que les Espagnols avaient laissé un passage libre dans leur dispositif. On avait confiance en lui, malgré sa jeunesse. On appréciait son autorité naturelle, son allant, sa simplicité, sa gaieté juvénile, son intrépidité. La vie de cour ne l'avait pas encore affadi. La dureté de sa race montagnarde persistait en lui. Le génie des batailles l'habitait, comme il habitera plus tard le jeune prince de Condé et Bonaparte à ses débuts.

Louis XII lui demandait de remporter une victoire décisive sur l'armée de la Ligue, espérant traiter en position de force avec Jules II et décourager ses alliés. Il savait que Maximilien venait de signer une trêve de huit mois avec les Vénitiens, ce qui révélait clairement ses intentions. Il importait donc de vaincre avant qu'il ne dénonçât son alliance avec la France. Louis XII savait aussi qu'Henry VIII d'Angleterre préparait un débarquement et que Ferdinand d'Aragon rassemblait des troupes sur les frontières de la Navarre. Le temps travaillait contre lui, mais rien n'était encore joué.

Ayant reçu un renfort de quatre mille Gascons et Picards, fantassins d'élite, Gaston cherchait l'ennemi. Cardone se dérobait en attendant que les Vénitiens eussent refait leur armée en partie détruite à Brescia et l'envoi des renforts promis par Ferdinand d'Aragon et par Jules II. Dès que les avant-gardes françaises étaient aperçues, il se retirait promptement. Des pluies torrentielles entravèrent les opérations pendant tout le mois de mars. Les chevaux avaient de la fange jusqu'au poitrail. On imagine la situation des fantassins ! Gaston parvint à maintenir le moral de ses soldats. Il était plein d'espoir et de résolution. Cardone reculait toujours. Il cherchait à désorienter les Français et à les épuiser par des marches inutiles. Il se réservait de choisir le lieu et le jour de la bataille, afin de mettre toutes les chances de son côté. Ses troupes étaient bien nourries et reposées. Les Français s'approvisionnaient difficilement et leurs chevaux manquaient de fourrage. Le 9 avril, Gaston de Foix se jeta soudain sur Ravenne, en commença le siège. Le premier assaut fut un échec, où nous perdîmes trois cents hommes. Il obligea néanmoins Cardone à faire mouvement : celui-ci ne pouvait laisser prendre Ravenne par Gaston de Foix, encourir les foudres du pape, être accusé par lui de trahison. Le 10 avril, il arrivait en vue de Ravenne. Il se retrancha derrière le Monco, rivière qui se jetait dans le Montone, en formant un angle où les Français avaient pris position. Les deux armées étaient à peu près équivalentes. Toutefois, l'artillerie de Gaston de Foix était probablement supérieure ou mieux servie. Les seuls progrès accomplis depuis la guerre de Cent Ans avaient été de monter les canons sur roues et d'utiliser la poudre en granulations, plus efficace que l'instable mélange de salpêtre, de soufre et de charbon de bois précédemment en usage.

Le soir du 10 avril, Gaston de Foix tint ce petit discours à ses lieutenants :

— « Messeigneurs, vous voyez le pays où nous sommes et comment les vivres nous manquent. Tant plus nous demeurerons en cette sorte et tant plus nous languirons. Cette grosse ville de Ravenne nous fait battre d'un côté et les ennemis sont à une portée de canon. Les Vénitiens et les Suisses, m'avertit le seigneur Trivulce, font mine de descendre au duché de Milan, où vous savez que nous avons laissé bien peu de monde. De plus, le Roi mon maître me presse tous les jours de donner bataille et je crois qu'il m'en presserait plus encore s'il savait comme nous sommes dépourvus. C'est pourquoi il me semble, pour le profit de notre maître et pour le nôtre, que nous ne devons plus retarder, mais avec l'aide de Dieu qui peut tout, allons trouver nos ennemis. Si la fortune nous est favorable, nous L'en louerons et remercierons; si elle nous est contraire, que Sa volonté soit faite. Vous pouvez penser si j'en désire le gain pour nous, mais j'aimerais mieux mourir plutôt que de perdre. Si je devais le perdre, nos ennemis auraient bien du mal à me laisser vivant. »

Puis il fixa l'ordre de bataille. Combien parmi ceux qui assistaient à cette réunion devaient survivre à la journée du lendemain ! La tradition veut que Jacob d'Empfer, qui commandait les lansquenets allemands, ait reçu l'ordre secret de Maximilien de se retirer avant le combat. Il était ami de Bayard et du sire Dumolart. Il ne voulut pas abandonner ses frères d'armes et se fit tuer le lendemain à la tête de ses lansquenets. Cardone avait fait creuser un fossé pour protéger son front de bataille, en laissant un passage pour la cavalerie. Il avait distribué son armée comme suit : au centre, l'infanterie en trois masses compactes, l'une derrière l'autre ; à sa gauche, la cavalerie lourde couverte par l'artillerie ; à sa droite, la cavalerie légère. Des chariots hérissés de faux et armés de pièces légères protégeaient les fantassins. Ces chariots étaient un héritage de l'Antiquité ; on en retrouve les dessins dans les carnets de Léonard de Vinci. Le dispositif adopté par Gaston de Foix était beaucoup plus souple : au centre, son infanterie divisée en trois corps (Allemands, Gascons et Picards) ; à sa droite, la cavalerie et l'artillerie ; à sa gauche, les archers et les arbalétriers. Le Monco séparait les deux armées, mais il était peu profond.

Le soleil se leva tout rouge sur le champ de bataille, et beaucoup y virent le signe des flots de sang qui seraient versés. C'était le 11 avril, jour de Pâques de 1512. L'infanterie de Gaston traversa le Monco, les Français rivalisant de vitesse avec les Allemands. Puis, ce furent les cavaliers et les arbalétriers. L'armée formait un demi-cercle. Les Espagnols n'avaient pas réagi. Pedro de Navarro qui commandait leur infanterie avait fait simplement coucher ses hommes ventre à terre. Le feu s'engagea. Ce fut un duel d'artillerie qui dura deux heures et causa d'effroyables ravages. Ni les Espagnols ni les Français ne prenaient l'initiative d'attaquer. Soudain — et ce fut son idée de génie —, Gaston fit passer une partie de ses canons de droite à gauche. Les boulets commencèrent à faucher les cavaliers ennemis. « *Cuorpo de Dios*, criaient-ils. *Somos mortados del cielo, vamos combater a los hombres* ! » (Corps de Dieu, nous sommes tués par le ciel, allons combattre les hommes !) Enfreignant les ordres de Cardone, un millier d'entre eux chargea le centre de la cavalerie française, où se trouvait Gaston. Le combat s'engagea, à un contre deux, avec ces forcenés. Ce fut un sauvage combat de cavalerie, conforme à la tradition. Gaston transperça un Espagnol de sa lance, tira son épée et se démena si bien que sa cuirasse ruisselait de sang, mais il n'était pas blessé. La cavalerie légère vint à la rescousse. Tous les Espagnols furent pris ou tués. Cardone avait perdu sa force de frappe. Navarro tenta de rétablir la situation. Il lança ses fantassins à l'assaut, en une seule masse. Les Gascons plièrent sous le choc, mais les lances de Jacob d'Empfer firent reculer les Espagnols. Ce fut une terrible mêlée. Certaines compagnies se firent tuer sur place. Les autres commencèrent à s'enfuir, poursuivies par les archers. Quelques bandes purent se réfugier à Ravenne. Il leur fallut suivre une chaussée étroite. Gaston de Foix aperçut l'une d'entre elles et chargea. Il était presque seul. On le tira à bout portant. Il tomba de chevalet ne put se relever. Les Espagnols l'achevèrent à coups de pique. On retrouva son corps percé de dix-huit blessures. Lautrec gisait près de lui, défiguré. La victoire était totale, mais à quel prix ! Quinze mille cadavres jonchaient le sol, dont cinq mille royaux. « Il y a eu plusieurs batailles, écrivait le Loyal Serviteur, depuis que Dieu créa le Ciel et la Terre, mais jamais n'en fut vu une, pour le nombre qu'il y avait, de si cruelle, si furieuse, ni mieux combattue de toutes les deux parties que la bataille de Ravenne. » Yves d'Allègre, Jacob d'Empfer, Maugiron, Gramont, Bardassan, La Cropte, Dumolard avaient péri. Brantôme raconte la mort de François de Daillon, seigneur de La Cropte. Ce dernier sortait d'une grave maladie. Bien qu'affaibli, il voulut prendre part à la bataille. Blessé, ainsi que son cheval, à la première charge, ses compagnons lui dirent de se retirer :

— « Rien, rien, dit-il, je veux faire ici mon cimetière, et mon cheval me servira de tombe ; car il faut qu'il me serve encore, et que lui et moi mourions ensemble. »

Ils furent tués l'un et l'autre et on les enterra ensemble. « On appelait communément et coutumièrement messieurs de Bayard, de La Cropte et de Fontenailles, chevaliers sans peur et sans reproches : qualité certes très belle, et des plus belles du monde, à qui la mérite porter, voire plus que tous les noms de seigneurs du monde ! » (Brantôme). Au soir de la bataille. La Palisse fut élu commandant en chef. C'était un officier courageux, mais il n'avait pas les talents de Gaston de Foix. Nommé par ses pairs, et non par le roi, il manquait aussi d'autorité. Trivulce et Louis d'Ars le jalousaient en secret. Le lendemain, Ravenne capitula. Le corps de Gaston de Poix fit son entrée dans la ville précédé de quarante enseignes prises à l'ennemi et des plus marquants parmi les prisonniers : don Pedro de Navarro capturé en combattant parmi ses fantassins, le marquis de Pescaye et Jean de Médicis, légat du pape, le futur Léon X. Les Espagnols se disaient entre eux que c'était une pompe plus triomphante que funèbre et chrétienne. Gaston de Foix fut ensuite transporté à Milan. On l'ensevelit sous le dôme de la cathédrale. Le sculpteur milanais dit le Bambaja fut chargé de réaliser sa statue funéraire. Œuvre admirable de simplicité, elle représente Gaston de Foix non comme un gisant médiéval, mais comme un héros antique, le front ceint d'une couronne de lauriers.

Ainsi finit ce jeune prince qui avait, en quelques mois, repris dix villes et remporté trois victoires, par ses talents de stratège, son ingéniosité et ses décisions foudroyantes. Michelet, dans sa hâte de célébrer les volontaires de 1792, lui attribue comme principal mérite d'avoir utilisé supérieurement l'infanterie. Pour lui, ce sont les fantassins qui triomphèrent à Ravenne, en quoi il se trompe lourdement. Ce furent les canons et les cavaliers qui jouèrent le rôle décisif. Gaston était très en avance sur son temps par l'emploi de l'artillerie ; il tirait le meilleur parti de la mobilité des canons. Quelle n'eût pas été sa destinée, s'il n'avait été fauché en pleine jeunesse à Ravenne ! Et quel eût été le sort de la Sainte Ligue qui n'avait plus d'armée, et de son promoteur ? Terrorisé, le sombre vieillard s'était enfermé dans le château Saint-Ange avec ses cardinaux. Il s'attendait au pire.

Apprenant la mort de Gaston de Foix, Louis XII ne put retenir ses larmes :

— « Plût à Dieu, dit-il, que je n'eusse pas un pouce de terre en Italie, et que mon neveu et le reste des seigneurs fussent en vie, et j'aimerais mieux que l'ennemi eût une victoire pareille à la nôtre ! »

VI

Les revers

Les excès commis par la soldatesque à Ravenne, et que La Palisse toléra ou ne sut empêcher, terrorisèrent les habitants de la Romagne. Cesena, Cervia, Faenza, Rimini se soumirent pour éviter le pillage. Jules II croyait que les royaux allaient déferler sur Rome. Son entourage le suppliait à nouveau de traiter avec Louis XII. Il fut sur le point d'accepter, mais il apprit que Gaston de Foix avait été tué et cette nouvelle lui rendit espoir. Il savait que La Palisse avait moins de hardiesse que Gaston. Il n'est pas douteux qu'après Ravenne, ayant détruit l'armée de la Sainte Ligue, celui-ci se fût emparé de Rome. Il eût fait venir de Milan les cardinaux schismatiques, déposé Jules II et fait élire un pape à la dévotion de la France. Tout au contraire, sur ordre du roi, La Palisse évacua la Romagne. Il se replia sur Milan. Bohier licencia les Allemands prêtés par Maximilien. On a du mal à comprendre cette volte-face de Louis XII. Mal informé, il crut que la victoire de Ravenne suffisait à disjoindre la Sainte Ligue et à contraindre Jules II à traiter. Qu'il ait subi les pressions d'Anne de Bretagne et de ses partisans, cela paraît certain. Mais, surtout, roi très-chrétien, il éprouvait un certain remords à combattre le pape. En donnant l'ordre à La Palisse d'évacuer la Romagne, il faisait preuve de bonne volonté. Jules II y vit un aveu de faiblesse. Il entra dans le jeu, pour gagner du temps. Le 20 avril, il eut la perfidie de signer un projet de traité. Or, dans le même temps, il appelait les Suisses à l'aide, en dépit des déceptions qu'ils lui avaient infligées à deux reprises. Puis, reprenant du poil de la bête, il ouvrit le concile du Latran contre les cardinaux schismatiques.

Ceux-ci, repliés à Milan, avaient attendu la victoire de Ravenne pour suspendre Jules II de toute activité pontificale, autrement dit pour prononcer sa déchéance ! La mort de Gaston de Foix emporta leurs espérances. Jules II ne pouvait tolérer l'affront qu'ils lui avaient infligé. Malgré les aléas de la guerre, il n'avait pas cessé de hâter les préparatifs du contre-concile. La victoire de Ravenne l'avait contraint à l'ajourner ; il en pleurait de rage. Après l'évacuation de la Romagne, il put enfin fixer au 3 mai 1512 la cérémonie d'ouverture. Ce fut un grand succès pour lui : on dénombra seize cardinaux, plus de cent prélats, dont soixante-dix évêques, douze patriarches, trois généraux d'ordres monastiques, des ambassadeurs, des sénateurs, des nobles romains. Les chevaliers de Rhodes, qui formaient la garde d'honneur, contenaient la foule à grand-peine. Après la messe du Saint-Esprit, Viterbe, général des augustins, prit la parole au nom de Jules II. Il déclara que, par la défaite de Ravenne, la Providence avait signifié à l'Eglise qu'elle serait vaincue aussi longtemps qu'elle chercherait un appui dans les armes étrangères ; qu'elle ne devait recourir désormais qu'aux armes spirituelles : la cuirasse de la foi, le glaive de la lumière, la prière et la piété. Le pape avait réuni le concile pour obéir à l'ordre de Dieu. Viterbe était un grand orateur : « Entendez dans quel abîme de maux est tombée l'Eglise fondée par votre sang ! Voyez ! Cette terre, dans le cours de cette année, a bu plus de sang que de pluie, il ne nous reste plus que des ruines ! Venez à notre secours, restaurez l'Eglise ! » Cette ruine de l'Eglise — d'ailleurs toute relative —, Jules II en portait une large responsabilité. Les armes dont il s'était servi jusqu'alors n'étaient pas spécialement spirituelles. Il ne s'arrêtait pas à ces détails et il obtint ce qu'il voulait. D'abord, la condamnation du schisme, c'est-à-dire l'annulation pure et simple de la sentence émise par les cardinaux réunis à Milan. Par suite, la proclamation solennelle de l'unité de l'Eglise et du pouvoir absolu de son chef. Le royaume de France fut frappé d'interdit : Louis XII avait un délai de soixante jours, à compter du 10 décembre, pour comparaître. Jules II triomphait sur toute la ligne. Les problèmes touchant à la réforme de l'Eglise — dont la chrétienté sentait l'urgence — ne furent même pas évoqués. Par contre, on ressortit la vieille lune d'une réconciliation des princes en vue d'une croisade contre les Turcs, mais sans trop insister.

En Suisse, le cardinal de Sion (Matthieu Schinner) donnait aussi de la voix : « L'Eglise, s'écriait-il, comme l'Italie, est cruellement opprimée, maltraitée, déchirée. Le tyran français veut se l'asservir, pour imposer son joug impie à toute la chrétienté. Aussi réclame-t-elle de ses enfants un prompt secours. » Les pieux enfants répondirent en masse à cet appel pathétique, appâtés par un immense butin. Ils furent vingt à vingt-cinq mille à descendre en Italie par l'Adige et le Tyrol. Les Vénitiens, les troupes pontificales, les Espagnols n'attendaient que leur venue pour converger vers le Milanais. Il ne restait plus à La Palisse que mille à quatorze cents lances et dix mille fantassins. Ses lieutenants, Trivulce, Lautrec, Stuart d'Aubigny, le desservaient. Tout ce qu'il put faire fut de sauver son armée, après avoir évacué toutes les places, y compris Milan. Il rentra en France à la fin de juin. Schinner, dans son langage imagé, disait que les Français avaient pris la fuite comme des putains. Il fit à Pavie une entrée d'*imperator*, au milieu de ses piquiers hilares. C'était vraiment l'*alter ego* de Jules II, mais en plus vigoureux du moins quant au physique.

La mort de Gaston de Foix offrait à Ferdinand d'Aragon l'opportunité de revendiquer le royaume de Navarre du fait de sa femme. On se souvient que Louis XII soutenait les prétentions de Gaston à ce royaume contre les Albret. Il inversa sa position, malgré l'opposition d'Anne de Bretagne qui haïssait les Albret. Ferdinand d'Aragon invita perfidement ceux-ci à entrer dans la Sainte Ligue. Sur leur refus, il lui fut aisé d'obtenir de Jules II qu'il lançât l'interdit contre la Navarre. Il envahit le petit royaume et s'empara de Pampelune. Louis XII riposta en envoyant La Palisse et François de Valois au secours des Albret. Ils mirent le siège devant Pampelune, mais durent se retirer et repasser les Pyrénées dans des conditions désastreuses, en décembre 1512. Ce n'était pour Louis XII qu'une diversion. Il faisait porter son effort sur la reconstitution d'une armée afin de prendre sa revanche en Italie.

Maximilien, dénonçant son alliance avec la France, avait adhéré à la Sainte Ligue, en novembre. Il voulait avoir part à la curée. Jules II se croyait le maître. Il croyait surtout agrandir les Etats de l'Eglise. Mais les Alliés avaient la dent longue; ils voulaient rentrer dans leurs frais. Les Vénitiens réclamaient les territoires qu'ils avaient perdus en 1509. Les Suisses, qui occupaient déjà Domodossola, Lugano et Locarno, demandaient Novare et Côme. Le marquis de Mantoue, Peschiara. Le duc de Savoie, qui n'avait rien fait, guignait Verceil. Les Espagnols exigeaient une part du Milanais. Le pape voulait tout. Comme on ne pouvait s'entendre, on imagina de restaurer les Sforza. Le duché de Milan étant fief d'Empire, Maximilien posa la candidature de Charles d'Autriche. Les Milanais récusèrent ce dernier; ils voulaient avoir Maximilien Sforza pour duc. C'était le fils aîné de Ludovic le More. Il avait vingt-deux ans. Il rentra dans sa capitale le 29 décembre. Ce furent les Suisses qui lui remirent les clefs, malgré l'opposition de Ferdinand d'Aragon et de l'empereur. Sans confiance en lui, sans envergure, il avait la cruauté des faibles. Les vengeances et les exactions qu'il perpétra le rendirent vite impopulaire. Les Milanais commençaient à regretter le départ des Français. Le duc Sforza parvint cependant à se maintenir pendant trois ans : jusqu'à la bataille de Marignan !

La pauvre Italie n'était plus que confusion et chaos. C'était l'aboutissement de la politique menée par Jules II. Il avait provoqué la ruine de provinces entières, de cités naguère opulentes, causé la perte de plusieurs centaines de milliers d'hommes et de femmes, embrasé l'Europe, sous le prétexte de chasser les Français qui l'avaient naguère sauvé des griffes d'Alexandre VI Borgia. Il les avait en effet chassés du Milanais, mais les Allemands, les Espagnols, les Suisses lui restaient sur les bras. Le remède était pire que le mal. Les interdits lancés à tort et à travers portaient le plus grave dommage à l'Eglise. Il n'avait pas eu le temps de préparer les réformes qui s'avéraient nécessaires. C'était un être emporté par ses passions, follement épris de grandeur. Son imagination débridée enfantait sans cesse de nouveaux projets. Il s'était mis en tête de récupérer le royaume de Naples, quand il tomba malade. Il eut le temps d'organiser ses funérailles et de se confesser. Eprouva-t-il un quelconque remords ou regretta-t-il de laisser une œuvre inachevée, rançon de son monstrueux orgueil? Il laissa pourtant le souvenir d'un grand pape, parce qu'il restaura l'unité de l'Eglise, conforta l'autorité du Saint-Siège, bâtit Saint-Pierre[1] de Rome, fut le protecteur de l'architecte Bramante et de Michel-Ange.

Il mourut dans la nuit du 20 au 21 février 1513. Les cardinaux élurent pour lui succéder Jean de Médicis, fils de Laurent le Magnifique. Il se fit ordonner prêtre quatre jours après son élection. C'était un esthète et un fin politique, manquant un peu de caractère. Les membres du Sacré Collège cessèrent de trembler. Léon X ne les traînerait pas à sa suite sous la pluie battante ou par les chemins enneigés; il ne les exposerait pas aux boulets de canon. C'était un homme paisible, qui appréciait les belles et bonnes choses de la vie. Dès son élection, il fit savoir à Anne de Bretagne que l'interdit jeté sur le royaume de France ne serait pas appliqué.

Pour autant, il n'abandonnait pas la politique de Jules II. Il l'adoucissait, dans l'attente des événements. Nul n'ignorait que Louis XII préparait sa revanche. Dans cette phase du conflit, les actes diplomatiques avaient autant d'importance que les faits militaires. Louis XII rassemblait une armée, mais, en même temps, il ouvrait discrètement deux brèches dans la Sainte Ligue. Exploitant la crainte des Vénitiens d'être finalement victimes de l'empereur, du Saint-Siège et de Ferdinand d'Aragon, il conclut avec eux un traité (14 mars 1513) les déta-

1. Plus exactement, commença à bâtir Saint-Pierre.

chant de leurs alliés. Accessoirement, ce traité prévoyait le partage de l'Italie du Nord entre Venise et le roi. Le 1er avril, ce dernier concluait une trêve d'un an avec Ferdinand d'Aragon. Ce qui n'empêcha pas Ferdinand d'adhérer à la ligue dite de Malines qui se substituait à la Sainte Ligue et dont le but restait identique : évincer les Français de la péninsule, mettre fin à leur prédominance en Europe.

Les Milanais supportaient de plus en plus mal la tyrannie de Maximilien Sforza, dont le pouvoir s'appuyait sur une armée de six mille Suisses. Louis XII crut pouvoir exploiter le mécontentement de ses anciens sujets et forcer le destin. Il avait rappelé l'armée de Navarre, recruté des soldats en Gascogne, en Picardie et en Normandie, désigné La Trémouille et Trivulce pour diriger les opérations. Les royaux franchirent les Alpes dans la première semaine de mai. Ils s'emparèrent d'Alexandrie et poursuivirent leur marche vers Milan. Le duc Sforza, qui ne brillait pas par le courage, comme d'ailleurs Ludovic le More, préféra ne pas les attendre. Il s'enfuit de Milan et se retira à Novare avec ses Suisses. Les royaux investirent cette place au lieu de foncer vers Milan. Il est probable que les Milanais, méprisant leur duc, les eussent accueillis avec enthousiasme : ils ne savaient plus à qui obéir et le parti français, persécuté par Sforza, brûlait de se venger. Les Suisses réglèrent la question. Prévenus par les émissaires de Maximilien, les cantons envoyèrent dix-huit mille volontaires. Le 5 juin, ceux-ci arrivaient en vue de Novare. Au cours de la nuit, cinq mille d'entre eux vinrent renforcer la garnison. A l'aube, les Français furent pris entre deux feux. Les canons de Novare leur tiraient dans le dos. Les Suisses qui étaient en force se ruèrent sur eux avec une frénésie sans pareille. Le massacre dura une heure. Les Suisses prétendirent avoir tué huit mille royaux, pris vingt-quatre canons et la totalité des bagages. Faute de cavalerie, ils ne purent poursuivre les fugitifs. La Trémouille et Trivulce avaient échappé au carnage. Ils rassemblèrent les débris de leur armée, hommes et piétons, retraitèrent sans être inquiétés et repassèrent le Mont-Cenis. Le duc Sforza rentra à Milan sous les bannières suisses.

VII

Le royaume en danger

L'Angleterre était entrée en scène en 1512. L'amiral Howard ravagea la côte bretonne du Conquet jusqu'à Brest. Ses troupes débarquaient, pillaient et incendiaient sans rencontrer de résistance. Les paysans bretons refusaient de se battre pour un monarque excommunié. Cependant, Louis XII donna l'ordre à l'escadre de Brest de châtier les Anglais. Elle était forte d'une vingtaine de vaisseaux, auxquels on avait joint la célèbre *Cordelière* commandée par Henri de Portzmoguer (qui signifie en breton « port en ruine, » et que l'on francisa en Primauguet). Le vice-amiral de Clermont avait mis son pavillon sur la *Louise.* L'escadre anglaise comptait aussi une vingtaine de vaisseaux, mais elle était suivie de six navires transportant des munitions. A cette époque, hormis les galères, il y avait peu de différence entre les vaisseaux de guerre et les vaisseaux de commerce. Dès qu'il fut sorti du goulet de Brest, Clermont, piètre marin, crut avoir affaire à une escadre supérieure en nombre ; il donna l'ordre de virer de bord. La *Louise* et la *Cordelière* qui marchaient en tête de l'escadre, se retrouvèrent en queue. Elles couvrirent la retraite. Clermont manœuvra si mal que la nef amirale s'échoua. La *Cordelière* reçut tout le choc des Anglais. C'était notre plus belle unité. Elle portait soixante canons légers et seize pièces de gros calibre. Mais elle avait plus de soixante ans et elle était peu maniable. Trois Anglais la prirent à partie, dont le principal était le *Régent,* commandé par

Thomas Knyvet, grand écuyer d'Angleterre : il valait à lui seul deux fois la *Cordelière* et il était plus récent. Knyvet fut coupé en deux par un boulet; son second était grièvement blessé. Fou de rage, l'équipage du *Régent* vint bord à bord avec la *Cordelière* et sauta à l'abordage. La canonnade l'ayant déliée, elle commençait à couler bas. Portzmoguer (ou Primauguet) donna l'ordre à un matelot de descendre dans la sainte-barbe et de mettre le feu aux tonneaux de poudre. La *Cordelière* sauta avec le *Régent.* Il y eut une vingtaine de survivants. Ce duel naval sauva l'escadre française qui put se réfugier sous les canons de Brest. C'était le 10 août 1512. Ce combat resta dans les mémoires, fut célébré par les poètes et, plus tard, inspira une chanson bien connue des marins :

> *« Pendant que nous faisons le guet*
> *Parlons un peu de Primauguet*
> *Qui commandait la Cordelière,*
> *La frégate armée à Morlaix*
> *Pour faire la chasse aux Anglais...*
> *Le failli chien nous vit venir,*
> *Fit force de voiles pour s'enfuir.*
> *Hervé, le gagnant de vitesse,*
> *Dit : La mer sera mon linceul !*
> *Mais je n'y veux pas coucher seul...*
> *Et l'abordant par son tribord*
> *Il foutit la flamme à son bord. »*

La *Cordelière* n'était pas une frégate — ce type de bâtiment n'existait pas en 1513 —, mais une grosse nef à trois mâts, lancée à Morlaix en 1448. Elle avait porté plusieurs noms au cours de sa longue carrière. Anne de Bretagne l'avait baptisée la *Cordelière,* en souvenir de l'ordre qu'elle avait créé. La fin glorieuse de ce vaisseau frappa les imaginations. Nos annales maritimes en oublient de mentionner l'exploit de Prégent de Bidoux. Au printemps de l'année suivante (1513), cet excellent chef d'escadre franchit le détroit de Gibraltar avec ses galères et rallia Brest. Profitant d'un temps propice, il attaqua l'escadre de l'amiral Howard en vue du Conquet. Howard montait une roberge (*row barge*), vaisseau à voiles pourvu d'avirons. Il se jeta contre la galère de Bidoux et fut tué. Les neuf dixièmes de son équipage périrent avec lui. Les débris de la flotte anglaise se réfugièrent à Plymouth.

Cependant, si la victoire de Prégent de Bidoux mettait les côtes bretonnes à l'abri des Anglais, ceux-ci gardaient la maîtrise de la Manche. Leurs navires étaient plus nombreux et les galères méditerranéennes ne pouvaient affronter de trop grosses houles. En mai et juin, les troupes d'Henry VIII ne cessèrent de débarquer à Calais. Le roi lui-même arriva le 1er juillet. Il devait agir de conserve avec Maximilien. Leurs objectifs n'étaient pas les mêmes. Henry VIII projetait d'assiéger Boulogne ou Guines. L'empereur voulait Thérouanne. Son alliance était si incertaine qu'Henry se laissa convaincre. N'eût été Marguerite d'Autriche, Maximilien ne serait pas passé en France. Elle servait de trait d'union entre son père et le roi d'Angleterre, tout en menant une politique personnelle au nom de son neveu. Thérouanne était une assez forte place, en état de se défendre. Les Anglo-Allemands l'investirent.

Désormais, c'était le royaume de France qui était attaqué ; l'Italie cessait, provisoirement, d'être le champ de bataille de l'Europe. Louis XII ramassa quelques troupes et installa son quartier général à Amiens. Henry VIII avait dix mille hommes et Maximilien cinq mille. Ils ne pouvaient, avec des effectifs aussi réduits, envisager une action de grande envergure ! Henry VIII manquait d'expérience et Maximilien de conviction : il préférait la diplomatie à la guerre. L'investissement de Thérouanne traîna en longueur, de telle sorte que les renforts français eurent largement le temps d'arriver. Louis XII fit établir un camp retranché à Blangy. Il monta ensuite une opération audacieuse pour ravitailler les assiégés. Le 16 août, avant l'aube, des détachements de cavalerie légère sortirent de Blangy et galopèrent vers Thérouanne. Chaque cavalier portait en croupe un sac de farine, de porc salé ou de poudre. Ces détachements traversèrent un marécage par des sentiers repérés à l'avance et atteignirent sans encombre les remparts de Thérouanne. Ils déposèrent leur chargement. La cavalerie lourde devait protéger leur retour au camp; elle remplit mal sa mission. Informé par un espion, Henry VIII avait pendant la nuit massé quelques milliers d'hommes sur les hauteurs boisées de Guinegatte. Nos cavaliers rentraient à Blangy en riant du bon tour joué aux Anglais. Ils étaient dans le plus complet désordre et ne se méfiaient de rien. Soudain, les canons tonnèrent et les fantassins ennemis dévalèrent la pente. Ce fut une fuite éperdue vers Blangy. Ceux qui tentèrent de résister furent tués ou capturés. Dix bannières tombèrent aux mains des Anglais. Le comte de Dunois, plusieurs officiers de la maison du roi étaient prisonniers. Les Anglo-Allemands crièrent victoire. Les pertes se limitaient à deux cents cavaliers. Cet épisode, connu sous le nom de «Journée des éperons» (parce que les Français s'étaient moins servi de leurs armes que de leurs éperons), ne changea rien à la situation. Thérouanne était une enclave dans l'Etat de Charles de Gand, sans intérêt pour la France. Louis XII avait besoin des hommes qui la défendaient. Il leur fit passer l'ordre de capituler sous conditions. La garnison sortit de la ville le 23 août, en armes et bagues sauves, avec ses fifres, ses tambours et ses bannières. Elle défila devant les deux souverains. Cette humiliation s'ajoutait à la honte de Guinegatte. Ensuite, les Anglo-Allemands assiégèrent Tournai. Louis XII se démenait pour mettre son royaume en état de défense. Il ne lui restait qu'un allié, le roi d'Ecosse Jacques IV. Ce dernier envahit le nord de l'Angleterre mais, le 9 septembre, il se fit battre à Flodden et périt dans la bataille.

Deux jours avant, et c'était la surprise que Maximilien et sa fille avaient préparée pour le roi de France, une armée de trente mille Suisses arrivait devant Dijon. Louis XII, prévoyant une attaque sur la frontière de Bourgogne, avait envoyé Louis de La Trémouille avec un millier de lances et six mille fantassins. Que pouvait-il faire contre cette horde de lansquenets et de piquiers ? Les Bourguignons n'étaient pas sûrs ; ils n'avaient pas oublié Charles le Téméraire ni leurs anciens ducs. Les Suisses venaient au nom de leurs héritiers : Maximilien, Marguerite et Charles de Gand. La Trémouille demanda de prompts secours au roi. Celui-ci devait surveiller la frontière de Picardie, ignorant les intentions d'Henry VIII. Il donna carte blanche à La Trémouille. La situation tournait au tragique, car les Suisses pouvaient marcher sur Paris, après avoir pris Dijon. Il fallait donc les arrêter, coûte que coûte. Heureusement, La Trémouille les avait vus à l'œuvre en Italie ; il connaissait bien leur mentalité. Leurs chefs étaient des « industriels » de la guerre. Ils n'aimaient pas gâter la matière première. C'était le gain qu'ils recherchaient, non la gloire. La Trémouille organisa la défense de la ville, ce qui laissait supposer que le siège serait long et croire que Louis XII interviendrait à brève échéance avec une forte armée. Puis, il entra en pourparlers et ne lésina par pour atteindre son but. Un traité fût signé le 14 septembre 1513. Il prévoyait le versement aux Suisses, en deux termes, de quatre cent mille écus d'or, dont vingt mille à la levée du siège. Tout recrutement était désormais interdit au roi de France sans l'autorisation des cantons. Celui-ci renonçait à ses droits sur le duché de Milan, le comté d'Asti et Gênes, au profit de Maximilien Sforza. Il s'engageait en outre à désavouer le concile de Pise et à adhérer au contre-concile du Latran. Enfin, il était stipulé que, si l'une des clauses n'était pas respectée, le traité deviendrait caduc. Les signataires n'avaient oublié qu'un détail, le plus important : demander à La Trémouille s'il avait reçu les pouvoirs de traiter au nom du roi. Or, Louis XII lui avait simplement écrit de faire au mieux. Quand ils eurent empoché l'avance de vingt mille écus, les Suisses regagnèrent joyeusement leurs montagnes. C'était un coup de maître ! La Trémouille avait, par cette tromperie, sauvé le royaume de l'invasion. Mais que la vieille loyauté des gens de France, les notions d'honneur et de chevalerie devenaient peu de chose ! Le monde marchait à grands pas vers les temps modernes. Comme il s'y attendait.

La Trémouille fut blâmé par une partie de l'opinion, glorifié par l'autre. Il essuya la feinte colère de Louis XII. Ce n'était pas l'énormité de la somme promise qui irritait le plus ce dernier ni la réconciliation avec le pape, mais la renonciation à son cher duché de Milan, à Asti, à la cité de Gênes. Ces terres italiennes avaient été son obsession, le pôle de toute sa vie, le ressort de son énergie. Mais il lui restait assez de raison pour se rendre compte que La Trémouille ne pouvait agir autrement et qu'il venait de lui rendre un immense service.

Il fallait cependant que le traité de Dijon reçût un commencement d'exécution pour empêcher le retour des Suisses. Le roi leur envoya cinquante mille écus d'or, appréciable supplément aux vingt mille déjà versés. De plus, il stipendia généreusement certains responsables des cantons. Ce qui n'empêcha pas la Confédération de le menacer d'une vengeance éclatante s'il refusait d'acquitter sa dette. Ce n'étaient là que rodomontades ! D'ailleurs, Maximilien n'avait aucune envie que la Suisse devînt le pivot de la politique européenne. Ce n'était à ses yeux qu'un vivier à soldats. Si médiocre stratège qu'il fût, il s'était rendu compte que « les meilleurs soldats du monde » ne suffisaient pas à gagner les batailles.

Relativement à ses possessions italiennes, Louis XII trouva un compromis. Il offrit sa fille Renée de France en mariage à l'un des petits-fils de Ferdinand d'Aragon, soit Charles de Gand, soit Ferdinand, son frère cadet. Il la doterait du duché de Milan, du comté d'Asti et de la seigneurie de Gênes. Il avait perdu ces territoires, mais conservait ses droits et prétendait les faire valoir en repassant à nouveau les Alpes. Ferdinand d'Aragon accepta le marché pour faire pièce à l'empereur. C'est lui qui choisirait celui des deux infants qui épouserait Renée. Un accord fût signé le 16 novembre 1513.

Vis-à-vis du pape Léon X les négociations furent accélérées par le fait que Louis XII avait interdit l'envoi des subsides à Rome. Comme on l'a indiqué précédemment, Anne de Bretagne avait obtenu de Léon X la levée de l'interdit jeté sur le royaume par son prédécesseur. Elle souhaitait passionnément la réconciliation de son époux avec Rome. Elle le pressait de faire les démarches nécessaires. Louis XII n'avait besoin ni de ses plaintes ni de ses larmes pour prendre sa décision. Il savait reconnaître ses erreurs. Au début de décembre 1513, il envoya deux ambassadeurs à Rome : Claude de Seyssel et Louis de Forbin. Reçus par Léon X le 18 décembre, ils déclarèrent que le roi révoquait le concile de Pise, puisque Jules II était mort, et qu'il adhérait au contre-concile du Latran. Léon X accorda aussitôt son pardon au roi et aux cardinaux schismatiques. Le lendemain, il publiait une bulle exhortant tous les princes chrétiens à la paix.

VIII

Devant que soit l'an passé...

Ce fût la dernière joie d'Anne de Bretagne. Depuis la mise au monde d'un fils mort-né, le 21 janvier 1512, sa santé n'avait pas cessé de se dégrader. Elle était restée alitée pendant les cinq mois qui suivirent l'accouchement. Neuf (ou dix) grossesses l'avaient vidée de ses forces. Elle souffrait de gravelle. Au cours de l'année 1513, les crises s'étaient rapprochées, devenaient plus douloureuses, accompagnées d'accès de fièvre probablement consécutifs à une infection. Elle se raidissait pourtant contre la maladie, s'efforçait de faire bon visage et de remplir sa fonction de reine. L'attaque de la flotte anglaise la jeta dans l'inquiétude. En sa qualité de duchesse de Bretagne, elle donna des ordres pour lever des milices afin de surveiller les côtes et, au besoin, d'empêcher un débarquement. L'interdit jeté sur le royaume de France, bien qu'il exceptât la Bretagne, entretenait en elle une angoisse continuelle, lui serrait le cœur. Elle avait peur de la damnation, peur du châtiment de Dieu. Elle se reprochait amèrement de n'avoir pas su dissuader son époux de défier Jules II. L'évêque de Nantes, choisi par elle, siégeait parmi les Pères du contre-concile du Latran. Sa présence n'avait pas apaisé la colère de Jules II, il se réjouissait de la division du couple royal. Mais Léon X avait pris sa place. Il ne haïssait pas la France ; il voulait seulement un geste de bonne volonté. Et le roi avait enfin cédé. Anne pouvait se dire qu'elle était en partie l'auteur de cette réconciliation et que cela lui serait compté. Elle était aussi pour quelque chose dans le projet de mariage entre Renée de France et l'un des deux infants d'Espagne, petits-fils de Maximilien. C'était son vieux rêve qui allait se réaliser, le mariage autrichien ! Elle persistait à croire qu'il en sortirait une paix définitive entre l'Empire et la France et se préoccupait déjà de la cérémonie des fiançailles.

L'hiver fut cette année-là précoce et rude. Les rivières étaient gelées et la neige couvrait la terre. Il était difficile de chauffer les pièces du château de Blois. L'état de la reine s'aggrava soudain. La fièvre redoubla. Les douleurs rénales devinrent intolérables. Les médecins crurent que la reine surmonterait cette crise comme les précédentes. Ils n'avaient que des remèdes dérisoires, dont le seul efficace était le bouillon de pavot. Cependant, Anne avait des syncopes et le roi s'inquiétait. Mais que pouvait-il faire ? Elle sentait qu'elle allait mourir et ne s'accrochait plus à la vie. En l'absence de l'évêque Mayeuc, son confesseur ordinaire, elle fit appeler Guillaume Parvy, célèbre docteur en théologie. Elle se confessa et reçut le saint Viatique. Puis elle dicta ses dernières volontés, en présence du roi. Elle pardonnait à ses ennemis et demandait le pardon de ceux à qui elle avait fait du mal. Elle voulait que son corps reposât en Bretagne et, si cela ne se pouvait, que son cœur fût porté en l'église des Carmes de Nantes. Chose incroyable, mais lourde de signification, elle chargeait sa rivale, Louise de Savoie, d'administrer ses biens jusqu'à l'émancipation de ses filles, Claude et Renée, et de veiller à l'éducation de celles-ci. C'était admettre *in extremis* le mariage de François de Valois et de Claude de France, qu'elle avait si opiniâtrement combattu. Elle reçut l'extrême-onction et trouva la force de répondre aux prières des agonisants. Puis elle sombra dans le coma, mais son corps tressaillait sans cesse sous l'effet de la douleur. Le 9 janvier 1514, vers cinq heures du matin, elle recouvra sa lucidité, fit appeler sa fille aînée, mais ne put prononcer une parole. Seuls ses yeux vivaient, intensément. Quand le roi se pencha sur elle, elle rendit le dernier soupir.

« Ainsi disparaissait, à la veille de ses trente-sept ans, Anne, par la grâce de Dieu, duchesse de Bretagne, comtesse de Montfort, d'Etampes et de Vertus, reine des Romains puis Reine de France à deux reprises, fière devant les hommes, humble devant le Seigneur, libérale envers qui le méritait, intransigeante sur l'honneur et fidèle en ses desseins, superstitieuse et mystique, douée d'un caractère de prince, trempée par les épreuves, grande par la naissance, plus grande par l'esprit, fille du Moyen Age par son amour de la chevalerie et première Dame de la Renaissance par sa culture et son goût du Beau », écrivait naguère Yves-Marie Rudel, un des meilleurs écrivains bretons. Cet hommage traduit fidèlement le souvenir que la reine a laissé en Bretagne et qui subsiste encore aujourd'hui.

Pendant huit jours, abîmé dans son chagrin, Louis XII ne sortit guère de sa chambre. Il voulait mourir, répétait à ses confidents :

— « Allez ! Et faites le caveau et le lieu où doit être ma femme assez grand pour elle et pour moi, car, devant que soit l'an passé, je serai avec elle et lui tiendrai compagnie. »

Etrange prédiction, car elle se vérifia, mais après quels détours !

Il se nourrissait à peine, ne voulait voir personne, hormis ses filles et ses familiers. Cependant, malgré ses larmes, il gardait assez de présence d'esprit pour donner des ordres précis quant à l'organisation des funérailles. Il décida que la dépouille de sa femme ne reposerait pas en Bretagne, comme elle en avait exprimé le désir, mais à Saint-Denis avec les rois et les reines de France ; que son cœur serait porté au couvent des Carmes de Nantes. Celle qu'il avait « si tant aimée, et en qui il avait déposé tous ses plaisirs et toutes ses délices » fut livrée aux mains des apothicaires et des chirurgiens, qui l'embaumèrent, après avoir extrait le cœur. Le peintre Jean Perréal fit un portrait de la morte. Pendant cinq jours, elle fut veillée par des religieux mendiants. Le vendredi 13 janvier, au cours de la nuit, elle fût portée à l'étage supérieur du château, vêtue de ses habits royaux — un corselet d'or, une robe de velours pourpre — et étendue sur un lit de drap d'or. Elle était prête pour l'ultime parade funèbre. De magnifiques tapisseries représentant la destruction de Jérusalem par Titus et Vespasien recouvraient les murs. Sur de larges bandes de velours noir s'étalaient les armes, la devise et les symboles héraldiques de la duchesse-reine : les hermines et les fleurs de lys, qui étaient son blason de reine, les blasons de ses comtés, la cordelière de l'ordre qu'elle avait fondé, l'hermine symbole de pureté, et ses deux devises : « A ma vie » et « *Non mudera* ». « A ma vie » qui signifiait : je ne changerai de ma vie, je suis immuable. « *Non mudera* », mots espagnols signifiant : je ne changerai pas. Douze gros cierges brûlaient autour du lit d'apparat. Le 16, la dépouille fut placée dans un double cercueil, l'un de chêne, l'autre de plomb. Le 3 février, les officiers de sa maison la transportèrent dans l'église Saint-Sauveur de Blois. Selon Pierre Choque (héraut d'armes de Bretagne), la foule était immense, « chacun joignait les mains, disait prières et oraisons; jamais, de mémoire d'homme, on n'avait vu pareille douleur; non seulement les princes et les princesses, mais les gens du peuple ne faisaient que se tordre les mains et crier », ce qui est peut-être un peu exagéré. Elle était un peu trop distante pour être aussi populaire que le roi, mais la mort sanctifie parfois les défunts. Guillaume Parvy prononça l'éloge funèbre. Plus exactement, ce savant docteur prononça le tiers de cet interminable éloge. Il prit pour thème la parole de l'Evangile : *Defecit gaudium cordis nostri* (Morte est la joie de notre cœur). Rhétoriqueur autant que théologien, il assortit de trente-sept épithètes laudatives les trente-sept années vécues par la reine, et décora celle-ci de trente-sept vertus !

Le 4 février, le cercueil fut hissé sur un char à quatre roues, tiré par six chevaux caparaçonnés de velours noir. Tout était pareillement en noir, les écuyers, les palefreniers, les archers. Par Notre-Dame de Cléry, Orléans, Etampes, le convoi entra à Paris le 14 février. Guillaume Parvy prononça la suite de l'oraison funèbre, sur la parole de l'Ecriture : *Conversus est inluctum chorus noster* (Notre chœur s'est converti en chagrin). Et il expliqua que ce chœur allégorique se composait de quatre parties : l'Eglise en était l'autel, la Justice en était l'entrée, l'Université en était la droite et le Peuple en était la gauche. Le soir même, 16 février, le convoi arrivait à Saint-Denis et Guillaume Parvy prononça la fin de l'éloge, en prenant pour thème une autre parole de l'Ecriture : *Cecidit corona capitis nostri* (Nous avons perdu notre couronne). Il rappela la généalogie prétendument « troyenne » des Montfort et il s'exclama :

— « Anne mourut digne de ses ancêtres. Je jure devant vous que je l'ai confessée, communiée, administrée et qu'elle est morte sans avoir commis un seul péché mortel. »

Jean de Luxembourg, cardinal du Mans, donna l'absoute. Puis le corps fut descendu dans le caveau. A ce moment, Champagne, le héraut d'armes de France, dit :

— « Roi d'armes des Bretons, faites votre devoir. »

Le héraut Bretagne s'avança :

— « La Reine, très-chrétienne duchesse, notre souveraine dame et maîtresse, est morte. La Reine est morte. La Reine est morte. »

C'était la dernière princesse féodale qui s'en allait. Louis XII voulut que Pierre Choque écrivît le récit de ces pompes funèbres dont la splendeur resta dans les mémoires. Plusieurs copies en furent faites et distribuées. Ce fut l'une d'entre elles que Brantôme recopia dans sa *Vie des dames illustres.*

Les condoléances arrivaient de toute l'Europe. Le pape Léon X écrivit à Louis XII une lettre pleine d'affection, dans laquelle il parlait de la reine dans les termes les plus flatteurs, vantant sa piété, son zèle envers Dieu et l'Eglise, et assurant que « toutes personnes de toutes conditions avaient grandement perdu par la mort de cette Dame pleine de singulière vertu et sagesse ». Il est vrai qu'elle n'avait pas ménagé ses dons aux églises et aux couvents, ni ses aumônes aux pauvres.

Louis s'était enfermé dans son hôtel des Tournelles à Paris. Il était inconsolable et semblait ne s'intéresser à rien. Il exigeait que ceux qui l'approchaient fussent comme lui vêtus de noir. On le persuada de s'installer à Vincennes, où l'air était meilleur, car on craignait pour sa santé. Il consentit à aller à la chasse, sa grande passion, mais son humeur restait aussi sombre ; il se répandait en plaintes, devenait irritable et l'on s'interrogeait sur l'avenir. C'était la femme qu'il regrettait, plus que la reine. Comme reine, il l'avait grandement honorée, mais aussi combattue et parfois avec âpreté. Mais, comme femme, il l'avait charnellement et tendrement aimée, malgré ses défauts. Il avait enduré ses caprices, sa comédie de larmes, ses reproches, ses exigences. Leurs rapports n'avaient pas cessé d'être passionnels. Mariés par raison d'Etat, ils se comportaient en définitive comme des amants. Pourtant, il pouvait se demander si elle l'avait sincèrement aimé. En tout cas, elle avait payé de sa vie son désir obstiné d'avoir un dauphin. Et il repassait inlassablement les heures heureuses qu'ils avaient vécues ensemble, comme on feuillette un journal intime, d'un doigt précautionneux. Il dénombrait aussi les blessures nécessaires qu'il lui avait infligées, lui faisant sentir qu'il était le roi et décidait seul. Les conseils et les avis qu'elle lui donnait étaient parfois redoutables. Reine de France, elle restait duchesse de Bretagne, et rien ne pouvait briser son entêtement. Pourtant, elle s'était usée, vidée de ses forces et de son sang, au service du royaume des lys. Aima-t-elle la France ? Cette question, comme les autres, avait désormais le silence pour réponse.

La politique reprit ses droits. Un roi ne peut donner beaucoup de temps au chagrin. Trop de problèmes extérieurs et intérieurs restaient en suspens. Florimond Robertet et quelques autres conseillers, songeant à leur carrière, lui laissèrent entendre, avec précautions, que rien ne s'opposait plus à la célébration du mariage de François de Valois et de Claude de France. François avait vingt ans et Claude, quinze. Leurs fiançailles avaient été conclues en 1506. Le roi avait différé le mariage pour ne pas contrarier la reine. Certes, il traitait son futur gendre en héritier de la couronne, mais il ne le tenait pas en grande estime. Il déplorait son manque de maturité, sa prodigalité, ses liaisons amoureuses. Il chérissait sa fille et se demandait si elle serait heureuse avec un tel époux. Elle boitait un peu, comme sa mère, et n'était pas très belle. Robertet convainquit le jeune prince de se montrer plus assidu aux réunions du Conseil ; il se porta garant de son aptitude aux affaires. Louis XII renâclait toujours, prenant prétexte de son deuil pour repousser la cérémonie. Soudain, il annonça son départ pour le château de Saint-Germain-en-Laye, où il arriva le 8 mai. Les courtisans suivirent. Pendant cinq jours, il ne se passa rien. Mais les langues allèrent bon train, car tous avaient deviné qu'il y avait anguille sous roche. Le 13 mai, un avis fut placardé annonçant le mariage de Claude et de François. La cérémonie devait avoir lieu dans la chapelle du château, et dans la plus stricte intimité en raison du deuil de la reine. Ici, les chroniques divergent sensiblement. Selon certains auteurs, le mariage fut l'occasion d'une fête réunissant des milliers d'invités. Pour d'autres, il n'y avait que les familiers de François et le festin fut modeste, par souci d'économie. Aux termes du contrat de fiançailles signé en 1506, le marié comptait prendre le titre de duc de Bretagne, au nom de sa femme, et surtout percevoir les revenus du duché. Il avait de gros besoins d'argent et quelques dettes. Le 22 mai, il réclama l'application du contrat. Louis XII rejeta cette demande qu'il jugeait prématurée, presque offensante. En réalité, il n'entendait pas lâcher un pouce de pouvoir et tenait à montrer qu'il restait le maître. La déception de François fut vive, mais il dut s'incliner. Le roi lui réservait une autre surprise.

IX

Le « Pélican »

Le 13 mai 1514, Louis XII signa une nouvelle trêve avec Ferdinand d'Aragon. La Sainte Ligue ne se maintenait plus qu'à travers l'alliance d'Henry VIII d'Angleterre et des Habsbourg (Maximilien Ier et Marguerite d'Autriche). Cependant, ni Henry VIII ni l'empereur n'avaient envie de poursuivre les hostilités. Ils avaient dépensé beaucoup d'argent pour s'emparer de deux places d'importance secondaire, mais n'avaient point réussi à entamer le royaume des lys : son territoire et sa puissance restaient intacts. Maximilien vieillissait. L'âge était passé pour lui de guerroyer. Il ne s'intéressait plus qu'à l'avenir de son petit-fils, le futur Charles Quint. Henry VIII, qui était au début de son règne, avait le sentiment d'avoir été frustré par l'empereur. En fin de compte, seule Marguerite d'Autriche restait réellement en lice, mais elle ne pouvait rien faire par elle-même. Déçue par l'immobilisme de son père, elle s'obstinait à miser sur l'alliance anglaise. « Les autres ont ce qu'ils veulent, écrivait-elle, nous pas. » Que réclamait-elle, au nom de son neveu ? La Bourgogne évidemment, mais aussi le Mâconnais, l'Auxerrois et Bar-sur-Seine, prétendument usurpés par le roi de France. Autrement dit, elle entendait reconstituer au profit du futur Charles Quint l'héritage de Charles le Téméraire. « Les autres princes, déclarait-elle, sont plus loin de leurs ennemis[1]

1. Les Français.

que nous, et il y a montagnes et mer entre deux; avec cela ils sont plus riches pour résister à leurs ennemis que cette pauvre maison de Bourgogne.» Elle oubliait que sa pauvre maison avait maintes fois avancé des fonds considérables à l'empereur. Henry VIII lisait assez bien dans son jeu. Il lui avait promis de ne signer ni trêve ni paix sans son accord, mais ce n'était de sa part qu'un engagement de circonstance. Percevant ses réticences et dans le but de resserrer son alliance avec lui, elle avait demandé la main de la princesse Mary d'Angleterre pour son neveu. Henry VIII semblait favorable à ce projet mais il fit traîner les négociations. L'union de sa sœur avec un si grand prince était cependant flatteuse. Elle ouvrait de vastes perspectives. Mais, précisément, Henry VIII flairait le piège. Il estimait périlleux de s'agréger aux Habsbourg. Il avait besoin d'une France assez forte pour faire contrepoids à leur puissance.

En juin 1514, Marguerite d'Autriche apprit par ses espions qu'un certain Hurault, général des finances de Normandie, se trouvait à Londres pour négocier la rançon du comte de Dunois et autres seigneurs capturés à Guinegatte, et qu'il avait eu plusieurs entretiens avec Henry VIII. «Je me doute, écrivait-elle alors, qu'il n'y ait quelque autre charge.» Son flair ne l'avait pas trompée. Louis XII, au lieu d'envoyer un ambassadeur extraordinaire et sa suite un peu trop voyante, avait confié à Hurault une mission qu'il était préférable de tenir secrète. Hurault trouva le roi d'Angleterre dans les meilleures dispositions à l'égard de la France. Il obtint sans difficulté une suspension d'armes, ce qui ne signifiait à peu près rien, puisque les opérations étaient gelées depuis plusieurs mois. Il entra ensuite dans le vif du sujet. Les négociations faillirent achopper sur plusieurs points, mais on parvint à un compromis et, le 7 août, un traité de paix et d'alliance fut signé, suivi, trois jours après, du contrat de mariage entre Mary d'Angleterre et Louis XII. Marguerite d'Autriche était doublement jouée. Quant à Henry VIII, il faisait une excellente affaire, la dot de sa sœur était prélevée sur l'indemnité promise par la

France. Pour Louis XII, ce renversement d'alliance était un succès politique. Le comte de Dunois épousa fictivement Mary en son nom : selon l'usage, il avait glissé une jambe dans le lit de la future reine de France.

La nouvelle stupéfia l'opinion française et, comme on s'en doute, irrita les Bretons. On avait cru que Louis XII ne se remettrait jamais de la perte d'Anne de Bretagne. Et voilà que ce veuf inconsolable épousait un tendron, de surcroît une Anglaise ! Mais une propagande bien conduite répandit l'idée que le pauvre roi se sacrifiait pour le bien de son peuple. Ce dont le Loyal Serviteur se fait l'écho : « Il n'avait pas grand besoin d'être marié, écrit-il, pour beaucoup de raisons et aussi n'en avait-il pas grand vouloir ; mais parce qu'il se voyait en guerre de tous côtés, qu'il n'eût pu soutenir sans grandement fouler [1] son peuple, ressembla au pélican. » Merveilleuse trouvaille que ce pélican royal se sacrifiant pour nourrir ses enfants ! Sans doute, le mariage avec Mary était-il un moyen d'obtenir la paix et l'alliance avec l'Angleterre, mais ce n'était là qu'un aspect de la vérité ! Louis XII, déçu par les prétentions un peu trop affichées, sinon par l'impatience de François de Valois, souffrait de n'avoir pas de fils. Il se souvint brusquement que son père, Charles d'Orléans, l'avait procréé alors qu'il était dans sa soixante-huitième année. Or, il n'avait lui-même que cinquante-deux ans. Il se laissa persuader par ses familiers de convoler pour la troisième fois : il aimait assez qu'on lui proposât ce qu'il avait déjà décidé, voire que l'on s'efforçât de l'en convaincre. Mais qui choisir ? On hésita entre la veuve de Jacques IV d'Ecosse, Marguerite d'Autriche et Mary d'Angleterre. Le choix se porta finalement sur Mary, ce qui fournissait l'occasion de détacher Henry VIII de l'alliance autrichienne. Elle n'avait que vingt ans, mais cette différence d'âge n'entrait pas en ligne de compte dans les combinaisons matrimoniales des princes. Mary passait pour l'une des plus belles princesses d'Europe, ce qui adoucissait le « sacrifice »

1. Imposer son peuple.

consenti par Louis. Toutefois, par précaution, il envoya à Londres son peintre favori, Jean Perréal. Ce dernier tira le portrait de la fiancée, œuvre malheureusement perdue. A la vue de cette image, le vieux roi retrouva sa jovialité. C'était comme on sait un connaisseur. Sa fidélité, sans doute irréprochable, envers Anne de Bretagne ne l'empêchait pas d'apprécier, *de visu*, la beauté féminine. Sa santé s'était améliorée. La perspective d'accueillir bientôt cette jolie fille dans son lit le ragaillardissait. On ne tarissait pas d'éloges sur la grâce, la prestance, l'esprit, la bonne humeur de Mary. « Elle est toute récréative », disait-on. Les Français, d'abord hostiles à cette union, se réjouissaient désormais de la bonne fortune du Père du peuple. Ils étaient fiers d'avoir la plus belle reine d'Europe. La jeunesse de Mary promettait un dauphin dans l'année qui suivrait. La versatilité des Français n'est pas nouvelle...

François de Valois ne laissait rien paraître de sa déconvenue, qui était extrême, et même feignait-il de partager l'euphorie générale. Les princes étaient dressés à faire bonne contenance, quoi qu'il leur advînt, à dissimuler leur haine ou leur colère sous un masque souriant. Cependant, sa petite cour de flatteurs s'amenuisait. Il risquait de perdre sa qualité d'héritier présomptif, si Mary enfantait un dauphin. Louise de Savoie voyait déjà se dérober le trône qu'elle convoitait depuis tant d'années pour son fils, tremblant à chaque grossesse d'Anne de Bretagne et guettant « le défaut de vie » dans chacun des enfants que celle-ci mettait au monde ! Cependant, elle était trop habile pour essayer de détourner Louis XII de son remariage, le jugeant « trop caduc et débile » pour vivre longtemps.

Le deuil de la cour fut levé pour accueillir la nouvelle reine. Elle débarqua à Boulogne, le 3 octobre 1514. François de Valois, tous les princes des lys, de nombreux grands seigneurs et dignitaires, l'inévitable Louis de La Trémouille et autres vieux serviteurs de la couronne étaient là pour la recevoir. Elle avait une suite magnifique et une escorte de deux mille archers à cheval. Parmi les lords et leurs épouses, on remarquait un personnage dont la beauté le disputait à l'élégance : Charles

Brandon qui venait d'être nommé duc de Suffolk. C'était un ancien valet de vénerie qui avait décroché cette incroyable promotion par ses belles manières et ses intrigues. Henry VIII avait dépouillé les Lancastre de ce duché pour le donner à son favori du moment. Ni François de Valois ni ses familiers ne devinèrent que Brandon était l'amant de la belle Mary. Car elle était vraiment belle et apparemment digne de porter la noble couronne de France ! Ce n'était certes pas l'une de ces victimes livrées à un inconnu par raison d'Etat, mais une séductrice curieuse de courir une nouvelle aventure, quelle qu'en fût l'issue. De toute manière, elle était parée, car elle garderait Brandon en réserve : elle avait obtenu de son frère qu'il restât en France comme ambassadeur. C'était là un trait d'humour de la part d'Henry VIII. Il tablait sur la débonnarité et la décrépitude de son bon frère de France. Il ne lui déplaisait pas que l'éventuel dauphin fût en réalité le fils d'un valet de vénerie. Tous ces rois étaient plus ou moins cousins et, comme on le voit, s'aimaient tendrement.

Louis XII avait rompu avec ses habitudes d'économie. Il voulait faire bonne figure et s'était équipé de neuf. Toutes les livrées de sa maison furent renouvelées. Il se rendit à Abbeville, où la future reine devait faire son entrée officielle, le 8 octobre. Quand son approche fut signalée, il sortit de la ville et partit au galop à sa rencontre. Elle apparut enfin, blonde, rose et souriante, dans une robe de drap d'argent, avec une cotte de drap d'or couverte de broderies. Elle montait une haquenée blanche. Trente-six dames l'accompagnaient, précédant le cortège des seigneurs et le défilé des archers. Louis XII était vêtu comme un jeune homme, de velours rouge, avec une toque de même couleur ; il ne portait pas de manteau. A peine eut-il aperçu l'éblouissante créature qu'il s'élança sur son genêt d'Espagne, un grand étalon noir. Il dévisagea Mary, lui dit : « Ma fille, soyez la bienvenue ! » et lui plaqua un baiser sur la joue. Puis, pour montrer son adresse et sa vigueur, il fit par trois fois se cabrer le genêt d'Espagne, au risque de se rompre le col. C'était sa mort qu'il venait d'embrasser à la volée, le gai compagnon !

Le mariage fut célébré le lendemain par le cardinal de Prie. François se tenait près du marié et sa femme Claude près de la mariée. On ne sait trop quelles prières Louise de Savoie adressa au ciel pendant cette cérémonie ; d'autres soucis l'attendaient. Louis XII prétendit qu'il avait fait merveilles pendant sa nuit de noces. Il se déclarait enchanté de sa nouvelle épouse. Il ne s'aperçut point qu'elle était de seconde main, si l'on peut dire. Mary avait une nature ardente, dont les appétits dépassaient les moyens de son vieil époux. Il crut qu'elle mettait tout son cœur à remplir ses devoirs d'épouse.

La cour changea de style. Mary jouait du luth et dansait à ravir. Elle avait l'œil et l'esprit vifs, une gaieté juvénile. Elle aimait les plaisirs. Le parcimonieux Louis XII donna des bals et des festins pour la distraire. Les courtisans, qui s'ennuyaient un peu sous le règne d'Anne de Bretagne, rendaient grâces à la nouvelle reine de ce changement. Ils étaient tous plus ou moins amoureux d'elle, hormis les seigneurs bretons qui continuaient à maugréer. Elle ne repoussait point les compliments. Bien qu'elle fût accouplée à ce vieux roi — car Louis paraissait plus âge qu'il ne l'était réellement —, elle savourait sa nouvelle vie et rien n'altérait sa bonne humeur. Elle était vraiment « toute récréative ». Cette récréation risquait de coûter cher à son époux et, si Mary avait eu quelque bon sens, elle l'eût ménagé. Il continuait à faire le coquebin et à se vanter de ses prouesses. On ne fût pas sans remarquer les assiduités du duc de Suffolk, ses prévenances, l'espèce de familiarité existant entre la reine et l'ambassadeur. Louise de Savoie dressa l'oreille. Cependant, pour elle, le pire était à venir. Son cher fils s'enflamma pour Mary. Ils étaient du même âge. François de Valois était aussi bel homme que Charles Brandon, et de complexion fort amoureuse. Il ne comptait déjà plus ses conquêtes. Mary se plaisait en sa compagnie. On eut l'impression qu'une sorte de complicité s'établissait entre eux. Selon Brantôme, ce fût le sieur de Grignaux, chevalier d'honneur de la défunte reine, qui donna l'alarme. Toutefois, il commença par admonester en ces termes le beau François :

— « Comment, Pâque-Dieu ! (car tel était son jurement) que voulez-vous faire ? Ne voyez-vous pas que cette femme, qui est fine et cauteleuse, vous veut attirer à elle afin que vous l'engrossiez ? Et, si elle vient à avoir un fils, vous voilà encore simple comte d'Angoulême et jamais Roi de France, comme vous espérez. Le Roi son mari est vieux, et à présent ne lui peut faire d'enfant. Vous l'irez toucher, et vous vous approcherez si bien d'elle, vous qui êtes jeune et chaud, elle jeune et chaude. Pâque-Dieu ! elle prendra comme à glu, et elle vous fera un enfant, et vous voilà bien ! Après vous pourrez bien dire : Adieu ma part du royaume de France. Par quoi songez-y. »

François promit d'être raisonnable. Il rétorqua pourtant qu'après tout il serait régent du royaume, si Mary avait un fils, vu l'âge du roi. Mais, « tenté encore et retenté des caresses et mignardises de cette belle Anglaise, il s'y précipita plus que jamais. Que c'est de l'ardeur de l'amour ! et d'un tel petit morceau de chair, pour lequel on languit et on quitte et les royaumes et les empires... ». Grignaux s'en vint trouver Louise de Savoie. Elle adorait son « César », mais elle le tança si vertement qu'il comprit enfin le jeu de Mary et se détourna d'elle. Restait l'ancien valet d'écurie. Louise de Savoie fit en sorte que Marie ne se trouvât jamais seule, sauf avec le roi. Elle organisa une surveillance discrète, mais étroite et continuelle. Mary avait de la malice à revendre, pourtant il lui fut impossible de rencontrer privément son bel amant.

Les semaines passèrent ainsi. Le couple royal résidait à Paris, au palais des Tournelles. Les divertissements continuaient. Louis XII avait renoncé au régime qu'Anne de Bretagne, soucieuse de sa santé, lui avait imposé. Au lieu de déjeuner à huit heures, il dut, pour ne pas déranger les habitudes de Mary, repousser son repas jusqu'à midi. Au lieu de se coucher à huit ou neuf heures, il veillait jusqu'à minuit. Les médecins le mirent en garde, mais il ne les avait jamais pris au sérieux. Il est possible que l'un d'eux, par sottise ou complaisance, lui ait procuré quelque potion revigorante. Louis dépérissait à vue d'œil, ce dont ses fidèles serviteurs s'effrayaient. Il riait de leurs craintes. Les clercs de la Basoche, dont il avait toujours toléré les farces et gauloiseries, disaient que « le Roi d'Angleterre avait envoyé au Roi de France une haquenée, pour le porter bientôt et plus doucement en enfer ou en paradis ».

Il tint jusqu'à l'extrême limite de ses forces, dans le fol espoir de procréer un dauphin. A la mi-décembre, il fut obligé de s'aliter. Il était atteint de fièvre pernicieuse, aggravée de dysenterie. Au cours de son existence, il avait été plusieurs fois au bord de la tombe, mais toujours il était, comme par miracle, revenu à la vie. On crut donc qu'il guérirait cette fois encore. D'ailleurs, il restait optimiste ; il parlait même de repasser les monts au printemps et de reconquérir le Milanais. Mais il était usé jusqu'à la fibre et bientôt la fièvre eut raison de sa résistance. Il comprit que sa fin était prochaine et demanda François de Valois pour lui faire ses ultimes recommandations. C'était à l'avenir de son peuple qu'il pensait. Puis il se confessa et communia, avant d'entrer en agonie. C'était la veille de Noël. Il sombra progressivement dans le coma. Son corps se débattait contre la mort, mais son âme avait déjà commencé son voyage. Il s'éteignit ainsi, inconscient, dans la nuit de la Saint-Sylvestre, à l'aube du 1er janvier 1515. Ni François de Valois ni la reine Mary n'avaient assisté à ses derniers instants. Ce furent La Trémouille et Dunois, ses fidèles compagnons et les témoins de toute sa vie, qui lui fermèrent les yeux. Une violente bourrasque s'éleva soudain sur Paris, annonçant aux humbles un événement funeste : la mort du Père du peuple...

X

De près et de loin

François de Valois avait reçu le royaume de France comme étrennes, mais il n'était pas encore François Ier, bien qu'il se comportât déjà en roi. Il ne le devint effectivement qu'après que la viduité de Mary fût constatée. La jeune reine supportait mal son veuvage et s'empressa de regagner l'Angleterre, bientôt rejointe par Suffolk qui l'épousa : à défaut de couronne, elle eut l'homme qu'elle aimait.

François Ier tenait à effacer au plus vite les traces de son prédécesseur. Lui en voulait-il de son remariage ? Redoutait-il sa popularité ? Il consacra aux funérailles de Louis XII le quart de la somme versée par celui-ci aux obsèques de Charles VIII. Ce trait d'avarice n'était pas dans sa nature. Louis XII était mort dans la nuit du 31 décembre au 1er janvier 1515. Le 4, sa dépouille avait rejoint celle d'Anne de Bretagne à Saint-Denis. On avait écourté le cérémonial, les veillées funèbres, les processions, les sermons, la messe à Notre-Dame, mais on ne put empêcher les Parisiens de s'assembler en masse pour escorter le roi défunt, ni le royaume entier de le pleurer. Déjà, on préparait en hâte le sacre de François. Il eut lieu à Reims le 25 janvier. François prit le double titre de roi de France et duc de Milan, annonçant ainsi qu'il poursuivrait la politique de Louis XII. Comme on sait, il remporta l'éclatante victoire de Marignan, le 13 septembre de la même année.

Avant de courir sa chance en Italie, il s'était intéressé de fort près à l'héritage d'Anne de Bretagne. Cet héritage revenait aux deux filles de celle-ci : la reine Claude et Renée, sa sœur cadette. Moribonde, Anne de Bretagne en avait confié la gestion à Louise de Savoie, sa rivale. Fatale imprudence ! Le roi François commença par s'approprier la vaisselle d'or de la défunte reine ; il la fit fondre et en tira la bagatelle d'un million d'écus. Il obtint ensuite de Claude l'usufruit des comtés de Blois, d'Etampes et de Montfort-L'Amaury. Le 22 avril, ce fut l'usufruit du duché de Bretagne. En juin, Claude, qui était enceinte, lui fit donation du duché, dans le cas où elle mourrait sans enfant. La pauvrette avait adopté pour emblème un cygne percé d'une flèche : image parlante de sa destinée. Car elle mourut à vingt-cinq ans, après avoir donné sept enfants à son ingrat époux. Dans son testament, elle avait légué le duché de Bretagne à son fils aîné, François, dernier duc couronné à Nantes et qui mourut en 1536.

Sa sœur, Renée de France, était née en 1510. Le premier acte de sa tutrice, Louise de Savoie, fut de lui retirer sa gouvernante, Mme de Soubise, dont le seul tort était d'avoir été choisie par Anne de Bretagne. Marguerite d'Autriche avait chargé son ministre Gattinara de représenter Charles de Gand au sacre de François Ier, et de demander la main de Renée. Elle savait que celle-ci avait des droits sur la Bretagne. Ses espérances furent déçues. Le contrat de fiançailles, signé le 22 mai 1515, accordait en dot à Renée deux cent mille écus et les revenus du duché de Berry, mais à condition que Charles de Gand renonçât à toute prétention sur le duché de Bretagne. La victoire de Marignan changea la donne politique et la promesse de mariage fut annulée, avec l'approbation de Léon X. Après avoir failli être impératrice, Renée attendit treize ans avant d'épouser, à la Sainte-Chapelle du Palais de la Cité à Paris, Hercule d'Este. Il était le fils d'Alphonse Ier, duc de Ferrare, et de Lucrèce Borgia, fille du pape Alexandre VI Borgia. Ce n'était pas une union très reluisante pour une fille de France, mais François Ier tenait à conserver l'alliance d'Alphonse. Il donna à sa belle-sœur deux cent cinquante mille écus d'or « au soleil», dont cinquante mille lors de la célébration de son mariage, le reste étant couvert par une pension annuelle de dix mille écus à prélever sur les revenus du duché de Chartres, du comté de Gisors et de la seigneurie de Montargis. François ne pouvait moins faire : il avait entièrement spolié les deux sœurs de l'héritage de leur mère, estimé à quelque six millions d'écus d'or!

Autant la reine Claude était tendre et docile, autant Renée était obstinée et rebelle : elle avait un « esprit de feu ». Elle dut pourtant accepter le mari que François Ier lui choisit. En 1534, Alphonse Ier mourut subitement et son fils lui succéda sous le nom d'Hercule II de Ferrare. Renée remplit ses devoirs de duchesse; elle lui donna cinq enfants. Intelligente, cultivée, presque savante, elle tint une cour qui devint rapidement célèbre. Elle y accueillait volontiers des poètes, parmi lesquels Clément Marot. Elle était restée très liée avec Marguerite de Valois, future reine de Navarre. Celle-ci envoyait à Ferrare les suspects qu'elle ne pouvait plus protéger. Ce fut ainsi que la duchesse de Ferrare hébergea Calvin et glissa peu à peu vers la religion réformée. Gravement compromise, elle eut affaire à l'Inquisition et n'échappa à l'emprisonnement qu'en abjurant. Après la mort d'Hercule II, elle se retira à Montargis. Bien que sa fille Anne eût épousé François de Lorraine, duc de Guise et chef du parti catholique, elle revint au calvinisme. Elle avait, par esprit de révolte, pris le contre-pied de sa mère, la très dévote Anne de Bretagne pour laquelle le pape devait être obéi et révéré, fût-il Alexandre VI ou Jules II le pontife casqué. Le conflit des générations est de tous les temps! Quand Renée de France mourut, en 1575, Henri III interdit qu'on l'inhumât à Saint-Denis. Elle était princesse du sang, mais huguenote. Elle ne souhaitait d'ailleurs qu'un peu de terre, sous une dalle anonyme. Le seul souvenir lumineux que les deux sœurs emportèrent de ce monde fut la tendre affection de leurs parents, une enfance heureuse, riche de promesses non tenues par le destin.

Après Louis XII, ce fut Ferdinand d'Aragon qui disparut, en

1516. Il laissait à Charles de Gand les royaumes d'Espagne et de Naples, et les colonies d'Amérique. Trois ans après, Maximilien Ier quittait la scène ; Charles de Gand héritait de l'Empire et des Flandres, devenait Charles Quint. Les chefs de guerre s'en allaient eux aussi : Gonzalve de Cordoue en 1515, le maréchal Trivulce en 1519, La Trémouille, La Palisse, Bayard et leurs compagnons en 1525, sur le champ de bataille de Pavie. Une génération s'effaçait. Louis XII en avait été l'un des acteurs principaux, sinon même, à certains égards, le principal. Son acharnement à conquérir, puis à conserver ses possessions en Italie, répondait à une nécessité dont l'évidence s'imposait de plus en plus nettement. C'était alors la première passe d'armes de l'implacable duel qui opposa les rois de France aux Habsbourg, duel qui se dénoua en 1648, par les traités de Westphalie. La date la plus importante de cette époque est assurément 1496, le jour d'octobre où Maximilien maria son fils Philippe le Beau à l'infante Jeanne, fille unique d'Isabelle de Castille et de Ferdinand d'Aragon. L'histoire de l'Europe fut la conséquence de ce mariage pendant un siècle et demi. Charles VIII s'était lancé dans l'aventure italienne avec l'insouciance d'une jeunesse pétrie de romans de chevalerie et autres chimères. Louis XII avait envahi le Milanais pour recouvrer un territoire usurpé par Ludovic le More et qu'il considérait comme un bien de famille : il se comportait alors en prince féodal. Mais, par la suite, il prit conscience de la menace qui pesait sur la France. D'où ses efforts, non tous couronnés de succès, pour opposer Ferdinand d'Aragon à Maximilien, Philippe le Beau à son beau-père, Charles de Gand à son grand-père aragonais. L'Italie, en proie à l'anarchie, appelait elle-même l'intervention des étrangers. Louis XII devança ses compétiteurs. Les Français souffraient peu de la guerre ; leur commerce en profitait. Les batailles se livraient loin de nos frontières.

Il était inévitable que Louis XII commît des erreurs. Les Européens du Nord ne pouvaient que s'égarer dans le labyrinthe de la diplomatie italienne. Les Italiens se prenaient le pied dans leurs propres pièges. C'était le siècle de Machiavel ! Par malheur, cette atmosphère de trahisons, de duperies, de mensonges gagna toutes les cours. La diplomatie devint un imbroglio permanent, une espèce de jeu subtil, où les promesses, les engagements écrits, les serments sur les Evangiles perdaient toute signification. Ce fut pour Louis XII, pour Georges d'Amboise et leurs contemporains un apprentissage difficile et coûteux. Il y a donc quelque injustice à les taxer de naïveté, voire de crédulité infantile. De plus, la différence est grande entre le roi de 1498 et celui de 1515. Les fiançailles de sa fille Claude avec le futur Charles Quint, la brusque rupture de ces fiançailles, la dislocation progressive de la Sainte Ligue, le remariage avec Mary d'Angleterre, montrent assez bien l'évolution qu'il subit, ou s'imposa, et les progrès qu'il accomplit dans l'art de la tromperie.

Il venait de si loin, quand on y pense, du monde des enluminures et de ces tapisseries où les personnages s'ébattent au milieu de fleurs délicates, dans des forêts de songe. Il avait trente ans quand d'habiles liciers tissaient la célèbre *Dame à la licorne*. Quelle vie extraordinaire il avait eue ! Né trop près du trône, prince humilié et marié par force à une bossue, rebelle, vaincu, jeté en prison, puis mal pardonné et sévèrement tenu en lisière, enfin roi du « plus beau royaume du monde » par le heurt d'un linteau de porte, et remarié à la petite reine veuve, enragée Bretonne, mais si attachante ! L'aventure italienne avait été sa part de liberté, son lyrisme et sa poésie, mais que d'échecs, de sang versé, d'argent perdu, d'efforts inutiles ! Cependant, chez lui, le courage venait sans cesse éclairer l'adversité ; l'optimisme lui redonnait le goût d'entreprendre. Moribond, il espérait encore revoir le dôme de Milan ! Une vie qui inspirait ces réflexions à Brantôme :

« Que c'est d'une personne, quand elle a été une fois ébranlée de la fortune ! Quelque bon visage qu'elle lui fasse pour quelque temps, aussi retourne-t-elle le plus souvent à l'ébranler du tout : ni plus ni moins que l'on voit un bel arbre que le vent ébranle et l'a à demi penché ; vient quelque bon économe ou hortalan[1], qui le vient appuyer, et dure pour quelque temps, et produit du fruit; mais, à la longue, et quoi qu'il tarde, il tombe tout à plat par terre. Voyez de même notre Roi dont je parle : il fut au commencement fort assailli par la fortune, comme j'ai dit, puis en fut bien recueilli par après; pour son comble, il en fut pis traité que jamais, et ce sur son vieil âge, qu'il se vit frustré en un rien de ce qu'il avait conquis et gardé si longuement, sans aucune espérance de revanche, car la vieillesse l'accablait, et puis ses déroutes et défaites, les unes après les autres. Toutefois, ses ennemis n'enjambèrent rien sur lui, ni sur un seul pouce de terre de son royaume; car il mourut très pacifique et très absolu Roi, et en titre le plus beau et le plus honorable que jamais porta Roi de France, qui était celui de Père du peuple et Bien-Aimé du peuple, ce qui donna à croire à plusieurs qu'il était béni et bien aimé de Dieu; si bien qu'il a laissé après lui par tout le peuple de France, que quand il est si surchargé et accablé de grandes tailles, taillons, subsides et impôts, il crie toujours : "Qu'on nous règle et remette seulement sous le règne du bon Roi Louis XII." S'il fût été aussi jeune quand il vint à la couronne, il eût fait de grandes choses, car il était très brave et très vaillant... »

Comment en effet le peuple, c'est-à-dire la France profonde, eût-il oublié ses bienfaits? Oublier que ce roi, indulgent aux faibles, l'avait compris et aimé ? Il ne se contentait pas de déclarations démagogiques, la main sur le cœur et le mensonge aux lèvres. Il respectait les classes laborieuses. Sa compassion envers les déshérités était agissante. Il était impossible d'oublier qu'il avait mis fin aux exactions des seigneurs, aux pilleries et aux violences de la soldatesque inoccupée, réprimé les abus des magistrats, les extorsions des agents du fisc, supprimé les péages qui entravaient le commerce. Il n'est pas surprenant que son règne soit apparu comme une sorte d'âge d'or. Le laboureur traçait ses sillons en toute quiétude, le berger paissait ses troupeaux sans redouter le passage des soldats, le

1. Jardinier.

marchand acheminait librement ses charretées d'une province à l'autre et les bas de laine ou les cassettes s'alourdissaient au fond des coffres. On bâtissait beaucoup. Dans les villes, on ne construisait guère de maisons sans atelier ou sans boutique ; les faubourgs s'agrandissaient. On défrichait les landes et autres lieux incultes. La consommation augmentait, en sorte que les taxes indirectes compensaient la diminution de la taille. Assurément Louis XII avait mérité, seul de tous nos rois, le surnom de Père du peuple. Il donna dix-sept ans de bonheur aux Français, disant qu'« un bon pasteur ne saurait trop engraisser son troupeau ».

Cependant, par la bizarrerie d'une double nature, ce monarque « pastoral », d'une évidente bonté, pouvait être, selon les circonstances, un chef de guerre efficace et entreprenant. Sa vaillance était alors communicative ; elle confinait parfois à l'intrépidité et à l'inconscience. C'est qu'il tenait encore par toutes ses fibres au milieu chevaleresque, lequel n'était pas toujours exempt de cruauté. Il avait d'ailleurs adopté pour emblème le porc-épic, animal alors mythique, dont on croyait qu'il projetait ses dards à distance pour atteindre ses adversaires ; et pour devise : *Cominus et eminus* (De près et de loin). C'était l'héritage de Louis d'Orléans, son grand-père. Ce prince avait fondé, en 1394, l'ordre du Camail, dont les membres portaient une chaîne d'or et une bague dans laquelle une agate était sertie, gravée d'un porc-épic. Louis XII tenait aussi de son aïeul l'orgueil, l'ambition, l'appétit de terre et de puissance. Il se voulut conquérant. Et il faut reconnaître que, pendant une période, il régna sur la France et sur la moitié de l'Italie. Aucun de ses prédécesseurs ni de ses successeurs ne contrôla d'aussi vastes territoires. C'était en réalité un défi lancé aux Habsbourg, une tentative pour freiner leur ambition et qui se soldait par un match nul. Les Français applaudirent Bonaparte d'avoir conquis l'Italie, mais n'en voulurent pas à Napoléon de l'avoir perdue. Il avait pourtant moins d'excuses que Louis XII.

XI

Par-delà la mort

Revenant de Naples, Charles VIII avait ramené à Amboise un énorme charroi transportant des tapis, des tapisseries, des tentures, des tableaux et des statues razziés dans les palais royaux, plus une cohorte d'artisans et d'ouvriers. Les splendeurs de l'art italien l'avaient ébloui. Louis XII n'appréciait pas moins les œuvres d'art ; il leur préférait toutefois les œuvres de l'esprit. Ce fut d'abord aux « librairies » (les bibliothèques) des Aragon de Naples et des Visconti-Sforza qu'il s'intéressa. Il opéra même des prélèvements considérables, et judicieux, qui vinrent enrichir ses collections. Hélas ! On déroba à ses regards l'admirable *Livre d'heures* historié pour Jean-Galéas Visconti, le père de sa grand-mère Valentine, qui serait aujourd'hui à la Bibliothèque nationale ! Louis XII était un bibliophile éclairé ; il aimait les beaux textes habillés de riches reliures. Or, les princes du *Quattrocento* avaient rassemblé les auteurs de l'Antiquité latine et grecque. Louis XII était assez bon latiniste pour lire dans leur langue originale Cicéron, Virgile, Salluste ou Suétone. Il avait une prédilection pour les *Pensées* de Marc Aurèle. Il ne savait pas le grec, mais on lui avait procuré une traduction. Il y aurait une bien curieuse étude comparative à faire entre les succès, les revers, les principes de gouvernement de cet empereur romain et de Louis XII. On comprend ce qui les rapprochait à la lecture de cette pensée extraite du Livre IV : « Il faut que tu aies toujours en vue deux maximes :

l'une, de faire pour l'utilité des hommes tout ce que demande la condition de législateur et de roi ; et l'autre, de changer de résolution toutes les fois que des gens habiles te donneront de meilleurs avis. Mais il faut toujours que ce changement se fasse par des motifs de justice et d'utilité publique, et jamais pour ton propre plaisir, pour ton intérêt, ou pour ta gloire particulière. »

Malheureusement, ni l'un ni l'autre ne choisirent toujours leurs conseillers avec discernement. Marc Aurèle était « la philosophie assise sur un trône ». Une philosophie qui devait beaucoup aux stoïciens, mais dont la ligne de force rejoignait la doctrine chrétienne. Ce rapprochement avec Louis XII ouvre un horizon imprévu sur la pensée intérieure de celui-ci. Chaque être est toujours un peu en deçà et au-delà de son apparence.

Il protégea et pensionna les artistes. Il commandait des œuvres de propagande aux poètes et aux historiens (Gringoire, Lemaire des Belges et quelques autres). Cependant, il était homme de goût et ne se faisait guère d'illusions sur leur valeur. Mi-sérieux, mi-plaisant, il disait que « les Grecs n'avaient fait que des exploits médiocres, mais qu'ils avaient eu un merveilleux talent pour les embellir ; que les Romains avaient fait de plus grandes choses et les avaient dignement écrites ; que les Français en avaient fait d'aussi grandes que l'un et l'autre peuple, mais qu'ils avaient toujours manqué d'écrivains pour les raconter convenablement ». Les poètes de son temps étaient les rhétoriqueurs, sauf de rares exceptions. Il est cependant dommage qu'il ait négligé les œuvres de son père, Charles d'Orléans.

En même temps qu'il soutenait vigoureusement l'imprimerie, aussi bien à Tours qu'à Paris, et commandait des traductions à des érudits tels que l'évêque Seyssel et Guillaume Budé, il faisait peindre des images enchantées par les derniers enlumineurs. Il offrit un jour, par fantaisie, le plus petit livre du monde à Anne de Bretagne, de *Très petites heures* ! Ce livret de soixante-six sur quarante-six millimètres est décoré de dix peintures à pleine page et de cinquante et une de dix millimètres de côté, peintes sur un vélin d'une extraordinaire finesse. L'écriture en gothique arrondi est parfaitement lisible (avec une loupe). Il allait ainsi du passé au présent, du gothique flamboyant à la pré-Renaissance, assumant l'amalgame qui caractérisait son règne. Et c'est précisément ce qui rend sa personnalité si attachante. Il ne réalisa point, par souci d'économie et manque de temps, les fastueux édifices que François Ier érigea à sa propre gloire.

Ses constructions furent modestes. On a cependant parlé d'un style Louis XII, ce qui est excessif. Les seules nouveautés se limitèrent à une ornementation d'inspiration italienne plaquée sur un gros œuvre de facture gothique. Le château de Gaillon, bâti par Georges d'Amboise, avait plus de hardiesse; l'influence italienne y était plus nette : le cardinal croyait ainsi pérenniser son souvenir. Louis XII ne cherchait que l'agrément et la commodité.

Si François Ier avait lésiné sur les dépenses de ses funérailles, il dédia un magnifique tombeau à sa mémoire. Il le commanda en 1516, après son retour de Marignan, à Giovanni di Giusto Betti, francisé en Jean Juste, sculpteur florentin installé à Tours. Jean Juste se rendit à Carrare pour y acheter du marbre blanc. Son fils et son neveu travaillèrent à ce monument qui ne fut achevé qu'en 1530 et transporté l'année suivante dans la basilique de Saint-Denis. Juxtaposant de façon harmonieuse l'art gothique et l'art italien, il fut probablement dessiné par Jean Perréal. Certains critiques l'attribuent à Guido Mazzoni.

Le soubassement retrace en quatre bas-reliefs les « triomphes » de Louis XII en Italie : son entrée à Milan en 1506, le forcement des montagnes de Gênes en 1507, la victoire d'Agnadel en 1509 et la reddition du *condottiere* vénitien Alviano. Le roi est représenté en empereur romain; ses cavaliers et ses fantassins ont les casques, les cuirasses et les enseignes des légionnaires.

Ce piédestal supporte un petit temple traité à l'antique, comprenant huit arcades avec des pilastres décorés d'arabesques et de candélabres. Le plafond est à caissons ornés de rosaces.

Les gisants du roi et de la reine reposent dans cet édifice. Ce ne sont point les nobles effigies des siècles antérieurs, endormies dans leur sérénité en attendant la résurrection. Ni ceux de la fin du Moyen Âge, pauvres corps en putréfaction, d'un réalisme hideux. Vidés et recousus par les embaumeurs, leurs mains et leurs visages crispés restituent néanmoins l'instant même où ils sont passés de vie à trépas. Les cheveux d'Anne sont répandus sur ses épaules, ses lèvres s'entrouvrent. Un dernier spasme tétanise les muscles du cou et de la mâchoire de Louis, ses dents apparaissent. Tous deux donnent la même impression à la fois de souffrance ultime et de soulagement. Ils subissent l'étreinte de la mort. Ses métamorphoses ne les ont pas encore atteints. La vie ne les a pas tout à fait désertés ; elle semble palpiter encore en eux. Leur âme vient de les quitter. Ils sont une attente, une interrogation.

Des apôtres les protègent, assis sous les arcades, non tous de la même main. Aux quatre angles, veillent les Vertus cardinales : la Force avec sa peau de lion, la Justice avec un glaive et un globe, la Prudence avec un miroir et un serpent, la Tempérance avec une horloge et une bride. Elles ne sont pas à la même échelle que les apôtres, mais cette disproportion concourt à l'effet pyramidal de l'ensemble.

Au sommet, Louis XII et Anne de Bretagne sont agenouillés, mains jointes, devant des prie-Dieu richement drapés. Ils sont vêtus de longs manteaux, mais ne portent pas de couronnes. Leurs visages, certainement ressemblants, paraissent vivre et reflètent leurs caractères respectifs. Anne redresse fièrement la tête et regarde devant elle avec confiance. Louis XII incline un front pensif. Il semble méditer sur ses fautes ou sur l'avenir du royaume.

Le monument fut admiré par toute l'Europe ; il reste l'un des plus beaux témoignages de l'art français de la Renaissance. Jean Perréal s'était inspiré du tombeau de Jean-Galéas Visconti dans la Chartreuse de Pavie. Ainsi, par-delà la mort, Louis XII rejoignait-il symboliquement son bisaïeul le duc de Milan. Il y a là de quoi rêver.

ANNEXES

Chronologie

1368. Naissance du futur Charles VI.

1372 (13 mars). Naissance de son frère, Louis Ier d'Orléans.

1380. Mort de Charles V.

1385. Charles VI épouse Isabeau de Bavière.

1389. Louis Ier d'Orléans épouse Valentine Visconti.

1393. Démence de Charles VI.

1394. Naissance de Charles d'Orléans.

1403. Naissance du futur Charles VII.

1404. Mort de Philippe le Hardi, duc de Bourgogne ; son fils Jean sans Peur lui succède.

1407. Assassinat de Louis Ier d'Orléans ; son fils Charles d'Orléans lui succède.

1415. Bataille d'Azincourt : Charles d'Orléans prisonnier en Angleterre.

1419. Assassinat de Jean sans Peur à Montereau.

1420. Traité de Troyes : la France anglaise.

1422. Mort de Charles VI : avènement de Charles VII.

1423. Naissance du futur Louis XI.

1429. Epopée de Jeanne d'Arc.

1440. Charles d'Orléans, libéré, épouse Marie de Clèves.

1442. Les Angevins sont chassés de Naples.

1447. Mort de Filippo-Maria Visconti, duc de Milan : Charles d'Orléans revendique son héritage.

1450. Francesco Sforza devient duc de Milan.

1453. Les Turcs s'emparent de Constantinople.

1457. Naissance de Marie d'Orléans ; mariage du futur Louis XI avec Charlotte de Savoie.

1461. Naissance d'Anne de France, future dame de Beaujeu. Mort de Charles VII ; avènement de Louis XI.

1462. Naissance de Louis II d'Orléans, futur Louis XII.

1464. Naissance de Jeanne de France, future épouse de Louis II d'Orléans.

1465. Mort de Charles d'Orléans ; ligue du Bien public.

1470. Naissance du futur Charles VIII ; premier livre imprimé à Paris : *Gasparini Epistolarum Liber.*

1473. Marie de Clèves consent au mariage de Louis II d'Orléans avec Jeanne de France.

1477. Mort de Charles le Téméraire ; mariage de Maximilien d'Autriche avec Marie de Bourgogne ; naissance d'Anne de Bretagne (26 janvier).

1478. Naissance de Philippe le Beau.

1480. Naissance de Marguerite d'Autriche.

1483. Fiançailles du futur Charles VIII avec Marguerite d'Autriche. Mort de Louis XI ; avènement de Charles VIII ; régence d'Anne de Beaujeu.

1484. Réunion des états généraux (15 janvier-11 mars) ; sacre de Charles VIII (30 mai).

1485. Début de la « Guerre Folle » ; Henry VII roi d'Angleterre.

1486. Alliance anglo-bretonne.

1487. Louis II d'Orléans se réfugie en Bretagne ; mort de Marie de Clèves, sa mère ; Diaz, navigateur portugais, découvre le cap de Bonne-Espérance.

1488. Louis II d'Orléans, battu à Saint-Aubin-du-Cormier, capturé par Louis de La Trémouille, est emprisonné.

1489. Reprise de la guerre franco-bretonne ; Anne de Bretagne couronnée duchesse à Rennes.

1490. Mariage par procuration d'Anne de Bretagne avec Maximilien d'Autriche.

1491. Victoires françaises en Bretagne ; libération de Louis II d'Orléans ; mariage de Charles VIII et d'Anne de Bretagne (6 décembre).

1492. Prise de Grenade par Ferdinand d'Aragon et Isabelle la Catholique (3 janvier) ; élection du pape Alexandre VI Borgia (11 août) ; naissance du dauphin Charles-Orland (11 octobre) ; Christophe Colomb découvre l'Amérique.

1493. Charles VIII signe le traité de Barcelone avec Ferdinand d'Aragon (19 janvier) et de Senlis avec Maximilien (23 mai).

1494. Mariage de Maximilien avec Bianca-Maria Sforza ; Charles VIII se proclame roi de Naples et de Jérusalem ; il arrive en Italie (2 septembre) ; Louis II d'Orléans vainqueur à Rapallo ; malade, il reste à Asti ; Ludovic Sforza devient duc de Milan (21 octobre) ; les Français à Florence (22 novembre) et à Rome (31 décembre) ; François d'Angoulême, futur François Ier, est né le 12 septembre ; par le traité de Tordesillas, l'Espagne et le Portugal se « partagent » le Nouveau Monde.

1495. L'entrée des Français à Naples (20 février) provoque une première ligue ; prise de Novare par Louis II d'Orléans (10 juin) ; bataille de Fornoue (8 juillet) ; Louis II assiégé dans Novare (20 juillet-22 septembre) ; mort du dauphin Charles-Orland (16 décembre).

1496. Mort de Charles d'Angoulême, père du futur François Ier.

1497. Vasco de Gama ouvre la route de l'Inde en doublant le cap de Bonne-Espérance ; John Cabot atteint le Labrador.

1498. Mort de Charles VIII (7 avril) et avènement de Louis XII, sacré le 27 mai ; procès en annulation de son mariage avec Jeanne de France (août-décembre).

1499. Mariage de Louis XII avec Anne de Bretagne (8 janvier) ; les Français envahissent le Milanais (18 juillet) et s'emparent de Milan (14 septembre) ; naissance de Claude de France, fille aînée de Louis XII et d'Anne de Bretagne.

1500. Ludovic Sforza tente de reprendre le Milanais ; il est battu à Novare et fait prisonnier (8 avril) ; Louis XII et Ferdinand d'Aragon se partagent le royaume de Naples : traité de Grenade (11 novembre) ; Pedro Alvarez Cabral découvre le Brésil ; Amerigo Vespucci découvre l'Amazonie ; naissance de Charles d'Autriche, futur Charles Quint.

1501. Déclaration secrète de Louis XII relative au mariage de Claude de France avec François d'Angoulême (30 avril) ; conquête du royaume de Naples; projet de mariage entre Charles d'Autriche et Claude de France.

1502. Premières escarmouches entre les Français et les Espagnols dans le royaume de Naples; Louis XII en Italie (juillet-septembre).

1503. Défaites françaises à Seminara (21 avril) et à Cérignoles (28 avril); chute de Naples (12 juin); mort du pape Alexandre VI Borgia (12 août) ; bref pontificat de Pie III et élection de Jules II della Rovere (novembre).

1504. Capitulation de Gaète (1er janvier) ; Louis XII confirme sa déclaration secrète du 30 avril 1501 (20 février) ; traité de Blois sur le projet de mariage entre Charles d'Autriche et Claude de France (22 septembre) ; mort de la reine Isabelle la Catholique (24 novembre).

1505. Mort de Jeanne de France (4 février) ; l'empereur Maximilien accorde l'investiture du duché de Milan à Louis XII (6 avril) ; procès du maréchal de Gié (juin-juillet).

1506. Assemblée de Tours : Louis XII « Père du peuple » ; fiançailles de Claude de France et de François d'Angoulême (mai) ; rébellion de Gênes.

1507. Louis XII reprend Gênes (25-26 avril).

1508. Le pape Jules II noue une coalition contre Venise (Ligue de Cambrai).

1509. Avènement d'Henry VIII d'Angleterre (22 avril) ; Louis XII revient en Italie et remporte la victoire d'Agnadel (14 mai).

1510. Jules II se réconcilie avec les Vénitiens (février) et noue contre la France la Sainte Ligue; mort du cardinal d'Amboise (mai) ; naissance de Renée de France; Chaumont d'Amboise contre Jules II.

1511. Mort de Chaumont d'Amboise (mars) ; concile de Pise contre Jules II (1er novembre).

1512. Victoire de Ravenne et mort de Gaston de Foix (11 avril) ; les Français évacuent le Milanais; retour de Maximilien Sforza.

1513. Mort de Jules II (21 février) et élection de Léon X (Médicis) ; défaites françaises à Novare (5 juin) et à Guinegatte (16 août) ; les Suisses dans le Dijonnais (septembre) ; réconciliation de Louis XII avec le Saint-Siège.

1514. Mort de la reine Anne de Bretagne (9 janvier) ; mariage de Claude de France et de François d'Angoulême ; traité de paix avec Henry VIII d'Angleterre (7 août) ; mariage de Louis XII avec Mary d'Angleterre (9 octobre).

1515. Mort de Louis XII (1er janvier) et avènement de François Ier ; victoire de Marignan (13-14 septembre).

1516. Le futur Charles Quint devient roi d'Espagne sous le nom de Charles Ier.

1517. Martin Luther amorce la Réforme.

1519. Charles Quint est élu empereur.

Eloges de Louis XII

Jean de SAINT-GELAIS, seigneur de Moulien, frère du poète Octavien de Saint-Gelais (1456-1502) :

« En imaginant bien le tout, il ne se trouvera aucun Roi auparavant qui tant ait fait de bien à son avènement, que celui-ci en tous endroits. Il a soutenu et entretenu l'Eglise gallicane en ses libertés et franchises. La noblesse ne fut oncques [1] mieux traitée, et depuis qu'il est Roi ne les a travaillés par arrière-ban, ni autres choses, ainsi qu'il avait bien accoutumé d'être fait. Et ne leur a donné oncques occasion de faire dépenses, pour ce que toutes ses guerres il les a conduites et faites à sa solde, et sans y contraindre aucun, si ce n'est de libérale volonté, et ceux qui sont à ses gages et bienfaits. Les cités et bonnes villes n'ont été travaillées ni opprimées par aucuns emprunts oins [2] ont vécu en grande liberté. Et les marchands ont exercé le fait de leur marchandise en sûreté plus que oncques mais ne firent. Au regard du commun peuple, il l'a soulagé de telle sorte qu'on ne pourrait plus. Car quelques grandes affaires qu'il ait eues, il a chaque année diminué les aides, et tellement qu'elles se montent aussi peu qu'au commencement qu'elles furent imposées, eu regard aux pays et seigneuries que ledit seigneur tient davantage.

Il a fait un autre bien particulier si grand qu'aucun de ses prédécesseurs n'en fit oncques guère de semblable. C'est d'avoir ôté la pillerie que les gens de guerre soûlaient [3] faire sur le pays, qui était une chose insupportable au pauvre peuple. J'ai vu moi, étant des

1. Jamais.
2. Mais.
3. Avaient l'habitude de...

ordonnances, que quand les gens d'armes arrivaient en un village, bourgade ou ville champêtre, les habitants, hommes et femmes, s'enfuyaient en retirant[1] de leurs biens ce qu'ils pouvaient aux églises ou autres lieux forts, tout ainsi qui si c'eussent été les Anglais leurs anciens ennemis. Ce qui était piteuse chose à voir ! Car un logement de gens d'armes, qui eussent séjourné un jour et une nuit en une paroisse, y eussent porté plus de dommage que ne leur coûtait la taille d'une année. Par quoi d'avoir mis ordre en cela, il n'est aucun doute qu'il n'y ait cinq cent mille bonnes personnes qui ne fassent prières et oraisons à Dieu pour la bonne prospérité et santé du Roi, le suppliant qu'il lui donne grâce de longuement vivre, comme celui qu'ils (re)connaissent leur être très utile et profitable. Car quand le pauvre laboureur a payé sa petite quotité de la taille, et la rente qu'il doit au seigneur de qui il tient[2], il peut dire que ce qui lui demeure, soit bœuf ou vache, veau ou mouton, est sien, ce qu'il ne faisait pas auparavant.

Au regard de la justice, elle ne fut oncques tenue en si grande vigueur qu'elle est du temps de ce règne. Tellement que le plus petit a justice contre le grand, sans faveur aucune, au moins qui vienne à la connaissance du maître. Car s'il était averti qu'il y eut aucuns[3] de ses juges favorables à l'une des parties, il en ferait la punition telle que ce serait un exemple à tous autres, et ne voudrait point qu'on le favorisât lui-même en quelque cause qu'il ait eue en aucun de ses parlements. Les bonnes ordonnances faites par les rois Philippe le bel et Charles le quint[4] et septième[5], sur le fait de la justice ont été par lui confirmées, et en a fait d'autres bien bonnes. Il ne fit oncques mourir homme par justice soudaine, en quelque façon que ce soit, quelque délit qu'il eût perpétré, et fût-ce contre lui-même ; mais a voulu que tous crimes fussent punis par ses juges ordinaires, en ensuivant l'ordre de droit et de raison, sans en user aucunement par volonté. Ayant toujours en tous ses faits peur d'offenser Dieu... »

1. Emportant.
2. Les terres qu'il tient en fermage.
3. Certains.
4. Charles V.
5. Charles VII.

Jean MAROT (1465-1527), père de Clément Marot :

« ... O dieux puissants, zélateurs d'amitié,
Du genre humain veuillez avoir pitié,
En permettant que le puissant dieu Mars
Mette au fourreau dagues et braquemarts;
Et que moi, j'aille en région gallique,
Où est un roi triomphant, magnifique,
Plein de vertu, hardi, laborieux,
Cœur magnanime, et bras victorieux,
Et est celui qu'on peut nommer sans vice
Ami de paix, zélateur de justice,
Hayant[1] débats, inventeur de concorde,
Chef belliqueux plein de miséricorde,
Dont le règne est tant et plus décoré,
Que cil Saturne en son âge doré... »

VOLTAIRE : cet extrait de *La Henriade* (chant VII) est pour le moins aussi exagéré que le poème de Jean Marot :

« Le sage Louis Douze, au milieu de ces rois,
S'élève comme un cèdre et leur donne des lois.
Ce roi qu'à nos aïeux donna le ciel propice,
Sur son trône avec lui fit asseoir la justice;
Il donna souvent; il régna sur les cœurs,
Et des yeux de son peuple il essuya les pleurs... »

CHATEAUBRIAND (*Etudes historiques*) :

« Louis XII a obtenu le plus beau surnom des rois de France; il fut tout d'une voix appelé le Père du peuple. Et ici le mot peuple a une grande valeur et annonce une révolution : ce n'est point un mot banal appliqué à une foule depuis longtemps gouvernée par un maître; c'est un mot nouvellement introduit dans la langue pour désigner une jeune nation affranchie, formée des débris des serfs et des corvéables de la féodalité. Elle ouvrait les temps modernes, cette nation; elle avait la force et l'éclat qu'elle eut dans sa première

1. Haïssant.

métamorphose, lorsque les Franks, transformés en Français, entrèrent dans les siècles du Moyen Âge... »

MICHELET :

« Roi étrange ! il payait et ne faisait point de dettes !

A peine en laissa-t-il une, très faible, à la fin de son règne, après deux ans d'une guerre générale où la France tint tête à l'Europe.

C'est-à-dire qu'il ne mangea pas son blé en herbe, qu'il n'entra pas dans cette carrière où les pères gaspillent d'avance le gain possible des enfants, reportant le faix du jour sur les générations à venir, ajoutant chaque matin un chiffre au grand-livre des malédictions futures.

Non, le peuple ne s'est pas trompé : cet âge, ce règne, ne sont pas indignes de son souvenir. »

Notices biographiques

ALBRET (maison d') : peut-être issus des anciens princes de Gascogne, les sires d'Albret, originaires des Landes, ne cessèrent de s'agrandir au cours des siècles, soit en mettant à profit l'anarchie féodale et en monnayant les services rendus tantôt au roi de France, tantôt au roi d'Angleterre, soit en pratiquant une politique matrimoniale adroitement conduite. Ils constituèrent ainsi l'une des plus importantes principautés du midi de la France. Ils joignaient à d'évidentes qualités d'hommes de guerre un opportunisme et un manque de scrupules dignes de Machiavel. L'un des plus connus parmi les princes d'Albret fut ALAIN, dit le GRAND (1440-1522). D'abord au service de Louis XI, il épousa Françoise de Châtillon-Penthièvre et s'agrandit du comté de Périgord. Il maria son fils, JEAN D'ALBRET, à Catherine de Foix qui lui apporta en dot le comté de Foix et de Bigorre et surtout le royaume de Navarre. Alain d'Albret combattit ensuite la régente Anne de Beaujeu et prit part à la bataille de Saint-Aubin-du-Cormier (1488). Cependant, il changea de camp et livra Nantes à Charles VIII. Il avait précédemment tenté d'épouser la petite duchesse Anne de Bretagne. Sa fille CHARLOTTE épousa César Borgia en 1500. Son petit-fils, HENRI DE NAVARRE, épousa en 1527 Marguerite de Valois, sœur de François Ier, d'où naquit JEANNE D'ALBRET, reine de Navarre et mère du roi Henri IV.

ALENÇON(duché d') : ce comté, érigé en duché en 1414, fut donné d'abord par saint Louis à Pierre, son cinquième fils, qui mourut sans postérité; en 1293, il passa à Charles Ier de Valois, frère de Philippe IV le Bel et tige de la maison de Valois. Charles II d'Alençon fut tué à Crécy. Jean Ier d'Alençon, promu duc par le roi Philippe VI de Valois, fut tué à Azincourt (1415). Son fils, Jean II, duc d'Alençon, capturé par les Anglais à Verneuil et libéré contre rançon, participa à l'épopée de Jeanne d'Arc et commanda ensuite l'armée de Charles VII. S'estimant mal récompensé, il trahit ce roi et complota avec les Anglais. Il fut condamné à mort en 1458, mais gracié. Il complota ensuite contre Louis XI, fut à nouveau condamné à mort et gracié, mais il finit ses jours en prison (1474). Son petit-fils, Charles IV d'Alençon (1489-1525), prit part aux guerres d'Italie, en 1507, 1515 et 1525.

ALEXANDRE VI (Rodrigo Lançol y Borgia), 1431-1503, pape de 1492 à 1503. Son oncle et père adoptif, le pape Calixte III (Alphonse Borgia), le promut cardinal à vingt-quatre ans. Chancelier de l'Eglise en 1457, il manifesta d'éminentes qualités d'administrateur sous les pontificats de Pie II, Paul III et Sixte IV. Prince temporel autant et plus que prince de l'Eglise, il incarnait à la perfection le *Quattrocento* humaniste et à demi païen. Son amoralisme affiché s'accommodait d'une relative observance de ses devoirs religieux. Sa concubine, Vanezza de Certaneis, lui donna quatre enfants : César, Jean, duc de Gandie, Lucrèce et Jofré. Cependant, telles étaient les mœurs romaines que son élection à la papauté ne souleva point de réprobation. Dès lors, il ne chercha plus qu'à accroître sa fortune et à doter somptueusement ses enfants, en particulier César et Lucrèce. Continuant une vie scandaleuse, il eut une liaison avec Giulia Farnèse qui lui donna deux autres enfants. Toutefois, Alexandre VI était aussi un politique habile. S'il ne put défendre Rome contre Charles VIII, il parvint à coaliser Venise, Ferdinand d'Aragon, Isabelle la Catholique et l'empereur d'Allemagne; il contraignit de la sorte Charles VIII à évacuer l'Italie (1495). Il se rapprocha ensuite de la France, ce qui fortifia sa position à Rome et lui permit d'en finir avec les turbulences des Colonna, des Orsini et de leurs affidés. Sa complaisance envers Louis XII, lors du procès de celui-ci en annulation de mariage, servit les intérêts de César Borgia et abusa les Français sur ses véritables intentions. Sa politique du juste milieu desservit, probablement, moins l'Eglise romaine que les excès de Jules II. Elle fut âprement dénoncée par le moine Savonarole, dont Alexandre VI toléra longtemps les diatribes avant de permettre sa condamnation. Il faut nécessairement se replacer dans le contexte romain de cette époque pour porter un jugement de valeur sur ce pontificat. En 1493, Alexandre VI délimita les zones d'expansion coloniale respectives du Portugal et de l'Espagne.

AMBOISE (Georges, cardinal d'), 1460-1510. Issu d'une lignée de féodaux moyens, il embrassa la carrière ecclésiastique. Aumônier de Louis XI, abbé de Grandselve, il fut nommé évêque de Montauban (1483). S'étant lié d'amitié avec le duc d'Orléans (futur Louis XII), il complota contre les Beaujeu et fut jeté en prison. Libéré en 1491, il rentra en grâce et Charles VIII utilisa ses talents de diplomate. L'avènement de Louis XII lui valut un regain de faveur. Confident de ce roi, il remplit les fonctions de principal ministre sans en avoir le titre, dans les affaires intérieures du royaume comme dans les affaires extérieures. Il négocia l'annulation du mariage de Louis XII et obtint d'Alexandre VI Borgia le chapeau de cardinal. Il joua ensuite un rôle de premier plan, non toujours heureux, dans les affaires italiennes. La mort d'Alexandre VI bouleversa ses plans. Il manœuvra en vain pour se faire élire pape. Son neveu, CHARLES D'AMBOISE, eut une ascension fulgurante. Gouverneur de Normandie et d'Ile-de-France, grand maître et maréchal, il fut nommé vice-roi de Milan en 1501. Il épousa peu après Jeanne, fille de l'amiral Malet de Graville. Il participa à la conquête du royaume de Naples et aux campagnes suivantes. Il faillit capturer Jules II qui l'excommunia et mourut peu après d'une maladie quasi subite (1511). Son fils, Georges, fut tué à Pavie. Les Amboise, chassés de leur château familial en 1434, étaient sires de Chaumont.

ALLEMAGNE : FREDERIC III, empereur de 1452 à 1493, MAXIMILIEN Ier, empereur de 1493 à 1519.

ANGLETERRE (rois d') : RICHARD III (de 1483 à 1485), Henry VII (de 1485 à 1509), Henry VIII (de 1509 à 1547).

ANGOULEME : ce comté fut donné en apanage par Charles V à son fils Louis, duc d'Orléans et frère de Charles VI. Il passa ensuite au fils puîné de celui-ci, Jean d'Orléans, auteur de la tige des Valois-Angoulême. Charles d'Orléans, fils de Jean (1459-1496), comte d'Angoulême, épousa Louise de Savoie et fut le père de François Ier.

AUTRICHE, voir MARGUERITE D'AUTRICHE.

BEAUJEU (Pierre de Bourbon, sire de), 1439-1503, devint duc de Bourbon après la mort de Pierre, son frère aîné, en 1488. Il avait épousé Anne de France (1461-1522), fille aînée de Louis XI. Il aida celle-ci à assumer la régence pendant la minorité de Charles VIII. Leur fille unique, Suzanne de Bourbon, épousa en 1505 son cousin Charles, comte de Montpensier, le futur connétable de Bourbon.

BORGIA (César), 1476-1507, fils du pape Alexandre VI et de sa concubine Vanezza, il fut cardinal à seize ans, mais quitta bientôt le pourpre pour l'épée. Après l'assassinat du duc de Gandie, son frère, il devint capitaine général de l'Eglise. Ayant apporté la bulle d'annulation du mariage de Louis XII et de Jeanne de France, il se fit octroyer le duché de Valentinois et épousa Charlotte d'Albret, sœur du roi de Navarre. Intelligent, ambitieux sans scrupules, audacieux, d'une duplicité dont il est peu d'exemples, il passe pour avoir servi de modèle à Machiavel. Servant la politique de son père, il évinça, en recourant aux moyens les plus cruels, les feudataires du Saint-Siège. Alexandre VI le nomma duc de Romagne. Jules II, qui haïssait les Borgia, fit arrêter César et le contraignit à livrer les forteresses dont il s'était emparé. Capturé par Gonzalve de Cordoue, César fut envoyé au roi d'Espagne. Il parvint à s'évader et trouva refuge auprès de son beau-frère, le roi Jean de Navarre. Il périt obscurément au cours d'une campagne militaire de celui-ci contre l'Espagne. Sa sœur, LUCRECE (1480-1519), n'est pas moins célèbre. Instrument docile de la politique de son père et de son frère, elle fut d'abord mariée (1492-1497) à Giovanni Sforza, puis à Alphonse d'Aragon, fils du roi de Naples Alphonse II. Après l'assassinat de celui-ci (1500), à l'incitation de César Borgia, elle épousa Alphonse d'Este qui devint duc de Ferrare en 1505. Elle survécut seule à la débâcle de sa famille. Les Borgia étaient originaires de la province espagnole de Valence. Une autre branche de cette famille, restée en Espagne, donna un saint : François (1510-1572), qui fut le troisième général des jésuites et que l'Eglise canonisa en 1671, sous le nom de SAINT FRANÇOIS DE BORGIA.

BOUCHET (Jean), 1476-1550, procureur, poète et historien, il a laissé *Anciennes et modernes généalogies des rois de France, et Annales d'Aquitaine et antiquités du Poitou,* ouvrages contenant certains enseignements curieux.

BOURDICHON (Jean), vers 1457-1521, enlumineur et peintre, il fut élève de Jean Fouquet et s'établit à Tours. Il est notamment l'auteur des *Heures de Charles VIII et des Grandes heures d'Anne de Bretagne.*

BRIÇONNET (Guillaume), 1445-1514, issu de marchands et affairistes tourangeaux, il gagna la confiance de Louis XI et fut secrétaire aux Finances. Devenu veuf, il fut évêque de Saint-Malo, puis cardinal et cumula les bénéfices. Plusieurs membres de sa famille occupèrent d'importantes charges dans les finances royales.

CHABANNES, voir LA PALISSE.

CHARLES QUINT (1500-1558), fils de l'archiduc Philippe le Beau et de Jeanne de Castille (dite Jeanne la Folle), il était par son père le petit-fils de l'empereur Maximilien Ier de Habsbourg et par sa mère petit-fils de Ferdinand d'Aragon et d'Isabelle la Catholique. Quand mourut son père en 1506, Charles (dès lors connu sous le nom de Charles de Gand) devint souverain des Pays-Bas, sous la régence de sa tante Marguerite d'Autriche. A la mort de Ferdinand d'Aragon (1516), il devint roi d'Espagne, des Deux-Siciles et des Amériques. Trois ans après, il fut élu empereur par les Electeurs germaniques et succéda à Maximilien Ier.

CLEVES (Marie de), 1426-1487, fille d'Adolphe IV, duc de Clèves et de Marie de Bourgogne (fille de Jean sans Peur), elle épousa le duc Charles d'Orléans en 1440. Elle fut la mère de Louis XII. Devenue veuve en 1463, elle se serait remariée avec Jean de Rabodanges, gouverneur de Saint-Omer.

COLOMBE (Michel), 1430-1512. Sculpteur célèbre, il était le frère de Jean Colombe, peintre et enlumineur, continuateur des frères

Limbourg (*Les très riches heures du Duc de Berry*). Il est l'auteur du tombeau de François II et de Marguerite de Foix, parents de la duchesse-reine Anne de Bretagne.

COMMYNES ou COMMINES (Philippe de), 1447-1509. D'origine flamande, il fut chambellan de Charles le Téméraire, duc de Bourgogne, puis entra au service de Louis XI qui le récompensa généreusement. Chambellan et conseiller du roi, il fut aussi capitaine du château de Chinon, sénéchal du Poitou et ambassadeur à Florence (1478). Après la mort de Louis XI, il s'opposa à la régence des Beaujeu, participa à la « Guerre Folle » du duc d'Orléans et fut emprisonné. Rentré en grâce, il accomplit plusieurs missions en Allemagne et en Italie. Il ne paraît pas avoir été en grande faveur sous Louis XII. Il avait écrit la première partie de ses *Mémoires* entre 1488 et 1494. Il rédigea la deuxième partie pendant les dernières années de sa vie, dans sa seigneurie d'Argenton-Châtrau. Son œuvre, éditée en 1528, couvre les règnes de Louis XI et de Charles VIII. Commynes ne prend pas la suite des chroniqueurs du Moyen Age ; c'est un historien objectif et un penseur politique. On l'a souvent rapproché de Machiavel, son contemporain. Il fait davantage penser à Richelieu et Montesquieu par son style et son éthique personnelle.

CORDOUE (Gonzalve de) ou Gonzalo Fernandez de Córdoba (1453-1515), homme de guerre espagnol, il participa brillamment à la reconquête du royaume de Grenade sur les Maures, puis fut envoyé en Italie en 1495, reconquit le royaume de Naples par les victoires de Cérignoles et de Garigliano (1503) qui provoquèrent la capitulation de Gaète. On le surnommait « *el gran Capitán* » (le grand Capitaine). Sa gloire porta ombrage au roi Ferdinand d'Aragon qui le rappela en Espagne.

DUPRAT (Antoine), 1463-1535, avocat, il occupa diverses juridictions avant de gagner la faveur d'Anne de Bretagne lors du procès du maréchal de Gié. Promu président du Parlement de Paris (1508), il cumula ces fonctions avec celle de président du Parlement de Bretagne. Il prit une large part à la rédaction de la coutume d'Auvergne. Puis, il s'attacha à la fortune de Louise de Savoie et de François d'Angoulême, ce qui lui valut sa nomination comme chancelier de France en 1515.

ECOSSE, voir JACQUES IV d'Ecosse.

ESPAGNE (rois d') : FERDINAND D'ARAGON (de 1479 à 1516) conjointement avec ISABELLE DE CASTILLE (de 1474 à 1504 ; la régence de Castille fut assurée par Ferdinand de 1504 à 1516).

ESTE, berceau de la famille du même nom, qui régna sur Ferrare et Modène, et dont les membres les plus connus sont :

HERCULE Ier, duc de Ferrare (1433-1505), surtout connu comme protecteur des lettres, dont les filles, ISABELLE et BEATRICE comptèrent parmi les princesses les plus cultivées de leur époque. Isabelle (1473-1539) épousa François de Gonzague, marquis de Mantoue, et Béatrice (1475-1497), Ludovic Sforza.

ALPHONSE Ier D'ESTE (1476-1534), fils du précédent, fut le second mari de Lucrèce Borgia. Il prit le parti des Français contre le pape Jules II qui le déposa en 1510, mais il recouvra ultérieurement ses biens. Son frère prit également le parti des Français. C'est à lui que l'Arioste dédia l'*Orlando furioso* (Roland furieux).

HERCULE II (1508-1550) épousa Renée de France, fille de Louis XII et d'Anne de Bretagne.

FERDINAND II LE CATHOLIQUE (1452-1516), roi d'Aragon et de Sicile (1479 à 1516), roi de Castille (de fait) de 1474 à 1516 et roi de Naples de 1504 à 1516. Epoux de l'infante Isabelle de Castille, il travailla sans relâche à unifier l'Espagne et acheva la reconquête sur les Maures par la prise de Grenade en 1492 (l'année même où Christophe Colomb découvrit l'Amérique). Après la mort d'Isabelle, il imposa son autorité à la Castille. En 1504, il devint roi de Naples sous le nom de Ferdinand III, grâce aux victoires remportées sur les Français par Gonzalve de Cordoue. Son gendre, l'archiduc Philippe le Beau, époux de l'infante Jeanne la Folle, tenta d'imposer son pouvoir en Castille, au nom de sa femme, mais il mourut en 1506 et Jeanne s'avéra incapable de régner par suite de son aliénation mentale. Ferdinand d'Aragon tenta de déshériter son petit-fils, Charles de Gand (le futur Charles Quint), en épousant Germaine de Foix, nièce de Louis XII, mais celle-ci mourut en 1509. Ferdinand acheva l'unité territoriale de l'Espagne en annexant la Navarre espagnole en 1512.

FERDINAND II DE NAPLES, dit FERDINANDO, 1467-1496, fils d'Alphonse II, roi de Naples, lequel, abandonné par ses sujets lors de l'invasion française en 1495, abdiqua en sa faveur et se retira en Sicile. Ferdinando tenta en vain de résister, mais fut obligé d'abandonner Naples et se réfugia à Messine. Cependant, après la retraite de Charles VIII, il put revenir dans sa capitale.

FERRARE, voir ESTE.

FOIX (Gaston de), 1489-1512, fils de Jean de Foix, vicomte de Narbonne, et de Marie d'Orléans, sœur de Louis XII, il fut fait duc de Nemours et prit le titre de roi de Navarre. Stratège de premier ordre, il commanda l'armée d'Italie en 1512, débloqua Bologne, s'empara de Brescia et remporta sur les troupes de la Ligue l'éclatante victoire de Ravenne, où malheureusement il périt, pour la plus grande joie du pape Jules II et de Ferdinand d'Aragon.

FRANÇOIS II (duc de Bretagne), 1435-1488, il succéda en 1458 à son oncle Arthur III et s'efforça de préserver l'indépendance de la Bretagne. Dans cette perspective il prit part à la Ligue du bien public en 1465, mais Louis XI lui imposa la paix d'Ancenis (1468). Sous la régence des Beaujeu, il participa à la Guerre Folle, mais ses troupes furent vaincues à Saint-Aubin-du-Cormier et il dut signer l'humiliant traité de Sablé (1488) par lequel il s'engageait à ne pas marier ses filles sans le consentement du roi. Le mariage de Charles VIII et d'Anne de Bretagne fut la conséquence directe de ce traité.

FRANÇOIS DE PAULE (saint), 1416-1507, ermite de Calabre, fondateur de l'ordre des Minimes, il vint en France à l'incitation de Louis XI et avec l'accord du pape. Il resta à la cour sous les règnes de Charles VIII et de Louis XII.

FREDERIC III (empereur allemand), 1415-1493, chef de la maison des Habsbourg, duc de Styrie et de Carinthie, il fut élu empereur en 1452, succédant à son cousin Albert II. Il fut le dernier empereur allemand couronné à Rome. Son règne fut peu glorieux. Il hérita de son neveu Ladislas la Haute et Basse-Autriche, mais dut rétrocéder Vienne et la Basse-Autriche au roi de Hongrie, Matthias Corvin. En outre, Charles le Téméraire lui extorqua ses droits sur les provinces rhénanes. Cependant, Frédéric III prépara l'avenir des Habsbourg en mariant (1477) son fils, le futur Maximilien Ier, avec Marie de Bourgogne, héritière de Charles le Téméraire. C'est lui qui adopta la devise fameuse des Habsbourg : *Austriæ est imperare orbi universo* (Il appartient à l'Autriche de dominer le monde).

GIÉ (Pierre de Rohan, seigneur de), 1453-1513, maréchal de France, comte de Porcien, il reconquit les places occupées par Maximilien de Habsbourg après la mort du Téméraire et prit part aux campagnes de Charles VIII et de Louis XII en Italie. Disgracié à l'incitation de la duchesse-reine Anne de Bretagne, il fut arrêté, jugé et perdit sa charge de maréchal.

GRAVILLE (Louis Malet, seigneur de), vers 1445-1516, issu d'une famille remontant à un compagnon de Guillaume le Conquérant et qui servit les rois de France avec une fidélité exemplaire, Louis Malet devint amiral de France en 1487 et occupa diverses charges, dont celle de lieutenant général en Normandie. Il se démit de son amiralat en faveur de son gendre Charles d'Amboise (1508).

HENRY VII, né en 1457, roi d'Angleterre de 1485 à 1509, fils d'Edmond Tudor et de Margaret Beaufort, il devint chef des Lancastre par sa mère. Exilé par Edouard IV, chef de la maison d'York, il revint en Angleterre en 1485 et renversa Richard III, roi usurpateur, meurtrier de ses neveux (les enfants d'Edouard). Il épousa la fille d'Edouard IV, Elizabeth, et fonda la dynastie des Tudor. Il consolida l'influence anglaise en Irlande et la paix avec l'Ecosse en mariant sa fille Margaret avec le roi Jacques IV d'Ecosse. Ses qualités d'homme d'Etat lui permirent de faire face à une situation intérieure difficile.

HENRY VIII, né en 1491, roi d'Angleterre de 1509 à 1547, fils du précédent, il aspirait à jouer un rôle éminent en Europe. Adhérant à la Sainte Ligue (1512), il se réconcilia avec Louis XII et lui donna sa sœur Mary en mariage. Il arbitra ensuite le conflit entre François Ier et Charles Quint et resta finalement l'allié, relativement fidèle, de la France pour combattre la puissance des Habsbourg. Ce fut assurément l'un des plus grands rois d'Angleterre. On le considère comme le véritable créateur de la marine de guerre britannique.

ISABELLE DE CASTILLE, voir FERDINAND II LE CATHOLIQUE.

JACQUES IV, roi d'Ecosse de 1488 à 1513, né en 1473, il participa à la rébellion qui renversa Jacques III, son père, en 1488, puis combattit et défit les rebelles et monta sur le trône. Il épousa en 1502 Margaret Tudor, fille d'Henry VII, mais rompit avec Henry VIII et s'allia avec Louis XII. Il tenta d'envahir l'Angleterre, mais fut vaincu et tué à Flloden. Il est le grand-père de Marie Stuart.

JULES II (Giuliano della Rovere), né en 1443, pape de 1503 à 1513, dut son élévation à son oncle, Francisco della Rovere, élu pape en 1471 sous le nom de Sixte IV. Légat en France de 1480 à 1484, cardinal d'Ostie, il dénonça le népotisme d'Alexandre VI Borgia et dut se réfugier en Italie du Nord et en France. Rentré à Rome après la mort d'Alexandre VI, il mit à profit le bref pontificat de Pie III (septembre-octobre 1503) pour préparer son élection, abusant en cette circonstance de la loyauté, sinon de la crédulité, du cardinal d'Amboise. Le 1er novembre de la même année, il devint pape sous le nom de Jules II. Génie impétueux, à la fois politique et belliqueux, il abattit la puissance de César Borgia, puis s'en prit à Venise et forma avec Louis XII, Ferdinand II d'Espagne et l'empereur Maximilien Ier la Ligue de Cambrai. Venise ayant été vaincue à Agnadel, il se retourna contre la France. Louis XII l'ayant fait citer devant le concile qu'il avait réuni à Pise, Jules II constitua une Sainte Ligue (1511) avec Venise, l'empereur et le roi d'Espagne. Les Français ayant évacué la Romagne et le Milanais malgré la victoire de Gaston de Foix à Ravenne (1512), il appuya la révolte des Génois et réunit un concile au Latran afin d'annuler les actes du concile de Pise. Il frappa ensuite le royaume de France d'interdit. Sa mort sauva la France d'une submersion probable par les Impériaux, les Espagnols et les Anglais, et permit à Louis XII de disjoindre la Sainte Ligue. L'obsession de Jules II était de chasser les « Barbares » d'Italie, principalement les Français. Cet objectif poursuivi avec acharnement lui fit un peu trop oublier l'urgence d'une réforme de l'Eglise. Il fut en revanche un fastueux mécène, utilisant l'architecte Bramante, Michel-Ange et Raphaël pour la reconstruction de Saint-Pierre de Rome.

JUSTE (Jean), Giovanni di Giusto Betti, sculpteur florentin naturalisé en 1513, et son frère aîné Antoine travaillèrent au tombeau de Thomas James, évêque de Dol, à la décoration du château du cardinal d'Amboise à Gaillon et au mausolée célèbre de Louis XII et d'Anne de Bretagne à Saint-Denis. Le fils et le neveu de Jean Juste participèrent également à ce mausolée qui ne fut achevé qu'en 1531 et fut considéré comme un des plus beaux d'Europe.

LA PALISSE, ou LA PALICE (Jacques de Chabannes, seigneur de), vers 1470-1525. Maréchal de France, il participa à toutes les campagnes de guerre de Charles VIII, Louis XII et François Ier. Il fut tué à Pavie, bataille livrée contre son avis. Ses soldats composèrent une chanson naïve et fort connue pour célébrer sa mémoire, non pour railler leur défunt général.

LA TREMOILLE ou LA TREMOUILLE (Louis II sire de), vicomte de Thouars, prince de Talmont, 1460-1525, commanda les troupes royales pendant la minorité de Charles VIII et remporta sur Louis d'Orléans et François II de Bretagne la victoire de Saint-Aubin-du-Cormier (1488). Trois ans après, il assiégea Rennes et hâta ainsi le mariage de Charles VIII avec Anne de Bretagne. Il se distingua ensuite à Fornoue (1495), reprit le Milanais (1500) perdu par Trivulce et reçut le titre d'amiral de Guyenne et de Bretagne. En 1503, il dirigea une expédition vers Naples, détournée de son but par le cardinal d'Amboise cherchant à se faire élire pape. Il contribua à la victoire d'Agnadel (1509), mais fut vaincu par les Suisses à Novare. Il combattit avec succès ceux-ci en Bourgogne (1513). Il se distingua à Marignan (1515), couvrit avec peu de troupes la Picardie menacée par les Impériaux et fut tué à Pavie. On le surnommait « Chevalier sans reproche ». Il avait adopté pour devise une roue et ces mots : « Sans sortir de l'ornière. »

LAUTREC (Odet de Foix, vicomte de), 1485-1528, issu de l'illustre maison de Foix, il fut laissé pour mort à Ravenne (1512), mais se rétablit de ses blessures. Gouverneur de Milan en 1516, il fut chassé du duché. Après Pavie, il reprit l'offensive et mourut de la peste en assiégeant Naples. Son frère puîné Thomas de Foix, sire de LESCUN, fut maréchal de France.

LEMAIRE DE BELGES (Jean), 1473-vers 1525, il fut le plus célèbre des rhétoriqueurs. Originaire de Bavay, en Hainaut, neveu de Molinet qui l'initia à la poésie, il fut successivement clerc de finances du roi de France, secrétaire du duc de Luxembourg, bibliothécaire de Marguerite d'Autriche, avant d'entrer au service d'Anne de Bretagne. Parmi ses œuvres poétiques, la plus intéressante s'intitule les *Epîtres de l'amant vert* : cet amant vert est en réalité un perroquet. Il dut principalement son succès à ses *Illustrations de la Gaule et singularités de Troie* (1512-1513), œuvre en prose dans laquelle il s'efforçait d'imiter l'Antiquité, notamment Homère.

LEON X (Giovanni de Médicis), né en 1475, pape de 1513 à 1521. Frère puîné de Pierre II de Médicis, il fut destiné à l'Eglise et reçut la tonsure à treize ans. Il subit les vicissitudes de sa famille, puis gouverna Florence avec son frère Julien, en 1512. L'année suivante, il fut élu pape bien qu'il ne fût ni évêque ni prêtre. Pacifique, indécis, pour ne pas dire indolent, il louvoya entre la France et l'Empire sous les règnes de Louis XII et de François Ier. Comme Jules II, son prédécesseur, il pratiqua un népotisme éhonté, continua le trafic des indulgences afin de terminer la basilique Saint-Pierre, et ne sut pas éviter la rupture de Luther avec l'Eglise. Il fut néanmoins par son mécénat l'un des plus grands papes de la Renaissance.

LOUISE DE SAVOIE, voir SAVOIE.

LUDOVIC LE MORE, voir SFORZA.

MARGUERITE D'AUTRICHE, 1480-1530, fille de l'empereur Maximilien Ier et de Marie de Bourgogne, elle fut dès son enfance fiancée au futur Charles VIII. Renvoyée en Allemagne par suite du mariage de ce dernier avec Anne de Bretagne, elle épousa en 1497 Jean, fils de Ferdinand le Catholique et d'Isabelle de Castille. Veuve la même année, elle se remaria en 1501 avec Philibert II le Beau, duc de Savoie, qui mourut en 1504. Son père la nomma en 1506 gouvernante des Pays-Bas. Non seulement elle se distingua par son excellente administration, mais elle joua un rôle de premier plan en matière de politique extérieure. Elle participa aux conférences internationales qui aboutirent en 1508 à la ligue antivénitienne, puis à la Sainte Ligue après le retournement de Jules II. Constamment hostile à la France, elle incita Henry VIII d'Angleterre à se déclarer contre Louis XII. En 1529, elle conclut avec Louise de Savoie le traité de Cambrai, qui fut appelé paix des Dames. D'une vaste culture, elle protégea les lettres et les arts. Elle tenait sa cour à Malines.

MAROT (Jean des Mares, dit), 1465-1527, d'abord secrétaire d'Anne de Bretagne, il devint poète-historiographe de Louis XII et fut valet de chambre de François Ier. Par ses ballades et rondeaux, il se classe parmi les grands rhétoriqueurs. Ses deux ouvrages, *Voyage de Gênes et Voyage de Venise*, composés pour servir Louis XII dans sa lutte contre Jules II, ne manquent pas de verve. Mais son principal mérite fut d'être le père de Clément MAROT.

MAXIMILIEN Ier, 1459-1519, archiduc d'Autriche, empereur de 1493 à 1519, successeur de Frédéric III, son père, épousa (1478) Marie de Bourgogne, fille de Charles le Téméraire, mariage qui fit entrer les Pays-Bas et la Franche-Comté dans les possessions des Habsbourg. Il resta régent des Pays-Bas après la mort accidentelle de sa femme (1482). La même année, il fiança sa fille Marguerite d'Autriche (voir ci-dessus) au futur Charles VIII et épousa par procuration Anne de Bretagne. Cette combinaison matrimoniale ayant échoué, il se remaria avec Blanche Sforza, nièce de Ludovic le More, d'où ses prétentions sur le Milanais et sa lutte contre Louis XII et François Ier. Il réussit un coup de maître en mariant son fils Philippe le Beau avec Jeanne la Folle, héritière des Rois catholiques, unissant ainsi l'Autriche et l'Espagne (1496). Il négocia également le mariage de ses petits-enfants avec les héritiers de Ladislas II Jagellon, ce qui agrandit le territoire des Habsbourgs de la Bohême et de la Hongrie. Il dut cependant accorder son indépendance à la Suisse. Son œuvre intérieure ne fut pas moins considérable. Il laissa à Charles Quint, son petit-fils, un empire qui englobait plus de la moitié de l'Europe.

MEDICIS : fils de Laurent le Magnifique, Pierre II de Médicis (1471-1503) s'allia avec Charles VIII, provoquant la fureur de ses sujets qui le chassèrent de sa capitale. Il suivit Charles VIII à Naples et fut tué au cours de cette campagne. Son frère puîné, Julien (1478-1516), ne recouvra Florence qu'avec l'appui de Jules II (1512) ; il abdiqua en 1513. Son neveu, Laurent II (1492-1519), lui succéda et gouverna sous l'emprise du pape Léon X qui l'investit du duché d'Urbin. Laurent II épousa Madeleine de La Tour d'Auvergne, dont il eut Catherine de Médicis.

MESCHINOT (Jean), 1420-1490, est considéré comme le prototype des poètes rhétoriqueurs. Il vécut à la cour de Bretagne et eut la faveur de la duchesse Anne avant le mariage de celle-ci avec Charles VIII. Son poème *Les lunettes des princes* eut une trentaine d'éditions en cinquante ans. C'était un spécialiste de la rime équivoquée, c'est-à-dire formant calembour.

NAPLES, voir FERDINAND II LE CATHOLIQUE et FERDINAND II DE NAPLES (FERDINANDO).

NEMOURS (Louis d'Armagnac, duc de), vers 1472-1503. Enfermé à la Bastille avec son père (qui fut décapité par ordre de Louis XI), il ne recouvra la liberté qu'à l'avènement de Charles VIII. Il prit part aux guerres d'Italie, fut vaincu par Gonzalve de Cordoue à Semirana et périt à Cérignoles.

PAPES pendant les règnes de Charles VIII et de Louis XII : Innocent VIII (1484-1492), ALEXANDRE VI BORGIA (1492-1503), Pie III (1503), JULES II (1503-1513), LEON X (1513-1521).

PERREAL (Jean), mort en 1530, peintre, enlumineur et décorateur, connu sous le nom de Jean de Paris, jouit en son temps d'une telle réputation que Lemaire de Belges le comparait aux plus grands maîtres d'Italie. Il accompagna Louis XII dans sa campagne contre Venise pour en retracer les événements. En 1514, il fut envoyé en Angleterre pour accompagner la princesse Mary, sœur d'Henry VIII et la faire habiller à la mode française. Il passe pour être l'auteur du tableau représentant le sacre de Louis XII (musée de Cluny) et des dessins dont s'inspirèrent les sculpteurs du mausolée de ce roi à Saint-Denis.

RIEUX (Jean de), 1437-1518, il prit part à la Ligue du bien public contre Louis XI, devint maréchal de Bretagne et lieutenant général des armées bretonnes. Il eut ensuite la tutelle de la duchesse Anne. Il participa à l'expédition de Charles VIII à Naples. Louis XII lui confia la défense des côtes de Bretagne contre les Anglais.

ROBERTET (Florimond), mort en 1522, il servit successivement Charles VIII, Louis XII et François Ier. Louis XII lui accorda le titre de secrétaire d'Etat.

SAINT-GELAIS (Octavien de), vers 1466-1502, il devint évêque d'Angoulême en 1494, abandonna la cour trois ans après pour se consacrer à son diocèse. Poète, il traduisit en vers *l'Enéide* de Virgile et plusieurs épîtres d'Ovide. Son frère, JEAN DE SAINT-GELAIS, écrivit une *Histoire de France de 1270 à 1510.*

SAVOIE (Louise de), 1476-1531, fille de Philippe II, duc de Savoie et de Marguerite de Bourbon, elle épousa en 1488 Charles d'Orléans, duc d'Angoulême (arrière-petit-fils de Louis, duc d'Orléans, frère de Charles VI). Elle eut deux enfants : François (François Ier) et Marguerite (reine de Navarre). Veuve en 1496, elle se consacra à leur éducation et à la gestion du comté d'Angoulême. Elle reçut à l'avènement de François Ier les titres de duchesse d'Angoulême et d'Anjou, de comtesse du Maine, et elle entra au Conseil royal. Elle assuma la régence du royaume en 1515 et 1525 et négocia la paix des Dames avec Marguerite d'Autriche (1529). Son influence sur son fils fut considérable : il lui devait en partie son trône.

SAVONAROLE (Jérôme), 1452-1498, d'abord destiné à la médecine, il entra dans l'ordre des Dominicains et fut envoyé au couvent de Saint-Marc à Florence, en 1482. Ses prédications enflammées le rendirent vite populaire : il dénonçait le paganisme de la Renaissance, les vices des clercs et annonçait, dans un style apocalyptique, les calamités qui régénéraient une Eglise corrompue. Il réussit à faire chasser les Médicis de Florence et institua une république théocratique qui devint rapidement insupportable. Il adjura Charles VIII de convoquer un concile pour déposer Alexandre VI. Celui-ci tenta vainement de rétablir les Médicis, puis, devant les attaques furieuses de Savonarole, il l'excommunia et somma la république florentine de le lui livrer, à tout le moins d'interdire ses prédications. Le moine fut jeté en prison, pendu et brûlé sur la place de la Seigneurie. Emporté par un zèle confinant à la folie, il avait, au cours d'un gigantesque autodafé, fait brûler les œuvres d'art, les instruments de musique et les livres les plus précieux.

SEYSSEL (Claude de), vers 1450-1520, appelé en France par Louis XII et le cardinal d'Amboise, il devint évêque de Marseille, puis ambassadeur à la diète de Trêves (1512) et au concile du Latran (1514). Il traduisit plusieurs auteurs de l'Antiquité et écrivit *L'Histoire singulière du roi Louis XII.*

SFORZA : illustre maison qui régna sur le duché de Milan de 1450 à 1535 et dont le fondateur fut Giacomuzzo Attendolo, dit Sforza (le Fort), 1369-1424. Cet ancien paysan devint *condottiere* et reçut le titre de grand connétable de la reine Jeanne II de Naples. Son fils naturel, Francesco Ier Sforza (1401-1466), suivit ses traces. *Condottiere* fameux, il changeait aisément de camp, vendant ses services au plus offrant. Filippo Maria Visconti, duc de Milan, eut l'imprudence de lui donner en mariage sa fille Bianca Maria (1441). Lorsque son beau-père mourut (1450), Francesco Ier s'intitula duc de Milan, malgré l'hostilité de ses sujets. Allié des Médicis et de Louis XI, il étendit sa domination à toute la Lombardie. Galeazzo Maria Sforza, né en 1444, son successeur, régna sur Milan de 1466 à 1476. Il fut assassiné lors d'un complot républicain. Le duché passa à son fils, Gian Galeazzo Sforza, âge de sept ans. Son oncle, LUDOVICO SFORZA, dit LE MORE (1451-1508) en raison de son teint basané, ou du mûrier figurant dans son blason, s'empara du pouvoir en 1480. Il fit probablement empoisonner son neveu et prit le titre de duc de Milan à la mort de celui-ci. Il sollicita l'aide de Louis XII contre la maison d'Aragon, puis se retourna contre les Français. Chassé de Milan en 1495, il y revint l'année suivante, mais perdit à nouveau son trône, fut livré par les Suisses et mourut dans une prison de Loches. Massimiliano Sforza (1490-1530), fils aîné de Ludovic le More, recouvra Milan en 1512, mais céda ses Etats à François Ier après Marignan. Il finit sa vie en France, pensionné par le roi. Francesco II Maria Sforza (1492-1535), frère du précédent, fut rétabli à Milan par Charles Quint. A sa mort, les Habsbourg annexèrent le duché.

TRIVULCE (Giangiacomo Trivulzio, marquis de Vigevano), dit Trivulce en français, vers 1441-1518, issu d'une vieille famille milanaise, il se vit éloigné des affaires par Ludovic le More et prit du service à Naples. Lorsque Louis XII attaqua la maison d'Aragon, Trivulce fut soupçonné de trahison et passa au service de la France. Promu maréchal, il eut une grande part dans la conquête du Milanais et Louis XII le nomma gouverneur de Milan. Mais les vengeances qu'il exerça provoquèrent une rébellion qui facilita le retour de Ludovic le More. Trivulce se rédima en capturant celui-ci près de Novare. Il participa à la campagne contre Venise (Ligue de Cambrai) et, en 1511, succéda à Chaumont d'Amboise dans le commandement général. Il était aux côtés de Gaston de Foix à Ravenne (1512), perdit le Milanais et contribua à la victoire de Marignan (1515). Il mourut disgracié. Son neveu, Théodore Trivulce (1456-1531), fut également maréchal de France, gouverneur de Milan et de Gênes.

BIBLIOGRAPHIE

AUTON (Jean d') — *Chronique de Louis XII*, éd. Maulde La Clavière, Paris, 1889-1895, 4 vol.

BAILLY (Auguste) — *Anne de Bretagne, femme de Charles VIII et de Louis XII*, Monaco, 1943.

BARILLON (Jean) — *Journal*, Paris, 1897-1899, 2 vol.

BAUDIER (Michel) — *Histoire de l'administration du cardinal d'Amboise*, Paris, 1634.

BELLERIVES (Léonce de) — *Le Cardinal Georges d'Amboise, ministre de Louis XII*, Limoges, 1853.

BERTIERE (Simone) — *Les Reines de France au temps des Valois*, Paris, 1994.

BLAZE DE BURY — « Les Borgia », *Revue des Deux Mondes*, mars 1875.

BORDONOVE (Georges) — Les Rois qui ont fait la France, *Louis XI, le diplomate*, Paris, 1986.

BORDONOVE (Georges) — Les Rois qui ont fait la France, *François Ier, le roi-chevalier*, Paris, 1987.

BOÜARD (Michel de) — *Les Origines des guerres d'Italie*, Paris, 1936.

BOUCHART (A.), *Grandes chroniques de Bretagne*, Paris, 1986 (2 vol.).

BOURASSIN (Emmanuel) — *Charles d'Orléans, prince des poètes*, Paris, 1999.

BRANTÔME (Pierre de Bourdeille, abbé de) — *Œuvres complètes*, Paris, 1823 (8 vol.).

BRAUDEL (F.) — *Civilisation matérielle, économie et capitalisme*, Paris, 1967-1979.

BRAUDEL (F.) — *Histoire économique et sociale de la France* (t. I), Paris, 1977.

BROGLIE (Jacques de) — *Histoire du château de Chaumont*, Paris, 1944.
BUISSON (Albert) — *Le Chancelier Antoine Duprat*, Paris, 1935.
CAFFIN DE MEROUVILLE — *Le Beau Dunois et son temps*, Paris, 1960.
CERRI (Mgr) — *Borgia, ossia Alessandro VI et suoi contemporanei*, Turin, 1873.
CHAMPOLLION-FIGEAC (Aimé) — *Louis et Charles, ducs d'Orléans*, Paris, 1844.
CHOFFEL (J.) — *Le Dernier Duc de Bretagne, François II*, Paris, 1977.
CLEMENT DE VEBRON (abbé Augustin) — *Les Borgia. Histoire du pape Alexandre VI, de César et de Lucrèce Borgia*, Paris, 1882.
DARCY (Maurice) — *Louis XII*, Paris, 1935.
DELUMEAU (Jean) — *La Civilisation de la Renaissance*, Paris, 1967.
DELUMEAU (Jean) — *Histoire de la Bretagne*, Toulouse, 1969.
DESTEFANIS (abbé Albert) — *Louis XII et Jeanne de France*, Avignon, 1975.
DODU (Georges) — *Les Valois, histoire d'une maison royale*, Paris, 1934.
DUBY (G.) et WALLON (A.) — *Histoire de la France rurale* (t. II), Paris, 1975.
DUBY (G.) et LE ROY LADURIE (E.) — *Histoire de la France urbaine* (t. III), Paris, 1981.
DURAND-BOURGET (François) — *La Vie méprisée de Jehanne de France*, Paris, 1941.
FAVIER (Jean) — *Paris au XVe siècle*, Paris, 1974.
FAVIER (Jean) — *François Villon*, Paris, 1982.
FAVIER (Jean) — « Le Temps des principautés, de l'an mil à 1515 », *in : Histoire de France*, tome 2, Paris, 1984.
FONTANON (Antoine) — *Les Edits de France depuis saint Louis jusques à présent*, Paris, 1585.
FUNCK-BRENTANO (Frantz) — *Lucrèce Borgia*, Paris, 1932.
GABORY (Emile) — *Anne de Bretagne, duchesse et reine* (L'union de la Bretagne à la France), Paris, 1941.
GASTINE (Louis) — *César Borgia*, Paris, s.d.
GIOVIO (Paolo) — *Historiarum sui temporis ab anno 1494 ad annum 1547*, Baie, 1678.
GODEFROY (Jean) — *Lettres du roi Louis XII et du cardinal d'Amboise*, Bruxelles, 1712.
GODEFROY (Théodore) — *Histoire de Louis XII*, Paris, 1622.
GUICCIARDINI — *Storiad'italia*, Florence, 1828.

GUICCIARDINI — *Histoire des guerres d'Italie,* 1490-1534, trad. de l'italien, Londres, 1738 (3 vol.).
HANSGOR (Mikhail) — *Recherches sur le personnel du Conseil du roi sous Charles VIII et Louis XII,* Lille, 1981.
ISAMBERT (F.-A.) — *Recueil général des anciennes lois françaises depuis l'an 420 jusqu'à la Révolution de 1789,* Paris, 1821-1833.
JACQUART (Jean) — *François Ier*, Paris, 1981.
KENDALL (Paul Murray) — *Louis XI,* Paris, 1974.
LA BORDERIE (A. de) — *Choix de documents inédits sur le règne de la duchesse Anne,* Rennes, 1902.
LACROIX (P.) — *Louis XII et Anne de Bretagne,* Paris, 1882.
LAVISSE, voir LEMONNIER.
LEFRANC (Abel) — *La Vie quotidienne au temps de la Renaissance,* Paris, 1938.
LEGENDRE (Louis) — *Vie du cardinal d'Amboise,* Rouen, 1724.
LEMONNIER (Henry) — « Les Guerres d'Italie », *in : Histoire de France de Lavisse,* t. V, Paris, 1903.
LEROUX DE LINCY — *Vie de la reine Anne de Bretagne,* Paris, 1860 (4 vol.).
MACHIAVEL (Machiavelli Nicolo) — *Il Principe,* Milan, 1968 et *Le Prince,* édit. par l'abbé Guillon de Montléon, Paris, 1816.
MARKALE (Jean) — *Anne de Bretagne,* Paris, 1980.
MASSELIN (J.-G.) — *Histoire de Louis XII,* Paris, 1822.
MAULDE DE LA CLAVIERE (R. A. M.) — *Pierre de Rohan, duc de Nernours, dit le maréchal de Gié,* Paris, 1885.
MAULDE DE LA CLAVIERE (R. A. M.) — *Histoire de Louis XII,* Paris, 1889-1893.
MAULDE DE LA CLAVIERE (R. A. M.) — *Procédures politiques du règne de Louis XII,* Paris, 1885.
MICHELET (Jules) — *Histoire de France : XVIe siècle.*
MINOIS (Georges) — *Anne de Bretagne,* Paris, 1999.
MOUSNIER (Roland) — *Etudes sur la France de 1492 à 1559,* Paris, 1957.
MOUSNIER (Roland) — *Le Conseil du roi de Louis XII à la Révolution,* Paris, 1970.
ORLIAC (Jean d') — *Anne de Beaujeu,* Paris, s. d.
PASTOR (Lüdwig von) — *Histoire des papes,* Paris, 1896-1897.
PICOT (G. M. R.) — *Histoire des états généraux,* Paris, 1872.
PLATTARD (Jean) — *La renaissance des Lettres en France de Louis XII à Henri IV,* Paris, 1925.
PUAUX (Anne) — *Renée de France, là huguenote,* Paris, 1997.

QUILLIET (Bernard) — *Louis XII, Père du peuple*, Paris, 1986.
REBUFFI (Pierre) — *Les Edits et Ordonnances des rois de France depuis l'an 1226 jusqu'à présent*, Lyon, 1573.
RODOCANACHI (Emmanuel) — *Le Pontificat de Jules II, 1503-1513*, Paris, s. d.
RODOCANACHI (Emmanuel) — *Le Pontificat de Léon X, 1513-1521*, Paris, 1931.
ROEDERER (comte P.-L.) — *Mémoire pour servir à une nouvelle histoire de Louis XII*, Paris, 1819.
RUDEL (Yves-Marie) — *Le Roman d'Anne de Bretagne*, Paris, 1965.
SAINT-GELAIS (Jean de) — *Histoire de Louis XII*, éd. T. Godefroy, Paris, 1622.
SEYSSEL (Claude de) — *Histoire de Louis XII*, Paris, 1615.
STEIN (Henri) — *Inventaire analytique des ordonnances enregistrées au Parlement de Paris jusqu'à la mort de Louis XII*, Paris, 1908.
TOUDOUZE (G.) — *Anne, duchesse de Bretagne, reine de France* Paris, 1959.
VARENNES (Jean-Charles) — *Anne de Bourbon, roi de France*, Paris, 1978.
VARILLAS (M.) — *Histoire de Louis XII*, Paris, 1688.
VOUTERS (Eugène) — *Essai juridique et historique sur un procès en annulation de mariage au XVe siècle; Louis XII et Jeanne de France*, Lille, 1931.
YRIARTE (Charles) — *César Borgia, sa vie, sa captivité, sa mort*, Paris, 1887 (2 vol.).
ZELLER (Gaston) — *Les Institutions de la France au XVe siècle*, Paris, 1948.

Table des matières

TROISIÈME PARTIE

LE ROI (1498-1506)

QUATRIÈME PARTIE

VICTOIRES ET REVERS (1507-1515)

ANNEXES

Impression réalisée sur CAMERON par

BUSSIÈRE CAMEDAN IMPRIMERIES

GROUPE CPI

à Saint-Amand-Montrond (Cher)
pour le compte des Éditions France Loisirs
en juillet 2001

N° d'édition : 28030. — N° d'impression : 13525/013106/1.
Dépôt légal : juillet 2001.

Imprimé en France